KB236465

중생파 혹은 호함파라고 불리는 중국 최대 가정 교회 조직의 창설자인 쉬용저(徐永擇)는 지난 2000년, 서방으로 망명했다. 그는 백투예루살렘을 주창하며 미국을 중심으로 활동하던 중, 소위 신사도 운동의 주요 지도자 중 하나인 마이크 비클을 만나 국제기도의집(IHOP)과 연결되었다. 곧 백투예루살렘 운동은 세계적인 선교 네트워크를 통해 퍼져나갔고, 현재 곳곳에서 저자가 우려하는 모든 양상이 심각하게 나타나고 있다.

저자는 이 책을 통해 메시아닉 쥬의 지도자들이 신사도 운동을 벌이는 교회 및 선교단체의 지도자들과 어떻게 연결되는지 세밀하게 분석한다. 그들은 예루살렘 성전이 회복되고 예수님의 재림이 감람산 자락에서 일어날 것이라는 신념으로 활발한 활동을 벌인다. 저자는 여기에 혈통적 유대인에 대한 심각한 편향이 작용하고 있음을 밝힌다. 또한 학자답게, 인터콥의 세대주의적 신학 경향이 신사도 운동과 어떤 연관성이 있는지도 객관적으로 규명한다.

말씀 중심의 선교를 지향하는 그리스도인들에게 올바른 방향을 알려주는 역할을 충실히 할 이 책을 모든 교회의 지도자들과 선교 지도자들에게 적극 추천한다. **_김성태**(총신대학교신학대학원 선교학 교수)

선교의 열정이라는 순수한 명분의 베일에 가려 쉽게 드러나지 않는 백투예루살렘 운동의 치명적인 문제의 실체가 무엇인지를 이 책만큼 예리하면서도 적확하게 간파하기는 어려울 것이다. 성경적인 종말론에 정통한 저자는 잘못된 종말론에 기초한 백투예루살렘 운동의 위험에 큰 경종을 울려주는 동시에, 독자들을 진정한 종말론적인 신앙이 부흥하는 백투바이블 운동으로 초청한다. **_박영돈**(고려신학대학원 교의학 교수)

한국 교회는 세계교회사에서 전무후무한 성장을 이루었다가 신학적 반성도 제대로 하지 못한 채 시들어가고 있다. 이 성장과 쇠퇴에 미친 세대주의의 영향은 적지 않다. 이제는 이 영향을 성경적으로 차분하게 돌아보아야 한다. 이 책이 말하는 대로, 백투예루살렘이 아니라 예수님의 초림과 재림의 구원사를 바로 알게 하는 백투바이블이 절실히 필요한 때다. 그래야만 한국 교회가 건강하게 성숙할 수 있을 것이다. _**유해무**(고려신학대학원 교의학 교수)

무슨 교리든지 오해되는 만큼 신앙에 손해를 미친다. 특별히 종말론은 더더욱 그렇다. 그런데 안타깝게도 한국 교회에서 종말론만큼 오해되고 있는 교리도 드문 것 같다. 종말론적인 색채를 띠며 한국 교회의 주변을 배회하는 백투예루살렘 운동이 과연 성경적인지 의문을 가진 사람이 적지 않았을 것이다. 때마침 요한계시록에 정통한 학자가 백투예루살렘 운동의 뿌리를 제대로 분석해놓았다. 이 책은 분명 우리 시대에 너무나 필요한 책이다. 사실 이런 책이 좀 더 빨리 나왔어야 했다. _**정현구**(서울영동교회 담임 목사)

성경은 신체와 같아서 한 부분을 손상시키면 온 몸에 통증을 일으킨다. 저자는 백투예루살렘 운동의 이론, 역사, 대표자들의 문제점을 정확하게 지적하여, 백투예루살렘 운동이 성경을 잘못 이해함으로써 얼마나 큰 통증을 유발하고 있는지 분명하게 보여준다. _**조병수**(합동신학대학원대학교 총장)

백투예루살렘 운동,
무엇이 문제인가

백투예루살렘 운동, 무엇이 문제인가

한국 교회 속의 왜곡된 종말 사상과 선교 운동

한국 교회의 종말 사상과 선교 운동의 분위기를 주름잡고 있는 것은 다름 아닌 백투예루살렘 운동이다. 많은 그리스도인들이 이스라엘 선교에 대해 특별한 의미를 부여하며, 그 운동을 위해 전심전력을 다해 노력하고 몰심양면 지지하는 태도를 보인다. 그러나 과연 백투예루살렘 운동은 성경의 지지를 받고 있는가? 이 책은 중국 교회와 메시아닉 쥬의 백투예루살렘 운동, 그리고 그 영향을 받은 한국 교회의 백투예루살렘 운동을 다룬다. 백투예루살렘 운동은 중국 교회에서 이슬람권 선교를 모토로 시작되었다. 하지만 메시아닉 쥬는 이를 발전시켜 지리적 예루살렘의 회복과 혈통적 이스라엘의 구원을 주장한다. 그리고 한국 교회는 이 특징들을 적극 수용해 세계선교의 동력으로 삼고 있다. 그런데 이들은 세대주의적 성경 해석을 바탕으로 예수 그리스도의 재림에 관심을 집중한다. 그 결과 이들의 운동은 성경적이라기보다는 자의적인 이유와 목적에 함몰되어 있다. 한국 교회의 종말 사상과 선교 운동의 방향에 대한 진지한 재고를 요청하는 이 책은 백투예루살렘 운동의 뿌리와 성장 과정을 면밀하게 추적하며 그 한계를 명쾌하게 해설한다.

● 이필찬

Holy
WavePlus

차 / 례 /

세대주의적 성경 해석에 기초한 종말론이 꽤 오랜 기간 한국 교회를 난도질하고 있다. 상황은 우리가 생각하는 것보다 심각하다. 왜냐하면 대부분의 그리스도인은 종말에 대한 자신의 입장이 세대주의인 줄 모르고 있기 때문이다. 많은 사람이 "세대주의적 성경 해석은 잘못되었다"라고 공인하면서, 정작 자신의 신학적 틀이 세대주의라는 사실은 부정하고 있는 것이다. 이런 실제적 무지로 인해 자신의 신학이 건전한 성경 해석에 근거한다고 자부하며, 수정하려는 시도를 전혀 하지 않고—어쩌면 무엇을 어떻게 수정해야 하는지조차 모른 채—혼란에 빠져 있는 사람들이 너무나 많다.

세대주의적 성경 해석에 기초한 운동 중에 한국 교회를 혼란에 빠뜨리고 있는 대표적인 것이 바로 백투예루살렘 운동Back to Jerusalem Movement이다. 이 운동은 대형 교회와 목회자, 심지어 신학교 교수들의 용인과 지지하에 성도들의 삶 속에 독버섯처럼 퍼져 나가고 있다. 더욱 놀라운 것은 규장, 두란노, 홍성사와 같은 주요 출판사들을 통해 이와 관련된 서적들이 출간되어 한국 교회에 소개되고 있다는 사실이다.

학문적으로, 세대주의는 이미 죽었다고 확언할 수 있다. 그렇기 때문에 대부분의 신학자들은 이러한 움직임에 능동적으로 대응할 가치가 없다고 판단해 별 관심을 보이지 않는다. 그러나 목회 현장과 성도들의 삶의 현장에서는 말초 신경과 감정을 자극하는 세대주의적 감성이 점점 더 설득력을 얻어가고 있다.

이런 상황을 더 이상 지켜보기 어려워 무엇인가 해야 한다고 생각했다. 마침 개인 사정으로 학교의 교수 사역을 잠시 중단하고 원고 집필에 집중할 수 있는 기회와 시간이 주어졌다. 그러께 가을에 시작한 원고가 이렇게 무사히 출간되어 감사한 마음이 크다.

이 책의 제1부는 '백투예루살렘'이란 용어를 최초로 사용하고 그 사역에 집중한 바 있는 중국 교회를 다룬다. 즉 백투예루살렘 운동의 기원과 초기 사역에 대한 고찰이다. 가장 많은 분량을 차지하는 제2부는 '메시아닉 쥬'Messianic Jew의 백투예루살렘 운동을 다룬다. 그 분야의 대표적인 도서라고 할 수 있는 키이스 인트레이터의 『그날이 속히 오리라』, 루벤 도런의 『한 새사람』, 로버트 하이들러의 『메시아닉 교회』를 중심으로 논의가 진행될 것이다. 마지막 제3부는 한-이 성경 연구소KIBI의 대표를 맡고 있는 송만석 장로의 『지금은 예루살렘 시대』, 그리고 인터콥INTERCP 최바울 대표의 저서인 『백투예루살렘』과 『하나님의 나라』를 다룬다.

미리 밝히지만, 이 책들을 분석하고 평가하는 과정에서 내용이 서로 중복되는 경우, 어떤 책은 중복되는 내용을 제외한 일부만 다루었다. 반면, 내용이 비슷해도 맥락의 차이가 있는 경우에는 생략하지 않고 그대로 다루었다.

불행하게도 이 책은 누군가를 분석·평가하고 때로 비판하는 책이다. 사실 이런 책을 쓰는 것은 매우 고통스럽다. 왜냐하면 그 비판의 대상도 하나님을 사랑하는 마음이 큰 사람들이기 때문이다. 그들은 때로 하나님을 위해 목숨을 내놓는 순교의 길을 기꺼이 가기도 했다. 그러니 그들을 분석하고 평가하는 일이 어찌 마음 편하겠는가?

얼마 전에 어떤 판사가 자살한 사건이 있었다. 왜 모든 사람이 부러워하는 직업을 가진 사람이 자살했을까, 많은 의문이 생겼다. 어쩌면 날마다 옳고 그른 것을 판별해야 하는 직업에 환멸을 느끼지 않았을까 싶다. 이 책의 집필도 처음부터 끝까지, 옳지 않은 것을 드러내고 분석하고 평가하는 과정이었다. 분명, 인내심과 평정심을 유지해야 하는 쉽지 않은 일이었다.

그러나 우리 교계의 현실을 바라보며 지금, 누군가는 이 일을 해야 한다고 생각했다. 왜냐하면 너무나 많은 그리스도인이 성경의 진리에서 벗어나 왜곡된 가르침에 미혹되어가고, 교회는 혼란 가운데로 빠져들고 있기 때문이다. 요한계시록 2장에서 에베소 교회는 니골라 당—자칭 사도라 하나 아닌 자들—의 잘못된 가르침을 시험하여 분별해낸 것으로 칭찬을 받았다(계 2:2, 6). 그러나 두아디라 교회는 거짓 선지자 이세벨을 용납하여 책망을 받았다(계 2:20). 오늘날 한국 교회에 잘못된 가르침들이 독버섯처럼 번지고 있고, 그 근본에는 잘못된 교회론과 종말론이 있다. 이러한 혼란 가운데서 한국 교회가 잘못된 가르침을 분별하고, 성경에 근거를 둔 건전한 교회론과 종말론의 반석 위에 서도록 매의 눈을 가지고 지켜봐야 할 것이다. 이 책은 바로 그런 동기와 목적을 가지고 탄생했다.

그러나 이 책이 누군가를 비판하는 부정적 특징만 가지고 있는 것은 아니다. 이 책은 건전한 성경 해석의 원리들을—그렇지 않은 경우들을 반면교사로 삼아—독자들에게 매우 실제적인 방법으로 제공하고 있다는 점을 기억해주기 바란다. 이 책을 읽다 보면 올바른 성경 해석의 방향을 깨달을 수 있을 것이다. 뿐만 아니라 이 책은 첨예한 논점을 다루면서 성경 본문의 참된 의미를 밝히고자 애쓰는 과정을 통해 오늘날 우리에게 반드시 필요한 성경적 개념을 터득할 수 있는 기회를 제공한다.

물론 이 책은 어떤 대상을 분석·평가하는 목적을 가지고 있으므로 일관성 있는 해석의 과정을 보여주는 데는 한계가 있다. 그런 부분을 보완하기 위해 성경 전체를 조망하는 신학적 체계를 갖춘 책을 함께 출간하게 되었다. 이 책에서 조금 아쉬운 부분은 함께 출간되는 『이스라엘과 교회, 어떻게 이해할 것인가』를 참고하기 바란다. 본래 한 권의 책으로 기획하였으나 분량이 적지 않아 두 권으로 나누게 된 점에 대해 양해를 구한다. 단, 두 책은 서로 분리해서 읽더라도 독립된 단행본으로서 전혀 손색이 없을 것이다.

이야기를 시작하려면 무엇보다 먼저 세대주의에 대한 정확한 이해가 필요하다. 먼저 세대주의가 무엇인지 알아보고 이어서 백투예루살렘 운동에 대해 분석·평가해보자. 앞으로 전개될 백투예루살렘 운동에 대한 평가는 세대주의적 신학 및 종말론에 대한 비평과 맥을 같이한다는 사실을 미리 밝힌다.

세대주의란 무엇인가?

세대주의자인 라이리Charles C. Ryrie가 이해하는 세대주의를 요약함
으로써 세대주의에 대한 정의를 규명해보자.[1] 라이리는 세대주의
를 긍정적 측면에서 서술한다는 사실을 유념하며, 그가 세대주의
에 대해 무엇이라고 말하는지 한번 살펴보기를 바란다.

① 세대주의의 주요 특징은 각각의 세대마다 하나님의 인간과의
   통치 관계가 바뀌며, 따라서 인간의 책임도 세대마다 바뀌게
   되며, 그에 합당한 계시를 준다는 점이다.
② 하지만 새로운 세대를 구분하는 데 시험, 실패, 심판 등은 2차
   적 특징으로 필수조건은 아니다.
③ 세대주의자는 반드시 전천년주의자이지만 그 역은 성립하지
   않는다. 즉 전천년주의자 중에는 세대주의를 지지하지 않는 사
   람도 있다.
④ 세대주의의 필수 조건은 첫째, 세대주의자는 이스라엘과 교회
   를 구분한다. 둘째, 세대주의는 영적 또는 알레고리적 해석이
   아니라 일관된 문자적 해석을 지지한다. 셋째, 세대주의에게 구
   원론은 하나님의 영광을 위한 한 부분일 뿐이고 궁극적 목적은
   하나님의 영광이다(엡 1:6, 12, 14). 따라서 세대주의자에게 성경
   은 인간 중심man-centered이 아니라 하나님 중심God-centered이다.
⑤ 문자적 해석을 지지하는 이유로는 첫째, 철학적으로 언어 자체
   의 목적이 문자적 해석을 요구한다. 성경도 언어의 특별한 사

용으로 간주될 수 없다. 둘째, 성경적으로 그리스도의 초림에 관한 구약의 예언들이 문자적으로 모두 성취되었다. 셋째, 논리적으로 만약 문자적 해석법을 사용하지 않는다면 모든 객관성은 상실될 것이다.

⑥ 일관된consistent 문자적 해석의 중요성: 일관된 문자적 해석은 계시가 진전되더라도 단어의 의미는 변하지 않고 분명히 구별된다(예를 들면, 이스라엘과 교회). 하지만 알레고리나 영적 해석은 두 단어들의 융합을 허용한다. 결국 계시가 주어진 시간에 상관없이 모든 계시에 대하여 같은 해석학적 원리가 적용되는 것이 합리적이다(cf. 성경 본문의 장르와 저자에 따른 용례와 문체의 차이에 대한 고려).

⑦ 일관된 문자적 해석의 결과: 성경 본문을 액면 그대로 받아들이면 계시의 과정에서 구별을 인식하여 결과적으로 하나님의 프로그램에는 경륜의 차이가 있다는 것을 인식하게 된다. 즉 세대주의를 수용하게 된다. 세대주의는 다양한 경륜을 하나님의 목적의 '계속적인successive 드러냄'뿐만 아니라 '점진적인progressive 드러냄'으로도 바라본다. 그리하여 하나님의 모든 프로그램의 절정은 예수 그리스도의 천년왕국이라고 생각한다. 따라서 세대주의만이 세상을 향한 하나님의 목적의 통일성unity, 다양성variety, 그리고 점진성progressiveness을 모두 바라본다.

⑧ 세대주의는 일관된 문자적 해석을 종말론에도 적용하며 따라서 구약의 예언이 천년왕국시대에 문자적으로 성취될 것이라고 해석한다. 세대주의는 교회와 이스라엘을 엄격하게 구분하

기 때문에, 천년왕국에서 성취된 구약의 예언은 교회가 아닌 이스라엘에 해당된다고 해석한다. 따라서 교회는 환란이 시작되기 전 지상으로부터 들려 올려질 것이다(환란 전 휴거).

이상에서 정리한 세대주의의 개념은 앞으로 논의할 백투예루살렘 운동의 정신과 상당 부분 일치한다. 이런 유사성을 통해 백투예루살렘 운동이 세대주의 신학을 배경으로 진행되고 있음을 분명하게 인지할 필요가 있을 것이다.

중국 교회의
백투예루살렘 운동

1

폴 헤터웨이의
『백투예루살렘』

중국 교회의 백투예루살렘 운동을 가장 잘 보여주고 있는 것은 2003년에 폴 헤터웨이Paul Hattaway가 윈 형제와 함께 저술하여 미국에서 출간되고, 2005년에 우리말로 번역된 『백투예루살렘』이라는 책이다. 이 책을 중심으로 이 운동에 대해 고찰해보자.

운동의 정의

폴 헤터웨이는 다음과 같이 말한다.

첫째로 내가 깨닫게 된 것은, 백투예루살렘이 단지 중국 교회가 복음을 들고 예루살렘으로 달려가는 것만을 말하지는 않는다는 사실이다. 그들의 비전은 이보다 더 크다. 또한 백투예루살렘은 종말론적 이론을 말하지 않는다. 즉 중국 교회가 그리스도의 재림을 맞이하기 위해 이스라엘로 달려가려는 것도 아니다. 백투예루살렘이란 하나님께서 중국 교회에 주신 사명으로, 중국과 예루살렘 사이에 있는 모든 나

라와 도시와 마을과 민족에게 복음을 전하고 성도의 교제를 이루고자 하는 열망을 의미한다.[1]

이상의 정의에서 백투예루살렘 운동은 통상적인 이스라엘 회복 운동과는 다른 목적과 동기를 가지고 있음을 알 수 있다. 그것은 바로 복음 전도의 목적이 예루살렘이 아니라 예루살렘에 못 미쳐 있는 이슬람권 국가들이라는 것이다.

운동의 기원

백투예루살렘 운동의 시발점은 1920년대에 결성된 '예수 가정'The Jesus Family이라는 단체로 거슬러 올라간다.[2] 이 단체가 분열되고 '서북성령운동'이라는 새로운 단체가 생겨났는데, 1940년대 초에 산시성에 위치한 서북성경학원에서 공부하던 기도 모임의 몇 사람에게 하나님의 소명이 임했다. 이 기도 모임의 지도자는 마가 목사였다. 그에게 다음과 같은 주님의 말씀이 임했다고 한다.

오순절 역사 이후로 복음의 통로는 대부분 서쪽 방향으로 퍼져나갔다. 예루살렘에서 안디옥 그리고 유럽 전역으로. 그리고 다시 유럽에서 미국 그리고 동양으로, 중국 동남 지역에서 북서쪽으로 퍼져나갔다. 그러나 오늘날까지 서쪽의 간쑤성에서부터는 견고하게 세워진 교회가 없었다. 너는 간쑤성에서 서쪽으로 계속 가서 예루살렘까지 복

   백투예루살렘 운동, 무엇이 문제인가

음을 전하여라. 그리하여 복음의 빛이 어두운 이 세상을 완전히 한 바퀴 돌게 하라.[3]

마가 목사의 소명은 백투예루살렘 운동의 기원이다. 1943년 5월 23일, 마가 목사는 기도 모임에서 이 계시를 보고하고 이 소명을 감당할 그룹의 이름을 '편전복음단'遍傳福音團이라고 명명했다.[4] 편전복음단이 한 최초의 전도 활동은 1944년, 세 명의 여자와 두 명의 남자가 단기 사역을 위해 간쑤성으로 떠난 것이었다. 1945년 5월 15일에는 그룹의 이름을 백투예루살렘 전도대로 바꾸고 조직을 개편하기에 이른다.

운동의 성경적 근거[5]

백투예루살렘 운동의 성경적 근거는 사도행전 1:8—"오직 성령이 너희에게 임하시면 너희가 권능을 받고 예루살렘과 온 유대와 사마리아와 땅 끝까지 이르러 내 증인이 되리라 하시니라"—의 말씀이다. 예수님의 이 말씀에 따르면 복음은 예루살렘에서 시작하여 '땅 끝'까지 이르게 된다. 성령이 임한 초기에 복음은 예루살렘에 충만하게 선포되었다. 첫 순교자 스데반이 죽임을 당한 날, 예루살렘에 있는 교회에 큰 박해가 있어 사도 외에는 다 유대와 사마리아 모든 땅으로 흩어졌다(행 8:1). 다음에 빌립과 바울을 통해 복음이 이방 지역, 곧 로마에까지 이르게 되었다. 이러한 복음의 방향은 대체

1. 폴 헤터웨이의 『백투예루살렘』

로 서쪽으로 향하는 듯하다.

이처럼 백투예루살렘 운동은 성경에 나타난 복음 전파의 방향이 서쪽으로 진행한다는 사실에 착안했다. 그리고 중국 성도들의 입장에서 보면 땅 끝은 예루살렘이라는 결론에 이를 수밖에 없다. 그래서 헤터웨이는 자신의 책에서 다음과 같이 서술한다.

> 우리는 복음이 예루살렘에서 가장 멀리 전파된다는 말의 의미가, 지구 전체를 한 바퀴 돌고 복음이 시작된 곳인 예루살렘으로 돌아가는 것이라 믿는다! 이 복음의 불길이 지구 전체를 한 번 돌고 나면 주 예수님은 오시리라![6]

그는 계속해서 "중국 교회의 선교 비전 속에서 바로 예루살렘으로의 회귀를 의미하는 백투예루살렘이라는 이름이 나온 것이다"라고 진술한다.[7] 이렇듯 백투예루살렘 운동의 성경적 근거는 바로 사도행전 1:8로서, 땅 끝까지 이르러 증인이 되어야 한다는 것에 있다. 또한 이 운동은 복음이 서진하여 다시 예루살렘에 이르게 되는데 그 길에 존재하는 이슬람권 국가들에 복음을 전하는 것이 성경에서 요구하는 지상 과제라고 간주한다.

운동의 특징

앞의 정의에서 언급했듯이 백투예루살렘 운동은 종말론을 말하는

　백투예루살렘 운동, 무엇이 문제인가

것도 아니요, 재림을 맞이하기 위해 이스라엘로 달려가는 것도 아니라고 한다. 그들에게 백투예루살렘 운동은 오직 중국과 예루살렘 사이에 있는 모든 나라와 도시와 마을과 민족에게 복음을 전하는 것이다. 그래서 윈 형제는 다음과 같이 말한다.

> 여러분이 꼭 기억해야 할 것은 우리가 백투예루살렘에 관하여 언급할 때에는 중국과 예루살렘 사이에 있는, 복음을 듣지 못한 모든 민족들에게 복음을 전파하는 것을 의미한다는 것이다.[8]

그러나 실제적인 백투예루살렘 운동의 현장과 오늘날 이 운동을 계승하는 사역의 현장은 그렇지 않다. 이 운동은 철저하게 종말론에 매몰되어 있으며 이스라엘-예루살렘 회복 운동으로 변질되어 나타나고 있다. 그 증거들은 여러 가지 문헌의 기록을 통해 확인할 수 있다. 폴 헤터웨이는 다음과 같이 서술한다.

> 우리는 하나님께서 우리에게 그분의 제단에서 불을 옮겨와 아시아, 중동, 그리고 이슬람권의 북 아프리카의 모든 나라들에 하나님의 나라를 건설함으로써 지상명령을 완수하라는 엄숙한 책임을 주셨다고 믿는다. 이 일이 일어날 때 우리는 성경이 말하는 바대로 주 예수 그리스도가 그의 신부를 위해 돌아오실 것을 믿는다.[9]

> 우리는 복음이 예루살렘에서 가장 멀리 전파된다는 말의 의미가 지구 전체를 한 바퀴 돌고 복음이 시작된 곳인 예루살렘으로 돌아가는 것

이라 믿는다! 이 복음의 불길이 지구 전체를 한 번 돌고 나면 주 예수
님은 오시리라![10]

1996년에 있었던 지하교회 지도자들의 모임은 분열된 중국 교
회가 백투예루살렘의 목표를 이루기 위해 다시 연합하려는 노력
의 일환이었다. 그런데 그 모임에서도 백투예루살렘과 예수님의
재림의 관계는 여지없이 드러났다.

우리가 모인 목적은 바로 하나님께서 우리에게 주신 비전, 곧 복음을
가지고 예루살렘으로 들어가 예수님의 지상명령을 완수하여 주님께
서 재림하시기를 기다리는 그 비전을 이루기 위해서다![11]

결국 백투예루살렘 운동은 복음이 예루살렘으로부터 시작하여
다시 땅 끝인 예루살렘으로 돌아가야 한다는 생각에 뿌리를 두고
있다. 특별히 중국 교회가 예루살렘으로 가는 노정에는 공교롭게
도 복음이 전혀 전파되지 않은 이슬람권이 자리 잡고 있었고, 이
는 예루살렘이 땅 끝이라는 확신을 더욱 견고하게 만들었다. 그리
고 복음이 그 땅 끝에 이르게 될 때 예수님이 재림하신다는 믿음
이 굳게 자리 잡게 되었다.

   백투예루살렘 운동, 무엇이 문제인가

백투예루살렘 운동가들

백투예루살렘 운동을 좀 더 잘 이해하기 위해 이 운동을 창설하고 주도하고 발전시켰던 중국 교회의 지도자들을 소개하고자 한다. 이 부분 역시 폴 헤터웨이의 책 『백투예루살렘』의 내용을 참고했다. 사실 여기에 소개되는 인물들의 하나님을 향한 헌신과 사랑은 상상을 초월한다. 따라서 그들의 사역을 평가하는 일은 매우 부담스럽다. 그러나 여기에서 평가하고자 하는 것은 그분들의 헌신과 사랑이 아니라 그분들이 취했던 성경 해석 방식과 그런 방식을 취했을 때 초래될 수 있는 결과에 대한 것임을 기억해주기 바란다.

마가 목사

허난성 사람인 그는 중국 선교의 선구자 허드슨 테일러James H. Taylor, 1832-1905의 손자인 허드슨 테일러 2세와 그의 아내 앨리스가 세운 서북성경학원의 부원장이었다. 1937년 회심한 후에 자유성경학교Free Methodist Bible School에서 훈련을 받고 서북성경학원 창립 멤버가 되었다. 그는 1942년 초에 주님과 교제 중에 광활한 이슬람 국가를 향한 복음의 개척자가 되어야 한다는 동기를 발견했다고 한다.

1942년 11월 25일 저녁 기도하던 중 주님이 나에게 말씀하셨다. "신장으로 가는 문이 이미 열렸다. 너는 가서 복음을 전하라." 이 음성이

나에게 들렸을 때 나는 두렵고 떨렸다. 순종하고 싶은 마음이 조금도 없었다. 과거에 신장을 위해 기도해본 일이 한 번도 없었기 때문이다. 더구나 그곳은 가고 싶은 마음이 조금도 없는 지역이었기 때문이다. 그래서 나는 이 문제에 대하여 아내에게 아무런 언급을 하지 않았으며, 단지 기도만 하였다.[12]

마가 목사의 백투예루살렘 운동에의 부르심은 이렇게 시작되었다. 5개월 후, 마가 목사는 이 운동에의 부르심을 확증하는 경험을 하게 된다. 1943년 4월 25일 부활절 아침에 두 명의 동료와 기도하며 신장으로 가라는 소명에 대해 나누었을 때, 그 두 명의 동료 중 한 사람도 10년 전에 비슷한 소명을 받았다고 하고, 그날 부활절 주일 새벽 예배 때에도 여덟 명의 학생이 신장을 향한 선교의 부담을 갖게 된 것을 알게 되었다는 것이다.[13]

여덟 학생들의 체험은 마가 목사의 부르심과는 별도로 다음과 같이 기록으로 전해오고 있다.

우람한 가지가 무성한 잎으로 머리 위에 그늘을 드리운 시골 정원의 큰 나무 아래, 중국 지도 한 장이 흰 석회로 그려져 있었다. 학생들은 둘러서서 그 지도를 보고 있었으며, 그들은 다시 한 번 북쪽과 서쪽에 있는 거대한 지역에서 이루어져야 할 일에 대하여 듣고 있었다.… 정원은 고요했고 땅바닥에 놓인 지도의 흰 선이 확연히 그 모습을 드러냈다. 그리고 숨조차 크게 쉴 수 없는 엄숙한 순간이 다가왔다. "주님의 사명을 받은 사람은 자신의 자리에서 일어나 하나님이 부르시는

 백투예루살렘 운동, 무엇이 문제인가

지역에 가서 서십시오.”…한 사람 그리고 또 한 사람 정원을 지나 지도가 있는 곳으로 걸어갔다. 멀리 수평선에서 태양이 떠올랐을 때 여덟 명의 젊은이들은 신장이라고 표기된 위치에 조용히 서 있었다.[14]

마가 목사는 백투예루살렘 운동을 시작함에 있어서 신비적 체험을 통해 하나님의 계획 속에 있다는 사실을 확인한다. 그는 하나님과의 직접적인 대화의 기록을 다음과 같이 남겨놓고 있다.

나는 주님께 물었다. “주님, 이것이 무슨 뜻입니까?” 주님은 대답하셨다. “그 뜻은 이러하다. 나는 중국 교회가 신장에 복음을 전하는 사명뿐 아니라 전 세계에 복음을 전하는 사명을 완수하기를 원한다.” 나는 물었다. “오, 주님. 복음이 이미 전 세계에 전파되지 않았습니까?” 그러자 주님이 말씀하셨다. “오순절 역사 이후로 복음의 통로는 대부분 서쪽 방향으로 퍼져나갔다. 예루살렘에서 안디옥 그리고 유럽 전역으로. 그리고 다시 유럽에서 미국 그리고 동양으로, 중국 동남 지역에서 북서쪽으로 퍼져나갔다. 그러나 오늘날까지 서쪽의 간쑤성에서부터는 견고하게 세워진 교회가 없었다. 너는 간쑤성에서 서쪽으로 계속 가서 예루살렘까지 복음을 전하여라. 그리하여 복음의 빛이 어두운 이 세상을 완전히 한 바퀴 돌게 하라.[15]

여기에서 우리는 백투예루살렘 운동에 대한 마가 목사의 소명이 하나님의 직접적인 계시로 주어지고 있음을 알 수 있다. 이런 특징은 후에 백투예루살렘 운동의 영향을 받은 혈통적 이스라엘 회복 운동이 신사도 운동과 만나게 되는 근원이 된다. 특별히 '이 세상을 완전히 한 바퀴 돌게 하라'는 언급은 백투예루살렘 운동의 핵심 정신이라고 할 수 있다.

우리는 이런 직접 계시를 어떻게 이해해야 할까? 직접 계시를 성경의 권위와 어떻게 비교할 수 있을까? 이런 질문에 대해 당연히 성경적 권위가 우선한다는 것을 말하지 않을 수 없다. 그렇다면 성경이 과연 복음의 빛이 지구 한 바퀴를 완전히 돌게 된다고 말하고 있을까? 그것은 회의적이다.[16] 마가 목사의 소명을 성경적 원리로서 강변하거나 조직화하여 모든 교회가 받아들여야 하는 세계 선교의 대원칙으로 삼으면 안 된다. 다만 마가 목사의 개인적인—어느 정도의 그룹이 동조할 수 있는—소명 차원에서 이해해야 할 것이다.

1943년 5월 23일, 마가 목사는 기도 모임에서 이 계시의 체험을 보고하고 결성된 전도단의 이름을 모든 곳에 복음을 전한다는 의미의 '편전복음단'이라고 했다. 그리고 이 이름은 선교사들에 의해 '백투예루살렘 전도대'라고 불리기도 했다. 1944년이 되어서 세 명의 여자와 두 명의 남자가 단기 사역을 위해 간쑤성에 있는 란저우로 떠났다. 1945년에는 두 명의 남자가 닝샤성에 있는 무슬림들에게 복음을 전하기 위해 파송을 받았고, 1946년에는 메카 차오Mecca Chao와 디모데 타이Timothy Tai라는 두 남자가 장기 사역을 위해 북서쪽 신장으로 파송을 받았다. 그리고 이 사역이 점점 확장되자 1945년 5월 15일에는 업무회의를 통해 회칙과 조직적인 체계를 세우기 시작했다.[17]

그런데 마가 목사는 다음과 같은 진술을 통해 백투예루살렘 운동이 예수님의 재림과 밀접하게 관련되었음을 다시 한 번 확인시켜주고 있다.

나의 소망은 우리 중국 교회가 굳은 결심과 용기를 가지고 이 위대한 직무를 굳게 잡고 우리의 승리하신 구세주를 의지하여 이 강력한 사역을 완수하는 것이며, 우리의 영광스러운 기업을 붙잡은 채 복음을 예루살렘까지 전파하는 것이다. 그곳에서 우리는 시온 산 정상에 올라 우리 주 예수 그리스도가 영광 중에 구름 타고 오시는 것을 보리라.[18]

이처럼 마가 목사는 복음 전파의 범위를 예루살렘까지 포함해 설정하고 있다. 백투예루살렘 운동이 중국의 서쪽 진영을 차지하는 이슬람권을 목표로 삼고 있음에도 불구하고, 최종 목적지를 예루살렘으로 설정함으로써 혈통적 이스라엘의 회복 운동과 맥을 같이하게 되는 결과를 초래하는 것은 이상한 일이 아니다. 더 나아가서 예루살렘까지 복음을 전파하는 것과 예루살렘의 시온 산 정상에 올라 우리 주 예수 그리스도가 영광 중에 구름 타고 오심을 보게 될 것을 연결시키고 있다는 사실도 주목할 만하다.

백투예루살렘 운동의 궁극적 목표가 이슬람권 전도라고 하지만 그 이면에는 예루살렘에서 예수님의 재림을 맞이하리라는 신념이 작동하고 있음을 부정할 수 없다. 이슬람권에 대한 복음 전도가 예수님의 재림을 가능하게 하거나 앞당길 수 있다고 생각하는 것이다. 그러나 여기에는 심각한 딜레마가 존재한다. 그냥 서쪽을 향하여 가다가 예루살렘에 당도하는 것만으로 백투예루살렘 운동의 사명을 다했다고 할 수는 없기 때문이다. 도대체 서쪽 진영의 이슬람 인구 중 얼마를 전도해야 땅 끝까지 이르렀다고 할 수 있을까?

메카 차오

메카 차오는 1947년 3월 백투예루살렘 전도대에 합류한 두 남자 중 한 사람이다. 그는 중국의 중동부 지방인 허난성 린시엔에서 출생했다. 메카 차오는 구원받은 후에 하나님의 인도하심을 바라며 기도하던 중, 환상으로 '메카'라고 쓰인 종이 한 장을 보았다. 그 환상은 그가 이슬람권 선교의 사명을 확인하는 계기가 되었다. 그 후에도 하나님은 메카 차오에게 두 개의 환상을 통해 이슬람권 선교에 대한 확증을 주신다. 그중 하나는 무슬림들이 많이 살고 있는 닝샤성의 지도에 관한 환상으로 응답하신 것이고, 다른 하나는 자신이 가게 될 서쪽으로 난 길고도 밝은 길을 본 것이다.[19]

내가 스물다섯 살에 감옥에서 풀려날 것과 스물일곱 살에 내게 주어진 사명을 감당할 것을 약속하신 것이다. 이 일은 정확하게 이루어졌다. 내가 스물다섯 살이던 오월, 나는 감옥에서 풀려났고 스물여섯 살이던 칠월에는 서북성경학원 학생이 되었다. 그리고 스물일곱 살이 되던 해 나는 복음을 전하고자 간쑤성으로 들어갔고 그해 여름 내가

환상 가운데 보았던 장소인 닝샤성으로 들어갔다. 이러하니 우리가
어찌 하나님의 신실하심을 의심할 수 있겠는가.[20]

이처럼 메카 차오의 소명에도 신비 체험이 작용했다. 물론 여기
에서 신비 체험의 진실성 자체에 대해 논하려는 것은 아니다. 그러
나 신비 체험에 의한 소명을 보편화시키는 문제는 짚고 넘어가야
한다. 신비 체험에 의한 소명은 어떤 특정한 시대에, 그 시대에 속
한 특정한 사람들에게 적절했던 것으로 한정시켜 이해해야 하지
않을까?

시몬 짜오

시몬 짜오는 30년대 초반에 서북성령운동에서 설교와 전도를
맡은 지도자로 임명된 사람으로서 지하교회 성도들에게 백투예루
살렘 운동을 일깨운 운동가다. 그는 선양에서 열린 기도 모임에서
신장 북서쪽으로 향하라는 비전vision을 받았다. 그리고 난징에서
그와 동일한 비전을 받은 사람들을 만났다. 그 당시에 총 세 팀이
신장을 향한 비전을 따라 전도의 길을 떠나게 되었고, 시몬 짜오
의 팀은 난징을 떠나 산시성을 통해 신장으로 향했다. 그들은 신
장으로 가는 도중에도 군인들에게 복음을 전하는 기회를 가질 수
있었다. 1950년 겨울, 그들은 다섯 명의 동료 사역자들과 함께 신
장 남쪽 끝에 있는 오아시스 마을 허티엔으로 향했으나 도착한 지
2주 만에 공안국으로부터 추방 명령을 받았다. 1950년 1월, 시몬

짜오는 결국 체포되어 감옥에 갇히게 된다.[21]

다섯 명의 지도자들은 가혹한 판결을 받고 감옥에 있는 동안 순교했다. 시몬 짜오의 아내도 1959년에 여성 감옥에서 순교했다. 유일하게 살아남은 지도자는 시몬 짜오뿐이었다. 그는 1973년까지 아내의 죽음도 알지 못했고, 감옥 안에서 상상하기도 힘든 고역을 치를 수밖에 없었다. 그는 6개월이면 대부분의 사람이 죽어나가는 탄광으로 쫓겨나 일주일에 7일, 하루에 14시간씩 일하며 몇 톤의 석탄을 캐내야만 했다. 음식이 턱없이 부족한데다가 여름에는 무더위를 견뎌야 했고, 겨울에는 극한의 추위에 떨며 일해야만 했다. 그러나 하나님은 그 사망의 골짜기에서 그를 지키시고 살려내 주셨다.[22]

투옥이 길어지면서 시몬 짜오는 사람들에게 철저히 잊혔다. 사람들의 망각은 시몬 짜오를 외톨이로 만들었다. 결국 나라의 반대편에 살고 있던 가족조차도 그를 더 이상 생각하지 않게 되었다. 그런 와중에 "백투예루살렘의 비전은 완전히 땅속에 묻혀버렸고 그 씨는 사라져버렸다."[23] 그래서 그는 "주님, 저는 절대 예루살렘으로는 가지 못할 것입니다. 하지만 그 비전을 완성시킬 중국의 새로운 세대를 일으켜주시기를 간구합니다"라고 기도했다.[24]

그는 1981년, 30여 년간의 감옥 생활을 마치고 출옥한다. 30대 초반에 투옥되었다가 60대의 노인이 되어서야 풀려난 것이다. 감옥에서 풀려난 그를 알아보는 사람은 아무도 없었기에 그는 감옥 옆의 오두막에 누워 죽기만을 기다리고 있었다. 그러나 얼마 후, 카슈가르 지역의 그리스도인들이 시몬 짜오에 대해 알게 되어 그

를 돌보기 시작했다. 그리고 그의 이야기는 신장에 있는 교회들을 통해 널리 퍼져나가게 되었다.[25]

　주위의 사람들은 시몬 짜오가 어떻게 그 많은 고통의 순간을 견디어왔는지, 간증을 통해 지하교회의 성도들을 격려해주기 바랐다. 그러나 그는 한결같이 "어떤 이목도 내게 집중되는 것을 원하지 않는다"고 하면서 그런 제안을 거절했다.[26] 그러나 시몬 짜오는 1990년 초반에 허난성에 와서 간증을 함으로써 50년 전에 하나님이 그에게 보여주신 백투예루살렘 운동의 비전을 지하교회 성도들이 이어가도록 했다. 그는 백투예루살렘에 대한 여전히 살아 있는 열정으로 다음과 같이 말했다고 한다.

　주님이 예루살렘으로 돌아가라고 저를 불렀고 적어도 지금 이곳 신장에 있는 한, 저는 예루살렘으로 가는 도중에 있습니다. 그런데 무슨 이유로 제가 다시 예루살렘에서 가장 멀리 떨어져 있는 동쪽으로 돌아가겠습니까? 카슈가르에서 생을 마감할 수 있도록 저를 그냥 놓아주십시오.[27]

　많은 지하교회 지도자들에게 백투예루살렘의 비전은 그의 간증을 통해 아주 분명해졌고 하나님은 그 비전을 성취하기 위한 거부할 수 없는 부담감을 주셨다고 한다. 시몬 짜오는 2001년, 83세의 나이로 파란만장한 삶을 마치고 하나님의 품에 안겼다.

원 형제

원 형제는『하늘에 속한 사람』(고석만 역, 홍성사, 2003)으로 한국에 잘 알려진 인물이다. 폴 헤터웨이의『백투예루살렘』에 소개된 원 형제의 간증을 중심으로 그가 어떤 인물인지 살펴보자.[28]

원 형제는 열여섯 살에 구원을 체험하고 어느 날 "원, 나는 너를 서쪽과 남쪽으로 보내어 나의 증인으로 세우겠다"는 하나님의 음성을 듣게 되었다. 원 형제는 이것이 백투예루살렘 운동과 관련된 첫 번째 경험이었다고 진술한다. 그가 백투예루살렘 운동에 대해 더욱 관심을 집중하게 된 것은 바로 앞에서 소개한 시몬 짜오와의 만남 이후다. 시몬 짜오가 허난성에서 회중에게 자신의 경험을 나누었을 당시에는 원 형제가 감옥에 있어서 둘이 만날 수도, 서로 알 수도 없었다. 그러나 원 형제와 시몬 짜오의 만남은 매우 우연한 기회에 이루어졌다.

1995년 가을, 중국 중신 지방에 집결한 어느 지하교회 모임에서였다. 원 형제가 백투예루살렘 운동의 노래 중 하나를 부르고 있을 때였다. 회중 가운데 이 노래를 부르며 눈에 띄게 감동하고 눈물을 흘리는 노인이 있었다. 설교가 끝나자 그 노인은 원 형제 앞으로 걸어 나왔다. 그는 자신이 시몬 짜오라고 소개하고 방금 부른 노래를 동료와 함께 창작했다고 밝혔다. 그리고는 자신의 역정歷程을 소개하면서 1950년에 많은 고난과 역경을 뚫고 신장의 접경 도시 카슈가르에 이르렀으나 그 지역을 점령한 공산주의 군대가 철권통치를 펼치는 바람에 운동의 지도자들이 모두 체포되어 감옥에서 생을 마감했고 자기 혼자만 살아남았다고 이야기했다. 그는 "결국 예루살렘으로 다시 복음을 들고 가리라는 비전 때문에, 나는 주를 위하여 31년을 감옥에서 보냈지요"라고 덧붙였다.

원 형제를 비롯한 청중들은 이 말을 듣고 충격에 휩싸였다. 그들이 희미하게 들어서 알고 있었던 시몬 짜오, 그가 바로 그 자리에 있었기 때문이다. 원 형제는 시몬 짜오에게 "어르신, 아직도 당신의 마음속에 이 비전을 간직하고 계십니까?"라고 거듭 질문했다. 그러자 그는 노래로 화답한다.

꿈마다 나타나는 예루살렘아
눈물에 어리는 예루살렘아
너를 찾아 헤매다가 제단 불 속에서 너를 찾았노라
너를 찾아 헤매다가 예수님의 못 자국 속에서 너를 찾았노라

우리는 눈물의 계곡을 헤매었고
하늘의 집을 향하여 헤매었다.
사망의 골짜기를 걸은 지 어언 사십 년
눈물마저 말라버렸구나

사망의 쇠사슬을 끊으려 예수님 오셨으며
영광의 길 여시려고 주님 오셨네!
옛 선교사들 우리 위해 눈물과 피 흘렸으니
우리도 어서 나가 하나님의 약속 이루세!

　이 노래에서 예루살렘은 사모의 대상이다. 그것은 백투예루살렘 운동가들이 상상조차 힘든 고난과 박해를 견딜 수 있게 해주는 비전이고 꿈이었다. 어떻게 보면 예루살렘으로 가는 도중의 이슬람 지역의 미전도 종족은—다소 과장된 표현이겠지만—그 자체가 목적이 아니라 수단임을 이런 내용의 노래에서 엿보게 된다.

　어쨌든 윈 형제는 시몬 짜오를 만난 순간부터 백투예루살렘의 비전이 그의 삶의 핵심이며 전부가 되었다고 진술한다. 나아가 그는 지하교회의 사명이 마지막으로 남은 영적 장벽들—곧 불교와 이슬람교와 힌두교—을 몰아내어 주 예수의 재림 전에 모든 민족들에게 영광스러운 복음을 널리 알리는 것임을 깨닫게 되었다고 한다. 그래서 윈 형제는 백투예루살렘 운동의 의미를 "중국과 예루살렘 사이에 있는, 복음을 듣지 못한 모든 민족들에게 복음을 전파하는 것"이라고 규정한다.

　윈 형제는 중국에서 피신한 가족을 만나러 미얀마에 갔을 때 간첩 혐의로 체포되어 감옥에 갇힌 적도 있었다. 그런데 그는 감옥에서도 백투예루살렘 운동이 이루어질 것이라는 비전을 받는다. 그래서 그는 인간적인 눈으로 백투예루살렘 운동을 바라봐서는 안 된다고 생각한다. 미얀마 감옥에서 그는 초자연적인 하나님의 능력을 경험하고 12명의 죄수를 전도하여 하나님의 사람이 되도록 하였다. 이에 대해 윈 형제는 인간적으로 볼 때 감옥에 갇히는 것은 실패의 모습이지만 하나님은 그것을 통해 백투예루살렘의 비전을 이루어가신다고 설명한다.

　윈 형제는 중국 교회의 사명이 바로 복음을 들고 예루살렘으로

가는 것이라고 확신한다. 특별히 중국은 육로로 예루살렘까지 갈 수 있고 예전부터 중동에 이르는 실크로드가 놓여 있어 그런 확신이 다른 어느 나라의 경우보다도 더욱 불타오를 수 있었다.

수 형제

헤터웨이는 그의 책에서 수 형제를 다음과 같이 소개한다.

수 형제는 지금 약 2천여만 명의 신도를 둔 전방위 교회(Full Scope Church, 거듭남 지하교회 운동이라고도 알려져 있다)를 창설하였다. 수 형제는 오랜 세월 동안 당국과 대항하였고 중국 정부는 그의 교회를 '사악한 이교'라고 판정지었으며 수를 정부의 제1의 적으로 여겼다. 수는 한 번 붙잡히면 몇 년 동안 감옥살이를 한 경험이 여러 번 있었고 중국의 그 어느 교회 지도자보다 많은 고문과 비난을 당했지만, 언제나 하나님 앞에서 신실하고 겸손한 자세로 살아가고 있다.[29]

수 형제는 1996년에 있었던 지하교회 지도자들의 연합을 위한 모임에서 진술하기를 "우리가 모인 목적은 바로 하나님께서 우리에게 주신 비전, 곧 복음을 가지고 예루살렘으로 들어가 예수님의 지상명령을 완수하여 주님께서 재림하시기를 기다리는 그 비전을 이루기 위해서다!"라고 하였다.[30] 그는 예수님의 지상명령을 백투예루살렘, 곧 예루살렘에 들어가는 것으로 간주한다. 그리고 바로 그 비전을 위해 중국 교회가 연합해야 한다고 강변한다. 윈 형제

와 마찬가지로 중국 교회의 사명을 예루살렘으로 되돌아가는 것
으로 이해하기 때문이다.

더 나아가 수 형제는 백투예루살렘을 올바른 교회론과 관련시
킨다. 그는 "기독교의 기초란 바로 성령을 따라 사는 삶이며, 기독
교의 핵심은 교회를 세우는 일이다"라고 한다.[31] 따라서 백투예루
살렘 운동을 통해 교회가 세워지지 않은 이슬람 지역에 교회를 세
운다면 그것이야말로 올바른 교회론에 부합하는 일이라는 주장이
가능하다. 아니나다를까 수 형제는 "주님께서는 부족한 우리를 지
상에 남겨놓으셔서 세계 열방을 향하여 주님께서 살아계시며 모
든 포로들을 해방시키신다는 기쁜 소식을 전하게 하신다"라고 하
며 백투예루살렘 운동이야말로 바로 그런 사역의 본질로서 "우리
가 호흡하며 살아가는 이유"라고 한다.[32]

정리

헤터웨이는 중국 교회의 백투예루살렘 운동의 목적이 이슬람권을
향한 복음 전도라는 것을 분명히 한다. 또 종말론을 말하거나 재
림을 맞이하기 위해 이스라엘로 달려가려는 것도 아니라고 밝힌
다. 그러나 실제 백투예루살렘 운동가들의 발언들을 살펴보면 재
림과 예루살렘에 대한 집착의 흔적들이 적지 않다. 또한 백투예루
살렘의 소명을 받는 과정에서는 신비 체험이 일관성 있게 등장한
다. 그래서 우리는 백투예루살렘 운동이 땅 끝에 이르는 복음 전

도를 재림의 조건으로 간주하는 세대주의적 종말론과 신비 체험을 강조하는 요즘의 신사도 운동에 연결되어 있음을 알 수 있다. 사실 중국 교회에 의한 백투예루살렘 운동이 메시아닉 쥬의 백투예루살렘 운동과 우리나라의 백투예루살렘 운동의 모태임은 의심의 여지가 없다.

중국 교회의 백투예루살렘 운동이 교회의 이슬람권 선교에 대한 지대한 열정을 불러일으킨 것은 사실이다. 그러나 성경적 근거가 매우 취약할 뿐만 아니라 빈약한 것도 사실이다. 어떤 사역이나 운동이 성경적 근거에 반한다면 그것이 아무리 왕성하다 할지라도 정당화될 수 없다. 백투예루살렘 운동의 성경적 근거에 대한 좀 더 자세한 분석과 평가는 이후에 다룰 내용과 많은 부분 중복되므로 제2부 "메시아닉 쥬의 백투예루살렘 운동"에서 소개하도록 하겠다.

다만 '땅 끝'에 대한 논의는 자세한 고찰이 필요할 듯하다. 왜냐하면 중국 교회의 백투예루살렘 운동가들은 복음이 예루살렘으로부터 시작하여 다시 땅 끝이라고 여겨지는 예루살렘으로 돌아가야 한다고 생각했기 때문이다. 이처럼 중국 교회의 백투예루살렘 운동에서 '땅 끝'이라는 개념은 매우 중요한 위치를 차지한다. 특별히 중국에서 예루살렘으로 가는 노정에는 공교롭게도 복음이 전혀 전파되지 않은 이슬람권이 자리 잡고 있기 때문에 그들은 예루살렘이 땅 끝이라고 확신했다. 그리고 이 '땅 끝'에 이르게 될 때 예수님이 재림하실 것이라고 굳게 믿었다.

그러므로 '땅 끝'에 대한 성경적 개념을 분명히 하는 것은 매우 중요하다. '땅 끝'의 성경적 의미에 대한 자세한 고찰을 위해 따로 부록을 마련했다. 여기에서 다루는 '땅 끝'의 개념은 앞으로 논의하게 될 메시아닉 쥬와 인터콥에 의한 백투예루살렘 운동의 경우에도 동일하게 적용될 것이다.

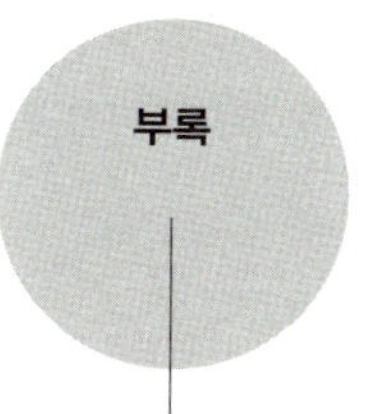

'땅 끝'의 성경적 의미는 무엇인가?

– 마 24:14[시 19:4]; 마 12:42[눅 11:31]; 막 13:27을 중심으로 –

복음서에는 '땅 끝'이라는 용어가 등장한다. 이 '땅 끝'은 구속 역사에서 종말적 성취의 의미를 가진다. 먼저 살펴볼 마태복음 24:14에는 '땅 끝'은 아니지만 동일한 개념이 사용된다.

이 천국 복음이 모든 민족에게 증언되기 위하여 온 세상에 전파되리니 그제야 끝이 오리라_마 24:14.

이 말씀은 다음과 같이 번역될 수 있다.

이 천국의 복음이 모든 민족에게 증언되기 위하여 온 세상 안에서 선포될 것이다. 그리고 그때 끝이 올 것이다.

여기에는 세 개의 중요한 문장 단위가 포함되어 있다.

① 모든 민족에게 증언.
② 온 세상 안에서 선포.
③ 끝이 올 것이다.

①항은 ②항의 목적 역할을 한다. 곧 천국의 복음은 모든 민족에게 증언되기 위해 온 세상 안에서 선포될 것이다. 여기에서 '모든 민족에게'와 '온 세상 안에서'라는 문구들은 복음의 우주적 의미를 내포한다. 그리고 ③항은 처음 두 항의 결과다. 복음의 우주적 선포는 종말적 성격을 가진다.

'온 세상 안에서'ἐν ὅλῃ τῇ οἰκουμένῃ에서 '세상'에 해당되는 단어는 '오이쿠메네'οἰκουμένη로서 이 단어는 '거주하는 세상'inhabited world을 의미하고 이 당시로 보면 우선적으로 "지중해 지역과 동쪽으로 덜 알려진 지역들, 곧 문명화된 지역 너머에 있는 신비적 느낌을 주는 장소"를 의미한다.[1] 이 단어는 사도행전 11:28—"천하에 큰 흉년이 들리라 하더니 글라우디오 때에 그렇게 되니라"—에서 '천하'ἐφ' ὅλην τὴν οἰκουμένην를 나타낼 때도 사용되고, 사도행전 19:27—"온 아시아와 천하가 위하는 그의 위엄도 떨어질까 하노라 하더라"—에서 아데미 우상을 섬기는 범위를 표현하는 '천하'ὅλη ἡ Ἀσία καὶ ἡ οἰκουμένη σέβεται를 나타낼 때도 사용된다. 이러한 용례들은 문자 그대로 모든 지역을 의미하는 것이 아니라 많은 지역을 강조하여—그러므로 다소 과장하여—표현하는 것이다. 따라서

백투예루살렘 운동, 무엇이 문제인가

이 문구를 너무 문자적으로 해석하는 것에는 주의가 요청된다.[2]

　결과적으로 마태복음 24:14 말씀은 오늘날의 관점에서 문자 그대로 해석한, '모든 민족'을 포함하는 세계 복음화를 의미하는 것이 아니다. 또한 세계 복음화가 예수님의 재림을 앞당길 수 있는 것은 더더욱 아니다. 도리어 이러한 메시지는 천국, 곧 하나님 나라의 복음이라는 점에서 창조의 목적과 관련되고 "천국 **복음이 모든 민족들에게** 증거되어야 한다"는 점에서 "큰 민족을 이루고 **모든 족속이 너로 말미암아 복을 얻을 것이라**"(창 12:2-3)는 약속과 긴밀하게 관련된다.

　창조 때에 하나님은 아담에게 복을 주시며 말씀하시기를 "생육하고 번성하여 땅에 충만하라, 땅을 정복하라, 바다의 물고기와 하늘의 새와 땅에 움직이는 모든 생물을 다스리라"(창 1:28)고 하셨다. 여기에서 하나님이 아담에게 기대하신 것은 하나님의 왕권이 온 땅에 충만하게 나타나도록 하는 것이었다. 그렇게 되면 하나님은 인간을 비롯한 모든 피조물로부터 영광을 받으신다. 이것이 창조의 목적이었다. 그리고 타락한 후에 좌절되었던 창조의 목적은 아브라함 언약을 통해 회복되기 시작한다. 따라서 하나님 나라의 복음이 온 세상 안에서 선포된다는 말은 에덴 회복의 종말적 성취와 아브라함을 통한 언약의 종말적 성취를 배경으로 이해해야 한다.

　마지막 아담으로서, 그리고 아브라함의 자손으로서 오신 예수님과 성령의 사역으로 말미암아 천국 복음은 우주적으로 땅 끝까지 이르렀다. 예수님은 육신을 입고 오셔서 아담과 아브라함의 역할을 성취하셨다. 이제 하나님의 왕권이 미치지 않은 곳은 없다. 그러므로 장소와 상관없이 신령(성령)과 진정(진리)으로 예배할 수 있는 때가 온 것이다(요 4:23).

이 사실은 마태복음 12:42에 잘 나타나 있다.

심판 때에 남방 여왕이 일어나 이 세대 사람을 정죄하리니 이는 그가 솔로몬의 지혜로운 말을 들으려고 **땅 끝**에서 왔음이거니와 솔로몬보다 더 큰 이가 여기 있느니라_마 12:42.

구약에서 솔로몬 시대야말로 하나님의 왕권이 땅 끝까지 미친 전형적인 모델이다. 솔로몬 시대는 아담에게 기대하셨던 창조의 목적이 구약적 체계 내에서 절정에 달했던 순간이다. 이는 남방 여왕인 스바가 땅 끝에서 솔로몬을 찾아온 것으로 증명되었다. 그런데 솔로몬보다 더 큰 분이신 예수님이 이 땅에 오셨다. 그분 앞에 모든 사람이 스바 여왕처럼 무릎을 꿇었어야 했다. 그런데 실제는 그 반대였기 때문에 스바 여왕이 예수님을 알아보지 못하는 당시의 사람들을 정죄할 것이라는 말씀이다. 솔로몬보다 더 크신 예수님을 스바 여왕보다 더 보잘것없는 당시의 사람들이 알아보지 못한 것은 그 자체가 정죄 받을 만한 태도라고 할 수 있다.

솔로몬이 하나님의 통치를 **땅 끝까지** 드러낸 통치자였다면, 솔로몬과 비교할 수 없는 예수님은 어떤 도움 없이도 그 존재 자체만으로도 하나님의 통치를 **땅 끝까지** 드러내신 분이다. 아담으로부터 시작해 솔로몬을 통해 그 절정에 달했던 하나님의 통치는 예

　　　백투예루살렘 운동, 무엇이 문제인가

수님에 이르러서야 우주적·종말적 성취를 이룬다. 솔로몬을 통해 땅 끝까지 전해진 하나님의 통치가 종말적 성취를 지향하는 것이라면 예수님의 성육신을 통한 하나님 나라의 우주적 발현은 솔로몬의 행적에 대한 종말적 성취라고 할 수 있다.

모든 민족에게 증언되기 위하여 온 세상 안에서 천국 복음이 전파될 것이라는 마태복음 24:14의 말씀은 바울의 사역을 통해 실제화되었다. 이런 사실을 잘 보여주고 있는 본문은 바로 골로새서 1:23과 로마서 10:18이다. 먼저 골로새서를 살펴보자.

> 만일 너희가 믿음에 거하고 터 위에 굳게 서서 너희 들은 바 복음의 소망에서 흔들리지 아니하면 그리하리라 이 복음은 천하 만민에게 전파된 바요 나 바울은 이 복음의 일꾼이 되었노라_골 1:23.

바울은 복음이 천하 만민에게 전파되었다고 한다. 이 문장에서 '천하 만민'은 원어로 '하늘 아래 있는 모든 피조물'ἐν πάσῃ κτίσει τῇ ὑπὸ τὸν οὐρανόν을 의미하며 우리말 번역보다 훨씬 포괄적인 대상을 나타낸다. 복음 선포의 대상에는 사람들뿐만 아니라 모든 피조물까지도 포함된다. 이것은 아담을 통해 이루시고자 하셨던 창조의 종말적 회복이 복음을 통해 이루어졌다는 것을 암시한다. 예수님의 오심과 사역이 복음의 핵심이고 이 복음이 모든 피조물에게 선포되었다면 이미 그 끝은 온 것이다. 바울은 또 "이 복음이 이미 너희에게 이르매 너희가 듣고 참으로 하나님의 은혜를 깨달은 날부터 너희 중에서와 같이 또한 **온 천하**에서도 열매를 맺어 자라는도다"(골 1:6)라고 기록했다. 여기에서 '온 천하'는 '코스모스'ἐν παντὶ τῷ κόσμῳ라는 단어가 사용되어 23절의 '모든 피조물'과 유사한 개념을 유지한다. 바울은 이미 모든 세상에서 복음이 열매를 맺어 자라고 있는 모습을 보고 있었다.

바울은 로마서 10:18에서도 "그 소리가 온 땅에 퍼졌고 그 말씀이 땅 끝까지 이르렀도다 하였느니라"라고 기록했다.[3] 여기에서 '소리'는 17절의 "그리스도의 말씀"을 가리키는 데 사용된다. 곧 그 소리는 그리스도의 말씀의 소리다. 그 소리가 '온 땅'에 퍼졌다. 그리고 그 말씀이 '땅 끝'까지 이르렀다. '소리'는 '말씀'과, '온 땅'은 '땅 끝'과 평행을 이룬다. 그리고 여기에서 '땅 끝'εἰς τὰ πέρατα τῆς οἰκουμένης은 마태복음 24:14의 '온 세상'ἐν ὅλῃ τῇ οἰκουμένῃ과 같은 단어인 '오이쿠메네'οἰκουμένη가 사용되므로 '온 세상의 끝'으로 보아야 한다.

로마서 16:26에서도 "모든 민족이 믿어 순종하게 하시려고 알게 하신 바 그 신비의 계시를 따라 된 것"이라고 하여 '모든 민족'에게 신비의 계시, 곧 복음의 말씀이 알려졌음을 명시한다. 이러한 일련의 언급들은 마태복음 24:14의 말씀과 같은 복음서 전승 Gospel tradition을 의식한 것으로 간주할 수 있다. 복음서가 기록되기 전이라 하더라도 바울의 서신에서는 복음서 전승의 영향이 곳곳에서 발견되기 때문이다. 그렇다면 당시 바울은 이미 모든 민족에게 복음이 전파되었다고 보는 것이다. 앞의 모든 논의를 근거로 마태복음 24:14의 말씀을 이해한다면 **이미 그 끝은 왔다**고 보아야 한다.

그런데 그 '끝'의 정황은 마태복음 24장의 문맥에서 예루살렘 성전의 파괴로 나타난다.[4] 마태는 성전 파괴를 종말적 사건으로 인식한다. 왜냐하면 성전 파괴야말로 새로운 성전의 시작이기 때문이다. 예수님은 마태복음 12:6에서 "내가 너희에게 이르노니 성전보다 더 큰 이가 여기 있느니라"고 하여 자신을 새로운 성전의 성취로 제시하셨다. 이제 옛 성전이 파괴되고 진정한 성전의 시대가 시작된다. 종말의 실체가 그 본질을 드러낸 것이다.

이런 맥락에서 사도행전 1:8—"오직 성령이 너희에게 임하시면 너희가 권능을 받고 예루살렘과 온 유대와 사마리아와 **땅 끝까지** 이르러 내 증인이 되리라 하시니라"—과, 13:47—"주께서 이같이 우리에게 명하시되 내가 너를 이방의 빛으로 삼아 너로 **땅 끝까지** 구원하게 하리라 하셨느니라"[5]—의 말씀을 이해할 수 있다. 성령은 진리의 영이며 예수의 영으로서 예수님이 하신 말씀과 그 사역을 생각나게 하고 지속한다(요 14:26; 16:13). 이 본문은 마태복음 10:5-6이나 15:24에서 제자들이나 예수님의 사역을 "이스라엘 집의 잃어버린 양"에 제한하는 것과 대조적이다. 그러나 이 대조성은 서로 배타적 관계에 머무르지 않고 보완적 관계로 조화를 이룬다. 메시아의 천국(하나님 나라) 복음이 이스라엘의 회복을 성취하는 형식을 취하는 것이 우선이지만, 궁극적으로 그 성취의 본질은 혈통적 이스라엘에 머무는 것이 아니라 온 세상이라는 땅 끝의 범위를 포괄하기 때문이다. 이스라엘은 그 자체가 목적이 아니고 하나님의 왕권의 우주적 발현을 궁극적 목적으로 갖는 창조의 회복을 위한 과정에서 등장했을 뿐이다.

앞의 내용을 정리하면 첫째, '땅 끝까지 혹은 모든 민족에게 복음이 전파되면 그때 끝이 온다'는 내용은 지정학적이고 물리적인 의미의 땅 끝이 아니라 하나님의 창조 목적의 종말적 성취로서 예수님의 성육신으로 말미암은 하나님 나라의 우주적 발현을 의미한다. 곧 예수님의 성육신으로 말미암아 하나님의 통치는 우주적으로 드러나게 되었다. 뿐만 아니라 실제로 바울은 그의 사역을 통해 온 세상의 모든 민족에게 복음 선포를 실행하였음을 선언하여 종말적 성취의 정황을 확인시켜주었다. 이런 종말적 성취의 정황은 성전 파괴를 통해 분명하게 현실화되었다. 이제 옛 시대는 지나가고 새로운 시대의 서막이 열린 것이다.

둘째로, 성령이 오면 능력을 받게 되고 예루살렘은 물론이고 사마리아와 땅 끝까지 예수님의 증인이 될 것이라고 하신 말씀을 생각해보자. 여기에서 '증인이 되라'고 명령하지 않고 '증인이 될 것이다'라고 서술한 것에 주목해야 한다. 성령이 임하게 되면 땅 끝까지 증인이 되는 것은 당연하다. 여기에서 '땅 끝'은 어디일까? 사도행전 내에서 그 의미를 찾아보면 그것은 13:47—"주께서 이같이 우리에게 명하시되 내가 너를 이방의 빛으로 삼아 너로 땅 끝까지 구원하게 하리라 하셨느니라 하니"—에서 발견할 수 있다. 여기에서 이방의 빛으로 삼는 목적은 땅 끝까지 구원하기 위함이다. 그렇다면 여기에서 '땅 끝'은 바로 이방인 혹은 이방지역이라는 것이 자명하다. 그리고 바울의 사역을 통해 이 땅 끝까지 이르는 증인의 사역은 모두 성취가 되었다. 사도행전은 그 성취에 대한 기록이다.

   백투예루살렘 운동, 무엇이 문제인가

우리는 앞서 스바 여왕의 방문을 통해 성경적인 '땅 끝'의 개념을 살펴보았다. 하나님의 통치는 땅 끝까지 이르는 것이 마땅하다. 이는 창조의 목적이기도 하다. 생육하고 번성하여 온 땅에 충만한 것은(창 1:28) 창조의 목적으로서 하나님의 영광이 창조세계의 땅 끝까지 충만하게 나타나는 것과 연결된다. 성령의 오심은 이스라엘의 회복이자 에덴의 회복으로서 땅 끝까지 하나님의 영광을 드러내는 결과를 초래한다.

한편, 성령의 오심은 구약의 형식대로 이스라엘의 회복을 위함이지만 구체적으로는 성령이 임한 사도들을 통해 이루어진다. 사도들을 통해 새 이스라엘이 구성되고 그들이 땅 끝까지 증인이 된 결과 이스라엘의 회복에 따른 창조의 회복으로서 하나님의 영광이 땅 끝까지 미치게 된다. 사도행전에서는 그 땅 끝은 이방인들이다. 사도행전 13:47에서 이방의 빛으로 부르심을 받은 바울은 "그런즉 하나님의 이 구원이 이방인에게로 보내어진 줄 알라 그들은 그것을 들으리라"(행 28:28)라고 말한다. 우리는 이처럼 사도행전 초두 부분에서 전망했던 땅 끝까지 증인되는 사명이 사도행전 내에서 온전히 이루어지는 것을 알 수 있다.

메시아닉 쥬의
백투예루살렘 운동

본격적인 '혈통적 이스라엘 회복 운동'은 앞에서 언급한 중국 교회의 백투예루살렘 운동이나 우리나라의 관련 단체에 의해서 주도되는 것이 아니라 소위 메시아닉 쥬Messianic Jew에 의해서 주도되고 있다. 사실 이들의 저서에는 백투예루살렘이라는 용어가 등장하지는 않는다. 그러나 1948년, 이스라엘이 국가로 인정된 사건을 보고 굉장히 고무된 이들은 혈통적 이스라엘의 회복을 주장할 뿐만 아니라, 지정학적 이스라엘의 중요성도 강조해왔다.

키이스 인트레이터의 『그날이 속히 오리라』, 대니엘 저스터와 키이스 인트레이터가 함께 쓴 『마지막 때의 교회와 이스라엘』(영문판 2003; 한글 번역판 2010), 로버트 하이들러의 『메시아닉 교회: 언약의 뿌리를 찾아서』(영문판 2006; 한글 번역판 2008), 그리고 루벤 도런의 『한 새사람』(한글 번역판 2009, 3쇄 2010) 등이 메시아닉 쥬에 의해 출간되어 한글로 번역된 대표적 도서들이다. 여기에서는 이들의 책을 중심으로 혈통적 이스라엘 회복 운동의 내용을 간단히 정리해보고자 한다. 그중 가장 중점적으로 다루어야 할 저서는 메시아닉 쥬의 입장을 가장 잘 보여주는 키이스 인트레이터의 『그날이 속히 오리라』다.

키이스 인트레이터의
『그날이 속히 오리라』

키이스 인트레이터의 『그날이 속히 오리라』는 모두 20개의 장으로 이루어져 있다. 그 20장 중 해당 주제와 관련된 1-12장을 중점적으로 분석하고 평가해보도록 하자.

하나님 나라가 임박했다(1장)

이 책은 "때가 급박하다. 세상의 끝이 우리에게 다가왔다. 압박감이 증가하고 있다"라는 말로 시작한다. 여기에서 혈통적 이스라엘의 회복은 종말적 긴박성과 연동되어 있다는 것을 발견할 수 있다. 인트레이터는 지금의 시대가 최고의 갈등과 긴장의 시대라고 주장한다. 지금 세계는 최종적인 충돌을 향하여 나아가고 있는데 그 충돌은 거대한 전쟁이며 그 전쟁의 이름은 아마겟돈, 곡과 마곡의 전쟁이라는 것이다. 이와 함께 예수님의 재림에 대한 기대가 고조된다. 인트레이터는 예수님의 재림 직전에 살아가고 있는 우리의 세대에, 각지로 흩어졌던 유대인들이 그들의 땅으로 다시 모여들고 있는 것이 우연의 일치가 아니라고 생각한다. 그것은 곧 한 나라로서 이스라엘의 회복을 말하는 이사야 61장의 성취로 이해된다.[1]

이런 주장은 이사야 61장에 나오는 이스라엘의 회복에 대한 종말적 약속을 신약성경의 저자들이 그리스도를 통하여 재해석한다는 사실을 간과할 때에만 가능하다. 그러나 신약성경의 저자들이 구약의 말씀들을 어떻게 이해하고 있는가에 대한 고려는 매우 중요하다. 구약의 말씀은 반드시 신약의 기독론적 관점에서 재해석되어야 한다. 복음서 저자들은 이사야 61:1—"주 여호와의 영이 내게 내리셨으니 이는 여호와께서 내게 기름을 부으사 가난한 자에게 아름다운 소식을 전하게 하려 하심이라 나를 보내사 마음이 상한 자를 고치며 포로된 자에게 자유를, 갇힌 자에게 놓임을 선포하며"—의 말씀이 의심할 여지 없이 메시아이신 예수님의 사역에서 이미 성취된 것으로 이해하고 있다(참고. 눅 4:18-19; 마 11:5). 메시아이신 예수님은 공생애 사역 동안 열두 사도를 세우심으로써 새로운 이스라엘의 회복을 이미 성취하셨고 열두 사도는 교회의 기초가 되었다(엡 2:11-12). 그러므로 이사야 61:2-11에 기록된 이스라엘의 회복에 대한 내용은 예수님의 사역을 통한 새로운 이스라엘, 즉 교회 공동체를 통해 성취된다고 해석해야 할 것이다.

사도행전 1장에서 제자들은 예수님이 승천하시기 직전에 "주께서 이스라엘 나라를 회복하심이 이 때니이까"(행 1:6)라고 물었다. 인트레이터는 예수님이 이 질문에 대해 "지금은 이스라엘 회복의 때가 아니라고 대답하셨다. 복음이 온 열방에 먼저 전파되고, 그 후에야 이 땅에 메시아의 나라가 올 것이라고 말씀하셨다"고 한다.[2] 그러나 예수님은 이스라엘 회복의 때가 아니라고는 말씀하지 않으셨다. 예수님은 "때와 시기는 아버지께서 자기의 권한에 두셨으니 너희가 알 바 아니요"라고 하여 하나님의 주권을 강조하셨을 뿐이다. 이것이 거절의 뜻일까? 이것을 거절의 의미로 해석하는 것은 문맥의 고려 없이 성급하게 이스라엘의 혈통적·국가적 회복을 전제하기 때문은 아닐까?

인트레이터는 "만일 유대 종교의 지도자들이 예수를 메시아로 인정하고 받아들였더라면, 이스라엘은 2천 년의 유배 생활을 할 필요가 없었을 것이다"라고 한다.[3] 2천 년 동안 유대인들이 나라 없이 지낸 것은 유대 종교 지도자들이 예수를 메시아로 인정하지 않았기 때문이라는 것이다. 이것을 또 다르게 말하면 유대인들이 예수님을 받아들였다면 그들은 로마제국으로부터 나라를 되찾고 독립할 수 있었다는 의미다. 그런데 그것은 오직 무력으로만 가능하다. 왜냐하면 로마제국은 주후 1000년까지 무력으로 세계를 지배했기 때문이다. 비록 로마제국이 기독교 국가가 되었다 하더라도 이스라엘을 독립시킨다는 것은 또 다른 문제다. 예수님은 정치적으로, 혹은 무력으로 로마제국을 대적하지 않으셨다. 자신을 십자가에 못 박도록 했던 유대인들에게조차 무력을 행사하지 않으셨다. 그러므로 유대인들이 나라 없이 지내게 된 것은 단순히 예수님을 거부한 결과가 아니다. 그보다는 구약에서처럼 한 나라로 존재하는 메시아 왕국이 더 이상 하나님의 구속 경륜에서 중심적 의미를 갖지 못하기 때문이라고 보아야 한다. 더 나아가 이것은 1948년에 일어난 이스라엘의 독립 사건도 신약 시대에 형성된 하나님의 구속적 경륜의 흐름에서 아무런 의미가 없음을 의미한다.

인트레이터는 "이제 주님께서 다시 오실 때 그분은 특정한 시간에, 특정한 장소로 오실 것이다. 국민과 영토가 있는 실제적인 나라로 이 땅에 오실 것이다. 이런 맥락에서 이스라엘의 회복은 매우 중요하다"고 주장한다. 그리고 이어서 말하기를 "하지만 이스라엘에 있는 유대인들이 주님을 영접할 준비가 필요하다(마 23:39). 만일 유대인들이 이스라엘 땅에 있지 않다면, 주님을 영접할 수 없다. 그러므로 이스라엘에 영적인 나라가 회복되기 전에 먼저 육적인 이스라엘이 다시 서야 하는 것이다"라고 한다.[4] 이처럼 인트레이터는 이스라엘의 육적 회복과 영적 회복의 2단계 회복론을 제시한다.

인트레이터의 주장을 정리하면 이스라엘의 회복은 분명 국가로서 혈통적 이스라엘의 회복을 의미하고, 그 중요성은 예수님의 재림이 정상적으로 일어나게 하는 데 있다. 예수님은 특정한 시간, 특정한 장소로 오셔야 하는데 그곳이 바로 이스라엘의 예루살렘이기 때문이라는 것이다. 도대체 성경 어디에서 예수님이 오실 특정한 시간과 장소를 적시하고 있는지 궁금하다. 세간에 회자되는 것처럼 사도행전 1:11—"이르되 갈릴리 사람들아 어찌하여 서서

     백투예루살렘 운동, 무엇이 문제인가

하늘을 쳐다보느냐 너희 가운데서 하늘로 올려지신 이 예수는 하늘로 가심을 본 그대로 오시리라 하였느니라"—의 말씀을 근거로 하고 있다면 그것은 이 본문을 심각하게 오해한 결과다. 예수님이 "하늘로 가심을 본 그대로 오시리라"는 말씀은 특정한 장소와 시간에 대한 것이 아니라 제자들이 본 부활하신 몸을 가지고 다시 오신다는 의미다. 예수님은 부활 후에 신령한 부활의 몸을 가지고 40일 동안 제자들에게 하나님의 나라를 가르치셨다(행 1:3). 예수님은 그 부활의 몸을 가지고 다시 오실 것이다. 그러므로 이 말씀은 재림의 장소로 예루살렘을 지목하는 근거가 될 수 없다. 오히려 이 말씀은 자신의 몸이 예수의 영과 합일했다는 사이비 재림 예수들의 정체를 밝혀주는 중요한 역할을 한다.

더 나아가서 인트레이터는 "이스라엘에 있는 유대인들이 주님을 영접할 준비가 필요하다"며 그 근거 구절로 마태복음 23:39—"내가 너희에게 이르노니 이제부터 너희는 찬송하리로다 주의 이름으로 오시는 이여 할 때까지 나를 보지 못하리라 하시니라"—을 제시한다. 그러나 프랜스R. T. France는 이 본문을 문법적으로 분석한다. 여기에서 '…할 때까지'ἕως ἄν라는 문구는 비현실적 조건unreal condition을 이끄는 기능을 한다. 곧 "'찬송하리로다 주의 이름으로 오시는 이여'라고 하면 나를 볼 것인데 그러나 그렇게 될 가능성은 알 수 없다"는 것이다.[5] 즉 이 본문은 그러한 환영이 있을 것에 대한 아무런 확신을 주고 있지 않다. 이것은 예수님이 예루살렘을 향하여 "선지자들을 죽이고 네게 파송된 자들을 돌로 치는 자여 암탉이 그 새끼를 날개 아래에 모음같이 내가 네 자녀를 모으려 한 일이 몇 번이더냐 그러나 너희가 원하지 아니하였도다"(마 23:37)라고 하신 말씀에서도 잘 드러난다. 예수님은 유대인들을 몇 번이고 부르셨지만 그들은 응답하지 않았다. 그리고 앞으로도 예수님을 환영할 가능성은 없어 보인다. 예수님은 "보라 너희 집이 황폐하여 버려진 바 되리라"(마 23:38)라고 하시며 성전 파괴에 대한 심판의 말씀을 이어가신다. 이런 맥락에서 마태복음 23:39은 밝은 미래를 예고하는 것이라기보다는 결코 예수님을 볼 수 있는 가능성이 없음을 단호하게 밝히는 말씀이다. 그러므로 마태복음 23:39은 이스라엘의 혈통적 회복이 아니라 이스라엘의 심판을 의도하여 기록되었다고 할 수 있다.

인트레이터는 앞의 인용문에서 유대인들이 현재의 팔레스타인 땅에 있지 않다면 주님을 영접할 수 없다고 한다. 그러므로 이스라엘에 영적인 나라가 회복되기 전에 육적인 이스라엘이 다시 서야 한다고 주장한다. 인트레이터는 여기에서 이스라엘을 영적인 나라와 육적인 나라로 구분한다. 그런데 이런 구분은 성경에서 근거를 찾아볼 수 없는 매우 임의적인 구분이다. 성경에서는 로마서 9:8—"곧 육신의 자녀가 하나님의 자녀가 아니요 오직 약속의 자녀가 씨로 여기심을 받느니라"—처럼 이스라엘을 육적인 자녀와 약속의 자녀로 구분하는 경우는 있지만, 영적인 이스라엘과 육적인 이스라엘의 구분은 매우 생소한 개념이 아닐 수 없다. 이런 구분은 '혈통적 이스라엘의 회복과 그에 따르는 예수님의 재림'이라는 구도를 확고하게 전제하고 성경에 접근하다 보니 생겨난 기형적인 해석이 아닐까 싶다.

    백투예루살렘 운동, 무엇이 문제인가

인트레이터의 주장을 재구성해보자. 그의 전제는 이스라엘 전체가 영적인 나라로서 하나님의 백성으로 회복되는 것이다. 그런데 현재의 이스라엘은 아직 그런 상태가 아니다. 그때가 오려면 먼저 육적인 이스라엘이 다시 서야 한다. 1948년에 이스라엘이 독립한 것은 육적 이스라엘의 회복으로 볼 수 있으나 그 정도 가지고는 육적 이스라엘이 온전히 다시 서게 되었다고 말하기에는 부족하다. 왜냐하면 아직도 세계 각처에 흩어져 있는 유대인들이 많기 때문이다. 최근에 중국의 카이펑에서도 유대인 공동체가 있는 것이 확인될 정도다. 그런 그룹을 발견해 팔레스타인 이스라엘로 돌아오게 하는 것은 매우 중요한 임무다. 왜냐하면 육적 이스라엘이 먼저 서야 하기 때문이다. 이것은 포로로 잡혀갔던 이스라엘이 다시 고토, 그들의 땅 가나안으로 돌아오게 될 것이라는 구약의 약속들의 문자적·실제적 성취다.

그러나 구약의 약속의 문자적인 성취를 기대하는 것은 전형적인 세대주의의 입장이다. 이런 이유로 송만석 장로가 대표로 있는 KIBI Korea Israel Bible Institute라는 단체의 첫 번째 목표는 "북방에서 귀환하는 유대인들을 돕고 지원하는 일", "그리고 이스라엘에 돌아가서 그 땅에 뿌리를 내리고 정착하도록 돕는 일"이라고 한다.[6] 그러나 이런 접근은 구약의 약속이 어떻게 신약에서 이해되고 해석되고 적용되는가에 대한 고민이 결여된 것이다. 그들은 단순히 구약의 약속이 오늘날 이스라엘에 어떻게 성취되었는가에 대해서만 관심을 갖는다. 다시 한 번 말하지만 신약성경은 이미 그리스도의 사역을 근거로 구약의 약속을 재해석해 기록하고 있다. 우리는 신약성경의 이야기에 관심을 가지고 살펴보아야 한다. 먼저 베드로전서 2:9-10은 다음과 같은 내용을 기록하고 있다.

> [9]그러나 너희는 택하신 족속이요 왕 같은 제사장들이요 거룩한 나라요 그의 소유가 된 백성이니 이는 너희를 어두운 데서 불러내어 그의 기이한 빛에 들어가게 하신 이의 아름다운 덕을 선포하게 하려 하심이라 [10]너희가 전에는 백성이 아니더니 이제는 하나님의 백성이요 전에는 긍휼을 얻지 못하였더니 이제는 긍휼을 얻은 자니라_벧전 2:9-10.

여기에서 "택하신 족속이요 왕 같은 제사장들이요 거룩한 나라요 그의 소유가 된 백성"이라는 문구 중 '택하신 족속'은 이사야 43:20과 신명기 10:15의 배경을 가지고 있다. '왕 같은 제사장들'은 이사야 61:6과 66:21을 배경으로 하며, '거룩한 나라'는 출애굽기 19:6과 신명기 7:6을 배경으로 한다. 마지막으로 '그의 소유가 된 백성'은 출애굽기 19:5, 신명기 4:20과 14:2의 배경을 가지고 있다. 그리고 이어지는 "너희를 어두운 데서 불러내어 그의 기이한 빛에 들어가게 하신 이"라는 문구는 이사야 9:2과 42:16의 구약 본문이 배경으로 사용되었다. 이 구약 본문들은 출애굽 후의 이스라엘과 앞으로 회복될 이스라엘에 해당되는 내용을 담고 있다.

그런데 베드로는 이스라엘에 돌아가야 할 약속들과 정체성을 누구에게 적용하고 있는가? 10절을 보라. "너희가 전에는 백성이 아니더니 이제는 하나님의 백성이요 전에는 긍휼을 얻지 못하였더니 이제는 긍휼을 얻은 자니라"에서 '너희'는 분명 유대인은 아

    백투예루살렘 운동, 무엇이 문제인가

니다. '너희'는 이방인인데 이제는 그들이 하나님의 긍휼을 받은 자들로서 하나님의 백성이 되었다는 말씀이다. 이 본문은 구약의 호세아 1:10과 2:23의 구약 배경을 가지며 신약성경에서는 로마서 9:25과 10:19에서도 사용된 바 있다. 지금 베드로는 놀랍게도 호세아가 이스라엘을 향하여 약속했던 본문을 자신의 독자들에게 적용하고 있고, 동시에 바로 그들에게 출애굽 후에 이스라엘의 정체성을 나타내주는 본문들(출 19:5-6; 신 4:20; 14:2)과, 포로 후에 이스라엘의 회복을 약속해주는 이사야서의 본문들(사 43:20; 61:6; 66:21)을 적용하고 있다. 바로 이방인 그리스도인들에게 구약에서 이스라엘에게만 해당했던 내용들이 성취되고 적용된다. 곧 이방인 그리스도인을 비롯한 신약 교회 공동체에게 구약 이스라엘의 정체성을 적용하고 있는 것이다. 여기에서 우리는 이스라엘의 정체성과 그 회복에 대한 약속이 현대의 이스라엘에게 적용되기보다는 신약의 성도들에게 적용되고 있음을 알 수 있다. 이처럼 베드로전서 2:9-10은 구약의 이스라엘 회복에 대한 약속이 어떻게 신약성경에서 재해석되고 있는가를 보여주는 대표적인 예라고 할 수 있다.

인트레이터는 또다시 마태복음 24:32—"무화과나무의 비유를 배우라 그 가지가 연하여지고 잎사귀를 내면 여름이 가까운 줄을 아나니"—의 말씀을 이스라엘 나라의 독립을 예언하는 것으로 해석해 이스라엘 나라의 독립은 예수님의 재림에 가까이 다가가고 있다는 표징이며 '하나님이 주신 일종의 시계'라고 주장한다.[7] 왜냐하면 이스라엘 민족을 상징하는 무화과나무가 "잎사귀를 내면 여름이 가까운 줄 알라”는 말씀에서 이스라엘의 회복이 종말과 연결되어 있다는 결론을 도출하기 때문이다. 사실, 여름이 다가오면 곧 종말이라는 개념은 아모스 8:2에서 ‘여름’קיץ과 ‘끝’קץ의 어근이 동일하다는 것에 근거한다.

> 그가 말씀하시되 아모스야 네가 무엇을 보느냐 내가 이르되 **여름**קיץ 과 일 한 광주리니이다 하매 여호와께서 내게 이르시되 내 백성 이스라엘의 **끝**קץ이 이르렀은즉 내가 다시는 그를 용서하지 아니하리니_암 8:2.

그런데 한 가지 문제가 있다. 아모스 8:2은 마태복음 24:32과 전혀 관계가 없다는 것이다. 인트레이터는 아무런 근거를 제시하지 않고 아모스 8:2을 마태복음 24:32의 해석에 사용한다. 하지만 그렇게 막무가내로 아모스 8:2의 여름과 끝의 관계를 마태복음 24:32에 적용해서는 안 된다. 무화과나무가 잎사귀를 내는 것을 이스라엘의 회복으로 해석할 수 있는 근거는 매우 희박하다. 팔레스타인의 환경에서 무화과나무만큼 계절의 시작과 끝을 잘 구분해주는 식물은 없다. 그런 특징 때문에 무화과나무는 격언적 언사 proverb-type saying로 사용되고 있다.[8] 만일 마태복음 24:32이 ‘하나님의 시계’로서 예수님의 재림과 ‘끝’에 관한 말씀이라면 마태복음 24:36에서 “그 날과 그 때는 아무도 모른다”고 하신 말씀과 모순을 불러일으킨다. 여기에서 우리는 인트레이터의 주장이 성급하고 자의적인 성경 해석에 기초하고 있음을 알 수 있다.

 백투예루살렘 운동, 무엇이 문제인가

다시는 전쟁을 연습하지 아니하리로다(2장)

제2장의 주제는 전쟁이다. 인트레이터는 성경에서 언급하고 있는
전쟁을 어떻게 이해하고 있을까? 이것을 분석하는 것은 흥미로운
일이다.

예수님은 실제적인 인간들의 전쟁에 개입하신다?

인트레이터는 일단 재림의 장면을 소개하는 요한계시록
19:11-15이 예수님의 모습을 상징적으로 묘사한다는 것과 그분
의 군대가 천사들인 것을 인정한다. 그럼에도 그는 이 전쟁이 실
제적인 인간들의 전쟁으로서 지상의 군대들을 정복하는 것이라고
이해한다.[9]

[11]또 내가 하늘이 열린 것을 보니 보라 백마와 그것을 탄 자가 있으니
그 이름은 충신과 진실이라 그가 공의로 심판하며 싸우더라 [12]그 눈은
불꽃 같고 그 머리에는 많은 관들이 있고 또 이름 쓴 것 하나가 있으
니 자기밖에 아는 자가 없고 [13]또 그가 피 뿌린 옷을 입었는데 그 이름
은 하나님의 말씀이라 칭하더라 [14]하늘에 있는 군대들이 희고 깨끗한
세마포 옷을 입고 백마를 타고 그를 따르더라 [15]그의 입에서 예리한
검이 나오니 그것으로 만국을 치겠고 친히 그들을 철장으로 다스리며
또 친히 하나님 곧 전능하신 이의 맹렬한 진노의 포도주 틀을 밟겠고
_계 19:11-15.

인트레이터가 이 본문의 상징성을 인정하는 것은 다행스럽다. 그런데 중요한 것은 '무엇을 위한 상징적 표현인가'다. 앞에서 언급한 것처럼 인트레이터는 이 본문이 실제적인 인간들의 전쟁에 대한 개입을 상징적으로 표현한다고 본다. 그런데 왜, 어떤 근거에서 그런 입장을 취했는가에 대한 설명은 없다. 정복당하는 지상의 군대들은 어느 나라의 군대라는 말인가? 이것을 규명하는 것은 쉽지 않다. 본문이 그에 대한 근거를 제시하지 않기 때문이다.

요한계시록 19:11-15은 재림의 정황을 소개하는 말씀이다. 예수님의 재림으로 이 세상은 최종적 심판을 맞이한다. 그래서 이 본문은 최종적 심판의 맥락에서 이해해야 한다. 15절의 "그의 입에서 예리한 검이 나오니 그것으로 만국을 치겠고 친히 철장으로 다스리며"라는 말씀에서 '예리한 검'은 심판의 말씀을 의미하는 것으로서 물리적 전쟁의 의미보다는 악의 세력에 대한 영적 심판의 의미로 이해하는 것이 정당하다. 특별히 '철장으로 다스린다'는 표현은 시편 2:9—"네가 철장으로 그들을 깨뜨림이여 질그릇같이 부수리라 하시도다"—에서 심판을 통한 메시아적 통치를 나타내는 것으로서 예수님께 적용되고 있다.

만일 이 본문이 물리적 전쟁을 의미한다면 참된 심판의 의미를 담을 수 없다. 물리적 전쟁으로 육체적 생명에 위해를 가하는 것만으로는 종말적 심판의 참 목적을 달성할 수 없기 때문이다. 단순히 육체의 차원에 머무는 것이 아니라 영혼을 포함한 영원의 차원에서 이루어질 때, 하나님의 종말적 심판은 온전한 목적을 달성하게 된다.

 백투예루살렘 운동, 무엇이 문제인가

또한 요한계시록 19:16-21의 내용은 배제한 채 11-15절만을 종말의 물리적 전쟁에 대한 언급으로 취급하는 이유가 궁금하다. 16-21절은 11-15절과 밀접한 관계를 가지며 11-15절이 영적 전쟁, 영적 차원의 심판의 묘사라는 사실을 확증한다. 왜냐하면 19:20에서 두 짐승이 산 채로 유황 불못에서 영원한 심판을 받기 때문이다. 이 전쟁이 물리적 전쟁이라면 두 짐승은 산 채로가 아니라 죽은 채로 유황 불못에 던져져야 할 것이다. 두 짐승이 산 채로 유황 불못에 던져졌다면 그것은 영적 전쟁의 결과에 따른 영적 심판의 정황임을 인정할 수밖에 없다.

인트레이터는 다시 극렬한 전쟁의 상황을 표현하는 스가랴 14:2-4, 12을 인용하면서 "발이 감람산에 서실 것이라"(슥 14:4)는 말씀이 예수님의 재림을 의미한다고 해석한다.[10] 그는 이런 해석의 근거로 사도행전 1:11의 "이 예수는 하늘로 가심을 본 그대로 오시리라"는 말씀을 제시한다. 즉 예수님이 감람산에서 올라가셨기 때문에 스가랴 14:4의 말씀처럼 다시 감람산으로 강림하셔서 감람산에 서게 될 것이라는 말이다. 이런 해석의 정당성은 사도행전 1:11을 어떻게 해석하느냐에 달려 있다.

'하늘로 올라가는 것을 본 그대로'란 어떤 방식을 가리키고 있는 것일까? 여기에는 몇 가지 오해가 있다. 첫 번째 오해는 예수님이 구름 타고 올라가셨으니 구름 타고 오신다는 것이다. 그런데 사도행전 1:9—"그들이 보는데 올려져 가시니 구름이 그를 가리어 보이지 않게 하더라"—을 정확히 읽어보면 예수님이 구름을 타고 올라가신 것이 아니라 '구름이 가리었다'는 표현을 사용한다. 이 구절에 근거해 예수님이 구름 타고 오신다는 주장을 할 수는 없는 것이다. 두 번째 오해는 인트레이터의 주장처럼 예수님이 승천과 동일한 장소로서 감람산에 임하신다는 해석이다. 이런 해석은 본문을 잘못 관찰한 결과임이 분명하다. 본문은 '하늘로 가심을 본 그대로 오시리라'고 하여 다시 오시는 모습이나 방법을 말하고 있지 장소에 대해 말하는 것이 아니기 때문이다. 만일 장소를 말하려고 했다면 '가심을 본 그대로'라는 표현보다 '올라가신 이곳으로'라는 문구를 사용했을 것이다.

그렇다면 '하늘로 가심을 본 그대로'는 구체적으로 무엇을 말하는 것일까? 답은 분명하다. 예수님은 부활의 몸을 가지고 영광스러운 모습으로 가셨으므로 동일하게 영광스러운 부활의 몸을 가지고 다시 오신다는 말씀이다. 즉 승귀하신 예수님은 하나님의 왕권을 받아 만왕의 왕이요 만주의 주로서 온 세상에 공표되신 모습을 가지고 다시 오신다. 예수님은 성육신 때 십자가의 죽음을 위해 낮아진 몸으로 오셨다. 그러나 다시 오실 때 예수님은 부활의 영광스러운 몸을 가지고 구원의 주요 심판의 주로 오시게 될 것이다. 결과적으로 사도행전 1:11의 말씀을 근거로 스가랴 14:4의 '감람산에 서실 것'이라는 말씀을 예수님이 감람산으로 재림하신다는 의미로 해석하는 것은 정당성을 얻지 못한다.

인트레이터는 이어서 젊은 유대인 군인들과 만난 사건을 기록한다. 약 30여 명의 군인들과 저녁 식사를 할 때, 인트레이터는 앞에서 재림의 두 장면이라고 주장했던 요한계시록 19장과 스가랴 14장을 거론하면서 다음과 같이 이야기했다고 한다. 너무 중대한 발언이기에 직접 인용으로 소개하고자 한다.

> 나는 이들 메시아를 믿는 군인들이 종말의 격전에서 특별한 역할을 할 것이라고 믿는다. 그들은 가장 정확한 의미에서의 영적 전쟁의 최일선에 서 있다.…영적 전쟁은 하늘 군대에서 복무하는 천사들뿐만 아니라 이스라엘 방어군에 속한 군인들도 참여하고 있는 것이다.[11]

이처럼 인트레이터는 물리적 대상이 참여하는 물리적 전쟁을 영적 전쟁이라고 규정한다. 이런 혼란은 이방 나라에 대한 구약의 심판 선언을 예수님의 재림 때에 일어나는 심판의 정황에 문자 그대로 적용하는 데서 발생한다. 여기에서도 성경 해석학의 기본 원리가 문제다. 건전한 성경 해석을 원한다면 구약의 말씀이 신약에서 어떻게 재해석되는지의 문제를 선결해야만 한다. 그런 과정 없이 구약을 곧바로 재림의 정황에 적용할 때 해석의 오류가 발생하리라는 것은 불 보듯 뻔하다. 그런데 인트레이터는 성경 해석학의 기본적인 절차조차도 생략하고 있는 것이다.

요한계시록에서 스가랴 14장의 종말적 전쟁을 통한 이방 나라들에 대한 심판의 메시지는 요한계시록 16:14—"그들은 귀신의 영이라 이적을 행하여 온 천하 왕들에게 가서 하나님 곧 전능하신 이의 큰 날에 있을 전쟁을 위하여 그들을 모으더라"—과 19:11-21, 그리고 20:7-9—"나와서 땅의 사방 백성 곧 곡과 마곡을 미혹하고 모아 싸움을 붙이리니 그 수가 바다의 모래 같으리라"—에서 재사용된다. 또 19:11-21과 20:8의 경우에는 에스겔 38-39장의 곡과 마곡의 전쟁 사건이 배경으로 사용된다. 인트레이터는 이런 전쟁에 대한 모든 기록들을 문자적으로 이해해 실제 전쟁의 정황을 상상한다. 그러나 요한계시록은 이런 내용들을 문자적 의미가 아니라 상징적 의미로 받아들여 마지막에 있을 악의 세력에 대한 심판을 묘사하는 데 사용한다고 보는 것이 정당하다. 이것은 요한계시록에서 일반적으로 구약을 사용하는 방식이다.

그러므로 앞의 인용문에서 볼 수 있듯이 요한계시록 19장이나 스가랴 14장을 배경으로 하여 '종말의 격전'—영적 전쟁이라고 표현하기는 하지만—을 물리적 대상을 상대로 하는 물리적 전쟁으로 이해하는 것은 성경 해석의 원리, 특별히 신약에서의 구약 인용에 대한 기본적 이해를 벗어나는 일이라고 할 수 있다. 그런 해석의 난점은 인트레이터의 다음과 같은 설명에서도 분명하게 드러난다.

> 이스라엘 군대라는 정황과 그 군대의 영적인 남은 자들은 재림에 관련된 일부 예언들을 설명하는 데 도움이 된다. 스가랴 14장은 이스라엘을 공격하는 국가들을 대적해 싸우는 군대를 묘사하고 있는 반면, 요한계시록 19장은 복음에 순종하기를 거부한 사람들을 대항해 싸우는 군대를 묘사하고 있다. 이 두 그림은 도저히 조화가 불가능해 보인다. 그러나 예수를 믿는 사람들이 이스라엘 군인들 가운데 있다는 것을 깨달았을 때, 그 두 그림은 비로소 하나가 된다.[12]

여기에서 인트레이터는 스가랴 14장과 요한계시록 19장의 정

   백투예루살렘 운동, 무엇이 문제인가

황이 서로 다르다는 사실을 인정한다. 곧 전자는 이스라엘을 공격하는 국가들을 대적해 싸우는 군대를 묘사하는 반면 후자는 복음에 순종하기를 거부한 사람들을 대항해 싸우는 군대를 묘사한다는 것이다. 그런데 인트레이터는 이 두 개의 사항이 서로 조화를 이루기가 불가능해 보이지만 이스라엘 군인들 가운데 신자들의 존재로 인해 이 두 그림이 하나가 될 수 있다고 주장한다.

이런 논리를 그대로 따라간다면 이스라엘 국가를 공격하는 것과 복음에 불순종하는 것은 같은 의미를 갖는다는 결론에 이르게 된다. 그리고 이 결론은 이스라엘 국가가 하나님의 백성으로서의 신분을 회복한다는 것을 전제한다. 결국 이것이 문제다. 구약의 이스라엘은 성경의 구속사에서 예수님의 성육신과 죽음, 부활과 승천을 통해 이루어진 새로운 이스라엘의 형성을 위한 하나의 과정이었을 뿐이다. 그러므로 혈통적 이스라엘이 다시 구약에서처럼 하나님의 백성으로서의 신분을 회복하게 된다고 주장하면 안 된다. 왜냐하면 그런 주장은 다시 과거로 회귀하자는 것일 뿐만 아니라 다시 반복될 수 없는 그리스도로 말미암는 종말적 성취의 사건을 무효화시키는 매우 위험한 발상이기 때문이다. 인트레이터가 유대인이라고 하여 그의 성경 해석을 무조건 신뢰해서는 안 된다.

인트레이터는 자신의 주장을 뒷받침하기 위해 이스라엘 군대의 도덕성에 대한 합리화를 필요 이상으로 시도한다. 그는 "이스라엘 방어군은 마약과 비윤리와 불복종으로 인한 규율상의 문제들을 가지고 있다"라고 인정하면서도 "이스라엘 군대에 의해 자행되었다고 하는 소위 학살에 대한 국제적인 언론 매체의 많은 보

도들은 명백한 거짓말이며 오보다"라고 항변한다. 더 나아가서 그
는 "나는 그들의 도덕적 기준이 매우 높다고 믿고 있다"고 말하면
서 "그렇다면 군인들은 그 규범들을 항상 지키고 있는가? 그렇지
는 않다. 그러면 그 규범들은 일반적으로 지켜지고 있는가? 그렇
다"라고 단정한다.[13] 왜 인트레이터는 이스라엘이라는 국가의 일
반 군대를 이처럼 변호하는가? 왜 국제적인 언론 매체의 많은 보
도들을 거짓말이요 오보라고 단순하게 판단하는가? 왜 규범들이
항상 지켜지지는 않는다고 인정하면서도 일반적으로는 지켜지고
있다고 궁색한 변명을 늘어놓는가?

이 모든 궁색하고 편협한 판단은 현재 이스라엘이라는 일반적
인 국가가 구약에서 약속한 선민으로서 다시 그 신분을 회복하기
시작했고 영적인 이스라엘로 거듭날 수 있다는 기대와 확신 때문
이다. 그 결과 인트레이터는 이스라엘이 하나님의 선민으로서 가
져서는 안 되는 부도덕한 부분들에 대해서는 눈감아주고 최소화
시키기를 원한다. 그러나 긍정적인 부분은 아주 작은 것이라도 극
대화하려는 공정하지 않은 태도를 너무 분명하게 보이고 있다.

인트레이터는 이스라엘 방어군의 입대 선서식에 참석했던 경험
을 소개한다. 그가 소개하는 내용을 관찰하면 현대 세속 국가 중
하나에 불과한 이스라엘과, 약속으로 존재했으나 성취되어 이미
그 의미를 다해버린 구약의 언약 백성을 동일시하는 경향을 확인
할 수 있다. 예를 들면 "이스라엘 방어군의 임무는 하나님 나라와
평화를 지상에 임하게 하는 선지자들의 사명과 같아 보였다"라고
한 것은 이러한 특징을 잘 반영해준다.[14] 아니나다를까 인트레이

   백투예루살렘 운동, 무엇이 문제인가

터는 여호수아 1장과 이사야 2:1-4을 읽고 에스겔 37장을 가사로 하는 애국가 "하티크바"를 부르는 입대 선서식의 모든 순서마다 감동을 경험했다고 한다.

그런데 이사야 2:1-4과 에스겔 37장은 모두 이스라엘의 바벨론 포로 귀환을 통해 이스라엘의 역사에서 이미 성취되었다. 특별히 에스겔 37장의 마른 뼈 환상은 심판을 당해 포로로 잡혀간 이스라엘의 죽은 것 같은 상태와 그 상태에서 회복되는 과정을 상징적 환상을 통해 보여주고 있는 내용이다. 즉 역사적으로 일어난 이스라엘의 바벨론 포로 귀환에서 마른 뼈에 살이 붙고 생기로 말미암아 살아나는 회복의 의미가 충분히 성취되고 반영된 것이다.

그러나 바벨론 포로 귀환으로 에스겔 37장의 사건이 온전히 이루어졌다고 보기 어려운 것도 사실이다. 왜냐하면 이스라엘의 회복은 바로 예수님의 종말적 오심에서, 특별히 예수님의 죽음과 부활의 과정을 통해 온전히 이루어졌다고 보는 것이 중요하기 때문이다. 예수님은 스스로 새 이스라엘이 되셔서 자신의 몸으로 모든 죄를 담당하셨다. 예수님은 십자가의 죽음을 통해 인류의 심판을 대신 짊어지시고 부활하셔서 인류를 위한—단순히 이스라엘만을 위한 것이 아니라—회복의 역사를 이루신 것이다. 그래서 예수님 안에 있는 자들은 이방인이든 유대인이든 구별 없이 누구든지 회복의 은혜를 경험하고 하나님의 백성의 신분을 얻게 된다. 이처럼 에스겔 37장의 말씀은 예수님을 통해 최종적으로 성취된 것이라고 충분히 해석할 수 있다. 그러나 인트레이터의 성경 해석은 놀랍게도 이러한 과정에 대한 고려가 전혀 없다.

그는 2장을 마무리하면서 다음과 같이 진술한다.

수많은 언약 백성들이 아직 죄인인 채로 죽음에 직면해 있고, 도덕적
으로나 영적으로 눈이 멀어 있다. 더욱 마음 아픈 것은 대부분의 개신
교 교회들이 예수님의 마음 중심에 있는 그의 동족을 위한 하나님의
소원에 대해 깨닫지 못하고 있다는 사실이다.[15]

여기에서 '수많은 언약 백성'이란 현재 이스라엘을 가리킨다.
그러나 그들을 언약 백성으로 부르는 것이 정당한가에 대해서는
긍정적일 수 없다. 예수님은 살을 찢기시고 피를 흘리시므로 짐승
의 피로 세운 구약의 옛 언약을 완성하는 새 언약을 세우셨다. 인
간의 모든 언약적 저주를 친히 짊어지시고 저주의 상징인 십자가
에 달려 죽으심으로 언약의 저주를 청산하셨다. 이렇게 해서 탄
생한 것이 새 언약 공동체인 교회 공동체다. 열두 지파에 대응하
는 열두 사도를 기초로 하여 새 언약 공동체를 세우신 것이다. 바
로 이것이 예수님의 마음 중심에 자리 잡았던 하나님의 소원이었
다. 개신교가 구약적 이스라엘을 회복하는 것에 적극적이지 않다
면 그 이유는 눈이 멀어서가 아니다. 그것은 성경을 올바로 해석
한 결과일 뿐이다. 우리가 이스라엘의 구원을 위해 힘써야 한다면
이스라엘이 언약 백성으로서 특별하기 때문이 아니라 이스라엘이
여러 선교 대상국 중 하나이기 때문이다.

재림 최우선의 사명, 복음전도(3장)

3장에서 가장 주목을 끄는 인트레이터의 주장은 다음과 같다.

> 우리의 쟁점은 휴거의 시기도, 적그리스도의 정체도, 그리고 짐승의
> 표도 아니다. 붉은 암소의 재도, 제3성전의 기초석도, 바위돔 사원 폭
> 파의 음모도 아니다. 미혹당하지 않는 최선의 방책은 역사의 주인공
> 이신 예수님과 우리의 최우선 사명인 복음 전도, 그리고 가장 중요한
> 사건인 재림에 집중하는 것이다.[16]

인트레이터가 최근의 쟁점이 되는 불필요한 사안에 대해서 가지를 쳐준 것은 매우 바람직하다. 그러나 그는 미혹당하지 않는 최선의 방책 중 하나로 '가장 중요한 사건인 재림에 집중하는 것'을 제시한다. 재림에 대한 집중은 재림에 대한 집착을 낳고 재림에 대한 집착은 성경의 왜곡으로 이어지며 그 극단적인 결과는 시한부 종말론이 된다. 재림에 대해 집중하면 대체로 성경의 모든 부분들을 재림 중심으로 해석하여 성경에 대한 편협한 자세를 피하기가 쉽지 않다. 신약성경에는 물론 재림에 대한 내용도 있지만 훨씬 더 많은 지면을 예수님의 초림으로 인한 결과들과 그 결과들에 기초한 신자들의 삶의 문제에 할애하고 있다는 사실을 망각하면 안 될 것이다.

하나님 나라를 임하게 하는 3가지 계획(4장)

인트레이터는 4장의 표지 글에서 다음과 같이 진술한다.

> 종말에 대한 신약의 예언들은 타나크(구약)의 예언을 인용하고 확장
> 설명하고 있는 것이다. 즉 신약 묵시의 배경은 구약의 히브리 예언서
> 들에 있다. 신약의 종말론에 관해 그토록 많은 혼돈이 있어 온 한 가
> 지 이유는 구약의 배경을 무시한 것이다. 그래서 더 정확한 시각을 갖
> 기 위해서는 반드시 히브리 예언서의 배경 속에서 신약의 종말론을
> 해석해야 한다.[17]

여기에는 다소 주의해서 관찰해야 할 점들이 있다. 먼저 신약의
종말론에 많은 혼돈이 있는 이유가 구약의 배경을 배제하였기 때
문이라는 인트레이터의 지적은 정확하다고 할 수 있다. 그러나 그
가 말하는 종말에 대한 신약과 구약의 관계는 '확장 설명'이라는
문구로 표현되고 있다. 여기에서 '확장 설명'은 구약 예언을 그리스
도의 사역을 통해 재해석한다는 의미가 아니라 단지 '확장된 설명'
이라는 의미로 사용된다. 인트레이터는 이처럼 구약과 신약의 관
계는 설정했을지언정 신약의 종말에 대한 예언의 본질을 파악하는
데는 한계를 보인다. 이에 대한 그의 설명들을 자세히 살펴보자.

먼저 인트레이터는 "성경의 종말 예언"이라는 소제목으로 요
한계시록 19:11, 13-15을 다룬다. 그는 요한계시록의 말씀을 이
해하는 열쇠 중 하나가 바로 이사야서 말씀이라고 하면서 이사야

　　　　　　　　　　　　백투예루살렘 운동, 무엇이 문제인가

63:2-4를 제시한다. 이 두 말씀을 서로 비교하면 다음과 같다.[18]

요한계시록 19:11, 13-15	이사야 63:2-4
[11]또 내가 하늘이 열린 것을 보니 보라 백마와 그것을 탄 자가 있으니 그 이름은 충신과 진실이라 그가 공의로 심판하며 싸우더라 [13]또 <u>그가 피 뿌린 옷을 입었는데</u> 그 이름은 하나님의 말씀이라 칭하더라 [14]하늘에 있는 군대들이 희고 깨끗한 세마포 옷을 입고 백마를 타고 그를 따르더라 [15]그의 입에서 예리한 검이 나오니 그것으로 만국을 치겠고 친히 그들을 철장으로 다스리며 또 친히 하나님 곧 전능하신 이의 맹렬한 진노의 <u>포도주 틀을 밟겠고</u>	[2]어찌하여 <u>네 의복이 붉으며 네 옷의 포도즙틀을 밟는 자 같으냐</u> [3]만민 가운데 나와 함께 한 자가 없이 내가 홀로 <u>포도즙틀을 밟았는데</u> 내가 노함으로 말미암아 무리를 밟았고 분함으로 말미암아 짓밟았으므로 그들의 <u>선혈이 내 옷에 튀어 내 의복을 다 더럽혔음이니</u> [4]이는 내 원수 갚는 날이 내 마음에 있고 내가 구속할 해가 왔으나

　이 도표에 의하면 요한계시록의 본문은 이사야서의 본문과 서로 평행적 관계에 있고 후자가 전자의 배경임이 분명하다. 따라서 요한계시록의 저자가 어떤 방식으로 이사야서의 말씀을 재해석하고 있는가를 규명하는 것은 매우 중요하다. 그러나 인트레이터는 이 두 본문의 유사성을 지적하여 열거하는 것으로 만족한다. 그는 조금 더 나아가 이 두 본문의 관계에서 구약과 신약의 정황적 차이를 구별하는 작업을 하려고 하지 않는다. 단순히 구약의 내용이

신약에 인용되었다고 하여 동일한 사건이 발생할 것이라고 생각한다. 이것이 그가 말하는 '확장 설명'이라는 것이다.

그러나 신약에서 구약의 말씀을 사용할 때는 예수 그리스도의 죽음과 부활의 관점에서 재해석한다. 예를 들면, 구약은 종말적 새 성전의 재건에 대한 약속을 에스겔 40-48장을 중심으로 여러 곳에서 기록하고 있다. 신약은 구약의 종말적 새 성전 재건의 약속을 어떻게 재해석하고 있는가? 요한복음 2:19-22에 의하면 예수님은 "이 성전을 허물라 내가 사흘 만에 다시 짓겠다"고 하시면서 마치 건물로서의 성전을 친히 세우시려는 의미처럼 들릴 수 있는 말씀을 하셨다. 그러나 요한복음의 저자인 요한은 예수님의 부활의 몸을 에스겔서에서 약속한 새 성전의 재건에 대한 성취로서 소개한다. 이처럼 구약과 그 성취인 신약의 관계는 단순히 동일한 표현의 확인만으로 만족스러운 의미를 도출해낼 수 없다. 구약의 예언은 신약에서 성취의 관점으로 재해석되어야 하는 것이다.

이런 해석의 원리는 요한계시록과 이사야서의 관계에도 적용되어야 한다. 곧 요한계시록이 이사야서의 말씀을 사용했다고 해서 그것이 문자 그대로 요한계시록의 정황에서도 이루어진다고 간주하는 것은 적절하지 않다. 비록 유사한 표현을 사용하고 있더라도 문자 그대로의 재현을 말하고자 하는 것이 아니라 다만 그 말씀의 개념과 정신을 신약 시대에 적용하려는 목적에 따른 것이기 때문이다. 요한계시록 19:11, 13-15은 예수님이 재림하실 때 심판주로서 오신다는 사실을 보여주려는 말씀이다. 그런데 요한계시록은 재림의 정황을 구약의 종말적 심판을 표현한 이사야

    백투예루살렘 운동, 무엇이 문제인가

63:2-4의 말씀을 사용하여 독자들에게 전달한다. 이것이 요한계시록이 구약을 사용하는 방식이다. 요한계시록은 늘 어떤 사실이나 사건을 묘사할 때 구약의 표현 방식을 활용한다. 이것은 의사소통을 원활하게 하기 위한 목적일 뿐만 아니라 신약이 구약의 성취라는 신학적 통찰 때문이기도 하다.

요한계시록에서 구약을 사용하는 패턴을 가장 잘 보여주는 것이 바로 1:13-16에 나오는 승귀하신 예수님에 대한 환상이다. 여기에서 활용되고 있는 구약의 이미지를 다음 페이지에 있는 표를 통해 잘 관찰해보자. 요한계시록은 구약의 메시아, 제사장 그리고 하나님에 대한 상징적 이미지들을 부활, 승귀하신 예수님께 적용하여 예수님의 신분적 특징을 묘사한다. 그 누구도 요한계시록의 묘사를 사실로 받아들여 현재 예수님이 그런 모습으로 존재하신다고 생각하지 않을 것이다. 이처럼 구약과 신약의 관계는 단순히 '확장 설명'이라는 개념으로 접근하기보다, 기독론적 관점에 의한 재해석을 통과해야만 올바로 이해할 수 있다.

그러나 인트레이터는 매우 편향적인 입장에서 신약성경을 읽는다. 그것은 다음과 같은 진술에 잘 나타나 있다.

신약은 세계 열국이 이스라엘을 대적해 벌이는 종말의 큰 전쟁 동안 일어나는 천사들의 전쟁에 대해 계시하고 있다. 그런데 만일 우리가 신약 묵시의 천사들의 전쟁을 이스라엘을 대적하는 종말의 전쟁이라는 배경 속에서 보지 않는다면, 그 하늘의 전투는 도무지 이해할 수 없는 것이 된다.[19]

요한계시록 1:13–16	구약성경
^{13a}인자 같은 이가	메시아(단 7:13): 인자 같은 이가
^{13b}발에 끌리는 옷 (겉옷: ποδήρη)을 입고 가슴에 금띠를 띠고	제사장(출 28:4): 그들이 지을 옷은…흉패와 에봇과 겉옷(ποδήρη)과 반포 속옷과 관과 띠라
^{14a}머리와 털의 희기가 흰 양털 같고 눈 같으며	하나님(단 7:9): 그의 옷은 희기가 눈 같고 그의 머리털은 깨끗한 양의 털 같고
^{14b}그의 눈은 불꽃 같고 ¹⁵그의 발은 풀무불에 단련한 빛난 주석 같고 그의 음성은 많은 물소리와 같으며	인자=메시아(단 10:6): 그의 눈은 횃불 같고 그의 팔과 발은 빛난 놋과 같고 그의 말소리는 무리의 소리와 같더라
	하나님(겔 43:2): 하나님의 음성이 많은 물 소리 같고
	하나님(겔 1:24): 그 날개 소리를 들으니 많은 물 소리와도 같으며
^{16a}그의 입에서 좌우에 날선 검이 나오고	메시아(사 11:4): 그의 입의 막대기로 세상을 치며
	메시아(사 49:2): 내 입을 날카로운 칼 같이 만드시고
^{16b}그 얼굴은 해가 힘있게 비치는 것 같더라	인자=메시아(단 10:6): 그의 얼굴은 번갯빛 같고
	종말적 전사의 모습(삿 5:31): 주를 사랑하는 자들은 해가 힘있게 돋음 같게 하시옵소서

위 표의 왼쪽 항목 전체는 "예수 그리스도"에 해당한다.

    이런 진술은 인트레이터가 구약을 지배하는 이스라엘의 신학적 의미가 신약 시대에도 여전히 유지된다는 전제를 저변에 깔고 있음을 보여준다. 심지어 "신약 묵시의 천사들의 전쟁을 이스라엘을 대적하는 종말의 전쟁이라는 배경 속에서 보아야 한다"라는 주장은 매우 위험한 발상이다. 앞에서 다루었던 이스라엘의 방어군에 대한 내용에서도 그 방어군의 임무가 하나님 나라와 평화를 지상에 임하게 하는 선지자들의 사명과 같아 보였다고 한 것은 이와 맥락을 같이하고 있다.[20]

    이러한 주장이 위험한 이유는 세속적 나라인 이스라엘을 하나님과 동일시함으로써, 이스라엘에 대적하는 모든 국가를 종말 전쟁에서 하나님께 대적하는 악한 세력으로 만들어버리기 때문이다. 이것은 구약적 패러다임에 갇힌 결과로서 이슬람권에 대한 적대적 감정을 야기하며 불필요한 무력 충돌을 정당화할 수도 있다. 그러나 신약성경에 나오는 전쟁의 표현들은 구약성경에 나오는 이방 나라를 향한 심판의 표현들을 빌려 사용한다. 왜냐하면 신약성경은 물리적 전쟁의 발생을 보여주려는 것이 아니라 영적 전쟁의 종말적 정황을 보여주려고 하기 때문이다.

    현대의 이스라엘은 더 이상 하나님의 구속 역사에서 유의미한 존재가 아니다. 이스라엘이 여전히 유의미한 존재라는 입장을 견지하는 한 신약성경 읽기는 저자의 의도와 상관없는 결과를 가져올 수밖에 없다. 현대의 세속적 국가인 이스라엘을 선택받은 하나님의 백성으로 간주하면 그 이스라엘과 대치 상태에 있는 모든 국가 기관을 사탄적 존재로 간주하게 되고 그것은 세계 평화를 위협하는 요소로 자리 잡는다. 과거 중세 시대의 십자군 운동과 다를 바 없는 어처구니없는 결과를 초래하는 것이다.

인트레이터는 자신의 사역에 동기를 부여해주는 가장 중요한 구절로서 로마서 11:26—"그리하여 온 이스라엘이 구원을 받으리라 기록된 바 구원자가 시온에서 오사 야곱에게서 경건하지 않은 것을 돌이키시겠고"—을 제시한다.[21] 그는 이 본문을 통해 이스라엘이 세 단계를 통해 회복될 것이라고 전망하는데, 첫 번째 단계는 '소수'가 회복되는 단계다. 현재의 상태가 바로 이 첫 단계인데 이 단계에서 믿는 유대인들은 "아무쪼록 몇 사람이라도 구원하고자"(고전 9:22) 하여 스스로 율법의 모든 문화적인 규례까지도 지키며 산다고 한다.

이것이 어떻게 합당하며 또한 가능할 수 있을까? 믿는 자가 구약 율법의 모든 문화적인 규례를 지키며 산다는 것은 목적을 위해 수단과 방법을 가리지 않겠다는 말이 아닌가? 갈라디아서에서 바울은 신자들에게 할례를 행하도록 하는 유대 거짓 선지자들이 그리스도의 복음과 다른 복음을 전한다고 정죄한 바 있다.

두 번째 단계는 '다수'의 단계다. 이 단계는 종말의 환난 중에 많은 이스라엘 사람들이 주께로 돌아온다는 단계로서 아직 일어나지 않은 상태에 있다. 인트레이터는 이 단계를 설명해주는 성경 본문으로서 요한계시록 7:4—"내가 인침을 받은 자의 수를 들으니 이스라엘 자손의 각 지파 중에서 인침을 받은 자들이 십사만 사천이니"—의 14만 4천이 바로 환란 중에 주께로 돌아오는 이스라엘 백성의 수라고 주장한다. 그러나 요한계시록 7:4은 혈통적 이스라엘의 회

  백투예루살렘 운동, 무엇이 문제인가

복과는 전혀 관계없는 말씀이다.

요한계시록 7장은 여섯 번째와 일곱 번째 인 심판 사이에 삽입되어 심판 중에 교회 공동체가 어떻게 존재하는가를 보여준다. 7장은 두 문단으로 나누어지는데, 1-8절에는 14만 4천에 관한 내용이, 9-17절에는 셀 수 없는 큰 무리에 관한 내용이 기록되었다. 단적으로 말해서, 전자는 지상에서 전투하는 교회의 모습이고 후자는 하늘에서 승리한 교회의 모습이다. 그리고 이 모두는 하나님의 백성, 곧 교회 공동체가 심판 중에도 건재할 수 있다는 사실을 확증해주고 있다.

여기에서 14만 4천은 문자 그대로의 유대인을 의미하는 것이 아니다. 요한계시록의 해석이 늘 그렇듯이 14만 4천은 상징적 표현으로서 12×12×1000의 숫자로 구성되어 있다. 여기에서 두 개의 12는 구약의 이스라엘을 대표하는 열두 지파와 신약의 교회 공동체의 기초인 열두 사도를 의미하며, 이는 완전하고 영원한 숫자인 1000과 함께 하나님의 모든 백성을 의미한다고 할 수 있다. 요한계시록 7:2-3은 심판의 정황을 설정하지만 하나님의 종들의 이마에 인을 치므로 하나님의 소유된 백성이 심판으로부터 보호받음을 보여준다. 이것은 심판의 때에 하나님의 백성, 곧 교회 공동체는 심판의 대상이 될 수 없음을 웅변해주고 있는 것이다. 그러므로 요한계시록 7:4을 유대인이 구원받는 두 번째 단계를 지지하는 성경 본문으로 사용하면 안 된다.

마지막 세 번째 단계는 '모두'의 단계다. 인트레이터는 "환난이 막바지에 이르면서, 즉 예수의 재림 직전에 이스라엘 전역에 부흥이 일어나 '온 이스라엘이 구원을 얻으리라'는 말씀이 이루어질 것이다"라고 주장한다. 또 이어서 말하기를 "이스라엘 나라 전체에 영향을 줄 이 부흥은 참혹한 전쟁들과 환난의 끝에 찾아올 것인데, 그 전란 중에 이스라엘 3분의 2는 죽임을 당하고, 살아남은 자 3분의 1 전부는 주님께 돌아올 것이다(슥 13:9). 이것이 마지막 부흥이며 온 이스라엘의 구원이다"라고 한다.[22]

그러나 그의 주장은 근거가 희박하다. 인트레이터는 온 이스라엘이 구원을 얻는다는 로마서 11:26의 말씀을 세 번째 단계에 적용한다. 그러나 이 본문은 '모두'의 단계에 적용할 수 있는 말씀이 아니다. 이후에 로마서 본문에 대해서 좀 더 자세하게 논의할 기회가 있겠지만, 일단 간단하게 말하면 여기의 '모든 이스라엘'은 '**남은 자**'the Remnant를 의미하는 '모든 이스라엘'이다. 왜냐하면 로마서 9-11장은 모든 이스라엘이 하나님의 의를 얻는 데 실패했음에도 불구하고 하나님은 남은 자를 구원하시는 신실하신 분이심을 논증하는 부분이기 때문이다.

인트레이터의 구약 이해

인트레이터가 구약을 사용하는 데 나타나는 문제점을 좀 더 자세하게 논의해보자. 인트레이터는 스가랴 13:8-9을 사용하여 이스라엘의 미래에 대한 그림을 그리고 있는데 이런 접근은 성경 해석을 왜곡하여 여러 가지 혼란을 야기할 수 있으므로 이에 대한 면

 백투예루살렘 운동, 무엇이 문제인가

밀한 검토가 필요하다. 먼저 성경 본문을 살펴보자.

> ⁸여호와가 말하노라 이 온 땅에서 삼분의 이는 멸망하고 삼분의 일은 거기 남으리니 ⁹내가 그 삼분의 일을 불 가운데에 던져 은같이 연단하며 금같이 시험할 것이라 그들이 내 이름을 부르리니 내가 들을 것이며 나는 말하기를 이는 내 백성이라 할 것이요 그들은 말하기를 여호와는 내 하나님이시라 하리라_슥 13:8-9.

8절을 자세히 보면 이 말씀이 적용되는 대상은 '이스라엘'이 아니라 '온 땅'בכל־הארץ이라고 명시되어 있다. 그런데 인트레이터는 그 범위는 고려하지 않고 이것을 이스라엘에 직접적으로 적용하여 해석한다. 이런 접근은 본문의 의도를 왜곡할 가능성이 크다. 더군다나 이 말씀을 신약 시대에 적용하기 위해서는 '온 땅'이라는 문자적 의미에 머물기보다는 그 본질적 의도를 헤아려서 해석해야 한다. 즉 여기에서 '삼분의 일'과 '삼분의 이'라는 숫자 분할의 본질적 의도는 하나님이 심판하시되 회복을 위해 일부를 남겨놓으시는 분이라는 사실, 다시 말해 하나님의 심판의 공의와 구원·회복의 긍휼을 동시에 절묘하게 드러내기 위함임을 기억해야 한다.

한편 인트레이터는 스가랴 12-14장에 근거해 재림의 때에 열국이 예루살렘을 공격할 것이라고 해석한다. 곧 스가랴 12장은 예루살렘이 첨예한 국제적 갈등·대립의 장이 될 것을 예언하고, 13장은 죄와 더러움을 씻는 샘의 영적인 원천이 예루살렘 거민에게 열릴 것을 말씀하고 있다는 것이다. 이런 해석은 앞에서 이스라엘 방어군의 신병 입대식에 참석했을 때를 회상하며 "메시아를 믿는 군인들이 종말의 격전에서 특별한 역할을 할 것이라고 믿는다"고 했던 그의 발언과 맥을 같이한다.

그는 이런 해석이 국제사회에서 예루살렘이 이미 가장 첨예한 정치적 이슈가 되었다는 사실을 확인시키려는 것은 아니라고 한다. 그러나 그의 주장들은 국제정치적으로 예민한 문제를 건드리는 것으로서 그렇지 않아도 세계 평화를 위협하는 중동 문제를 더 악화시키는 결과를 초래하는 발언이 아닐 수 없다. 평화의 왕 예수 그리스도를 주님으로 고백하는 사람으로서 어떻게 그런 일을 서슴지 않고 할 수 있을까? 그는 예루살렘을 공격할 열국이 어느 나라를 가리키는지 구체적으로 언급하지는 않았지만 작금의 정황상 특정 나라들에 그런 낙인이 찍힐 것은 불을 보듯 뻔하다. 성경을 잘못 해석하면 이처럼 어처구니없는 결과를 불러올 수도 있는 것이다.

그렇다면 인트레이터의 스가랴 해석이 어떤 점에서 본문의 왜곡이라 할 수 있는가? 그는 구약을 해석하면서 일관되게 신약의 시작과 마지막이라고 할 수 있는 예수님의 죽음과 부활·승천의 의미를 배제하고, 구약의 말씀이 오늘날을 비롯한 미래에 가감 없이 그대로 이루어지는 것으로 간주한다. 그러나 구약 선지자들의 종말적 약속들을 예수님의 사역을 통하지 않고 미래에 문자 그대로 이루어지는 것으로 간주할 수 있을까? 그것은 불가능하다. 모든 구약의 말씀들은 예수님의 공생애 사역에 의해 재해석되어야 한다.

신약성경의 저자들은 예수님의 재림을 종말적 사건으로 이해하지만, 초림도 종말적 사건으로 간주하는 것이 분명하다. 왜냐하

백투예루살렘 운동, 무엇이 문제인가

면 그들은 구약의 선지자들이 종말에 일어나리라고 약속했던 사항들이 예수님의 초림을 통해 성취된 것으로 기록하기 때문이다. 그런 내용들은 신약성경에 무수히 기록되어 있다.[23] 예를 들어, 신약에서 구약의 약속들이 성취된 것으로 기록하고 있는 대표적 주제들은 새 출애굽, 새 언약, 하나님 나라, 새 이스라엘(남은 자), 새 창조, 새 성전 등이다. 이런 주제들은 구약에서 종말적 약속으로 제시한 것들인데, 신약의 저자들은 예수님의 성육신과 공생애 사역—특별히 십자가의 죽음과 부활 사건—을 통해 성취된 것으로 해석한다.

이사야 65:17-25에서 약속하고 있는 새 창조의 성취는 예수님의 재림의 때에—요한계시록 21:1-5에서처럼—완성되는 것이다. 그러나 고린도후서 5:17은 새 창조가 예수님 안에서 이미 성취된 것으로 소개하고 있다. 즉 "누구든지 그리스도 안에 있으면" 이미 "새로운 피조물"이다. 신약성경은 에스겔 40-48장을 중심으로 구약의 선지자들이 여러 곳에서 약속했던 새 성전의 주제도 예수님의 부활의 몸을 통해 이루어지는 것으로 기록하고 있다(요 2:19-22). 그런데 예수님의 부활의 몸이 바로 새 성전의 약속에 대한 성취라면 당연히 이스라엘의 회복도 다윗의 후손으로서 오신 메시아 예수님을 통해 이루어졌다고 보아야 한다. 왜냐하면 새 성전의 성취는 회복된 이스라엘의 핵심으로서, 새 성전 성취와 이스라엘의 회복은 동시적 사건이기 때문이다. 그렇다면 새로운 이스라엘은 바로 다윗의 후손, 메시아로 오신 예수님이 세우신 열두 사도의 기초 위에 세워진 교회 공동체를 통해 성취되었다고 보아야 할 것이다. 이것은 구약의 종말에 대한 약속들이 어떻게 신약에서 성취되는 것으로 이해되는가를 보여주는 아주 분명한 예증이라 하겠다.

그런데 인트레이터의 논리대로라면 앞으로 예루살렘에 새로운 성전이 재건되어야 한다—에스겔 40-48장에서 약속하고 있는 새 성전의 재건이 예수님의 부활의 몸으로 성취된 것이 아니라—는 결론에 이를 수밖에 없다. 설마 인트레이터가 구약의 새 성전에 대한 약속을 문자 그대로 이해하여 어떤 건물로서의 성전이 건축되어야 한다고 주장하는 것은 아니리라 믿는다. 그것은 결국 예수님의 십자가 사건을 무시하고 구약으로 되돌아가자는 소리나 마찬가지이기 때문이다. 그럼에도 그의 주장들이 논리적으로 상당 부분 엉뚱한 결론을 지향하고 있다는 것은 무시할 수 없는 문제다.

우리는 신약의 해석을 염두에 두고 스가랴 12-14장을 이해해야 한다. 스가랴 12-14장의 주제는 이스라엘의 회복이다. 이스라엘의 회복에 대한 메시지는 구약 선지서에 흔히 나오는 내용들로서 새롭지는 않다. 그리고 구약의 선지서는 이스라엘의 회복을 일정한 패턴에 따라 표현한다. 그 패턴에서 이스라엘의 구원과 이방 나라들의 심판은 항상 동전의 양면처럼 동시적으로 등장한다. 즉 이스라엘의 구원은 이방 나라들에게는 심판을 의미한다. 스가랴 12-14장에도 이스라엘의 구원과 회복의 메시지가 있는 반면, 이방 나라들에 대한 심판의 메시지가 기록되어 있다.

여기에서 문제는 '이런 이스라엘의 구원과 이방 세력에 대한 심판이 신약에서 어떻게 이해되고 해석되는가'다. 신약성경의 저자들은 과연 혈통적 이스라엘의 구원이 문자 그대로 이루어지는 것으로 보았을까?

마태복음 3:1-12에는 세례 요한의 사역이 소개되어 있다(병행 구절 참고. 막 1:1-8; 눅 3:1-18; 요 1:19-28). 세례 요한은 구약의 선지자이면서 예수님의 오심을 예비하는 '광야의 외치는 소리'다. '광야의 소리'의 등장은 메시아의 즉각적 오심을 예고하는 것으로서(참고. 사 40:3) 세례 요한은 예수님을 메시아로 소개하는 구속사적 의미를 갖는다. 그런데 세례 요한이 선포하는 메시지 또한 선지적 메시지의 전통을 계승하여 구원과 심판의 내용으로 구성된다. 특별히 마태복음 3:7에 의하면 세례 요한은 종교적 그룹의 대표자인 바리새인과 정치적 그룹의 대표자인 사두개인을 향해 "독사의 자식들"이라고 부르면서 "누가 너희들에게 임박한 진노를 피하도록 가르쳤느냐?"라고 질문한다. 즉 '임박한 진노를 피할 수 없다'는 말이다. 그 이유는 세례 요한보다 더 큰 능력을 가진 분이 성령과 불로 세례를 주실 것이기 때문이다(마 3:11). 여기에서 성령은 구원의 역사를 일으키고 불은 심판을 의미한다. 구원과 심판의 시대가 메시아 예수님과 함께 이 세상에 임한 것이다!

이러한 의미에서 세례 요한은 "이미 도끼가 나무 뿌리에 놓였으니 좋은 열매를 맺지 아니하는 나무마다 찍혀 불에 던져지리라"고 말한다. 사실 나무를 찍어 꺾어버리는 심판에 대한 비유는 구약성경에서 이방 나라들에 대해 사용되었다(사 10:33-34; 겔 31장; 단 4:14). 그런데 세례 요한은 이 비유를 유대인을 대표하는 바리새인과 사두개인을 향하여 사용하고 있다. 여기에서 우리는 스가랴 12-14장의 종말적 구원과 심판의 정황이 세례 요한의 선포에서 그대로 재현되고 있음을 알 수 있다. 다만 차이점이 있다면 구원의 대상이었던 이스라엘이 심판의 대상이 되었다는 점이다. 스가랴 선지자가 열국의 강렬한 공격으로부터 구원받을 것이라고 했던 이스라엘이 마태복음에서는 그 심판의 대상이 되고 만다.

이는 예수님 당대의 유대인이 더 이상 스가랴서에서 구원의 대상이었던 이스라엘이 아니라는 사실을 말해준다. 그들은 '독사의 자식'일 뿐이다. 왜냐하면 예수님의 종말적 오심으로 하나님의 백성이 되는 근거가 완전히—할례를 받고 이스라엘 백성이 되는 것에서 예수님을 믿음으로 하나님의 백성이 되는 방법으로—전환되었기 때문이다. 그러나 유대인들은 여전히 구약적 패러다임에 고착되어 새로운 시대의 새로운 방법에 적응하지 못했다. 이런 사실들을 감안한다면 적어도 이스라엘이 더 이상 일방적 구원의 대상이 아님을 인정할 수밖에 없을 것이다.

이상에서 '소수→다수→모두'의 세 단계에 대한 인트레이터의 주장은 현대적 상황에 성경 본문을 꿰맞추는 듯한 인상을 주는 것으로서 매우 자의적이며 왜곡된 성경의 해석에 근거함을 밝혀보았다. 인트레이터의 논리는 그 정당성을 유지하기가 쉽지 않아 보인다.

두 번째 오순절

인트레이터는 마태복음 24:29과 사도행전 2:17-21에서 모두 요엘 2:28-32의 말씀을 인용하고 있는 것—마태복음은 30-31절만 인용—에 대해 매우 흥미로운 해석을 시도한다. 그 해석의 요지는 예수님이 마태복음 24:29에서 미래적 종말과 관련하여 요엘서를 인용하셨고, 사도행전의 베드로는 미래적 의미의 종말에 일어날 성령 부어주심을 통한 부흥과 관련하여 요엘서를 인용했다는 것이다. 그는 이 해석에 근거해, 종말에 부흥이 반드시 일어나게 될 것이라고 주장하면서 "마지막 때에 온 열방이 주께 돌아오는 큰 추수를 가져올 것이며, 이스라엘의 폭발적인 부흥으로 그 절정에 이를 것"으로 내다본다.[24] 결국, 그 부흥은 이스라엘의 부흥으로 귀결되고 혈통적 이스라엘의 회복을 전제한다는 해석이다. 그는 이것을 두 번째 오순절로 간주한다. 인트레이터는 그런 해석을 '위해' 마태복음 24:29과 사도행전 2:17-21을 왜곡하고 있다.

인트레이터의 주장에는 마태복음과 사도행전의 두 본문뿐만 아니라, 요엘 2:28-32에 대한 성실한 해석의 절차들이 생략되고 있다. 지금부터 그의 해석이 어떤 점에서 한계를 가지는지 자세히 살펴보도록 하자. 먼저, 요엘서를 인용한 사도행전의 말씀이 과연 미래적 의미의 종말을 말하는 것인지, 혹은 미래의 종말에 일어날 부흥을 의미하는지, 두 본문을 비교한 다음 도표를 통해 확인해보자.

주제	사도행전 2:17–21	요엘 2:28–32
성령의 부어짐을 통한 환상, 꿈, 예언	[17]하나님이 말씀하시기를 말세에(ἐν ταῖς ἐσχάταις ἡμέραις) 내가 내 영을 모든 육체에 부어주리니 너희의 자녀들은 예언할 것이요 너희의 젊은이들은 환상을 보고 너희의 늙은이들은 꿈을 꾸리라 [18]그때에 내가 내 영을 내 남종과 여종들에게 부어주리니 그들이 예언할 것이요	[28]그 후에(μετὰ ταῦτα) 내가 내 영을 만민에게 부어주리니 너희 자녀들이 장래 일을 말할 것이며 너희 늙은 이는 꿈을 꾸며 너희 젊은 이는 이상을 볼 것이며 [29]그 때에 내가 또 내 영을 남종과 여종에게 부어줄 것이며
우주적 붕괴의 언어를 통한 심판	[19]또 내가 위로 하늘에서는 기사(들) (τέρατα)를 아래로 땅에서는 징조(들) (σημεῖα)를 베풀리니 곧 피와 불과 연기로다 [20]주의 크고 영화로운 날이 이르기 전에 해가 변하여 어두워지고 달이 변하여 피가 되리라	[30]내가 이적(들) (τέρατα; מוֹפֵת)을 하늘과 땅에 베풀리니 곧 피와 불과 연기 기둥이라 [31]여호와의 크고 두려운 날이 이르기 전에 해가 어두워지고 달이 핏빛같이 변하려니와
남은 자의 구원	[21]누구든지 주의 이름을 부르는 자는 구원을 받으리라 하였느니라	[32]누구든지 여호와의 이름을 부르는 자는 구원을 얻으리니 이는 나 여호와의 말대로 시온 산과 예루살렘에서 피할 자가 있을 것임이요 남은 자 중에 나 여호와의 부름을 받을 자가 있을 것임이니라

이 본문들은 세 개의 주제를 다루고 있는데, 첫 번째는 종말적 성취로서 예언과 환상의 현상들이 나타날 것을 말하고, 두 번째는

심판과 관련된 내용이며, 마지막 세 번째는 남은 자의 구원을 주
제로 다루고 있다. 그런데 사도행전의 기록은 요엘 2:28-32을 배
경으로 오순절 사건을 종말적 성취의 사건이라고 규정하는 데 초
점을 맞추고 있다.

좀 더 구체적으로 말하면, 첫 번째 경우에 베드로는 사도행전
2:17-18에서 요엘 2:28-29을 인용함으로써 요엘서에서 기대했던
성령을 부어주심과 장래 일을 말하고 꿈을 꾸며 이상을 보는 종말
적 사건이 오순절의 성령 강림 사건을 통해 성취되었다고 선포한
다. 예수님의 탄생과 공생애 사역과 십자가의 죽으심과 부활이 그
러했던 것처럼, 오순절의 성령의 오심도 의심할 여지없이 종말적
사건이다. 특별히 요엘 2:28의 '그 후에'$\mu\epsilon\tau\grave{\alpha}\ \tau\alpha\hat{\upsilon}\tau\alpha$라는, 시점에 있
어서 다소 모호한 의미를 갖는 문구를 사도행전 2:17에서 '말세
에'$\acute{\epsilon}\nu\ \tau\alpha\hat{\iota}\varsigma\ \acute{\epsilon}\sigma\chi\acute{\alpha}\tau\alpha\iota\varsigma\ \acute{\eta}\mu\acute{\epsilon}\rho\alpha\iota\varsigma$—직역하면 '마지막 날들에'—라는 구체
적 시점을 가리키는 문구로 변형하여 표현함으로써 오순절 사건
이 종말적 성취의 사건이라는 사실을 확증하고 강조한다.

그런데 우주적 심판의 현상을 말하는 두 번째의 경우(행 2:19-
20)는 문자적으로 볼 때 오순절 사건에서 성취되었다고 말하기 어
려운 부분이 있다. 이것이 인트레이터가 이 본문을 예수님의 재림
을 가리키는 미래적 의미의 종말로 이해하는 이유다. 그러나 사도
행전 2:17-18에서 이미 오순절 사건의 종말적 의미를 이야기했다
면, 19-20절도 역시 같은 맥락에서 이해해야 한다. 베드로가 요엘
2:28-29과 함께 30-31절을 사용하고 있다는 것은 이 두 본문을
동일한 종말적 성취의 관점에서 재해석하고 있다는 것을 의미한

다. 실제로 베드로는 요엘 2:30의 '이적들τέρατα; מופת을 하늘과 땅에 베풀리니'라는 문구를 '위로 하늘에서는 기사(들)τέρατα를 아래로 땅에서는 징조(들)σημεῖα를 베풀리니'라는 문구로 변형시키면서 '징조들'이라는 단어를 덧붙였다. 우리는 여기에서 이런 단어의 첨가를 통해 종말적 성취의 정황을 더욱 강조하려는 베드로의 의도를 엿볼 수 있다.

이는 같은 문맥에서 예수님의 사역을 소개하는 사도행전 2:22의 "하나님께서 나사렛 예수로 큰 권능과 기사와 표적을 너희 가운데서 베푸셨다"라는 문구와 관련해서 생각해볼 때 더욱 분명하게 드러난다. 여기에서 '기사와 표적'τέρασι καὶ σημείοις은 사도행전 2:19의 '기사'τέρατα, '징조'σημεῖα와 동일한 어휘를 사용한다. 단지 우리말 성경에서 '기사'는 동일하게 번역이 되었는데 '표적'과 '징조'는 동일한 단어σημεῖα를 다르게 번역한 것이다. 원래 이 두 문구는 동일하다. 즉 예수님은 이미 권능과 기사와 표적들을 행하시므로 종말적 성취를 이루셨다.

예수님의 사역은 구원의 결과를 가져오기도 하지만 심판의 결과를 가져오기도 한다(참고. 요 1:12; 3:18). 베드로는 요엘서의 종말적 기대가 예수님의 사역을 통해 이미 이루어졌다고 볼 뿐만 아니라, 오순절 사건 또한 그리스도로 말미암은 종말적 성취의 연장선상에서 해석한다. 이런 맥락에서 베드로가 '기사와 이적'의 구체적 내용으로서 '피와 불과 연기 기둥'의 발생과 '해와 달'과 같은 천체의 파괴적 변화(욜 2:30-31)를 문자 그대로 이해하여 사용한 것이라고 보기 어렵다. 오히려 베드로는 그런 내용들을 인용함으

로써 종말의 도래로 말미암은 심판의 속성을 보여주고자 했다고
할 수 있다.

세 번째, 사도행전 2:21에서 베드로는 요엘 2:32 전반부를 사용
하여 "누구든지 주의 이름을 부르는 자는 구원을 받으리라 하였
느니라"라고 선포한다. 여기에서 사용된 요엘서의 말씀을 원 문맥
에서 면밀히 살펴보자.

> 누구든지 여호와의 이름을 부르는 자는 구원을 얻으리니 이는 나 여
> 호와의 말대로 시온 산과 예루살렘에서 피할 자가 있을 것임이요 남
> 은 자 중에 나 여호와의 부름을 받을 자가 있을 것임이니라_욜 2:32.

여기에서 사용된 '남은 자들'שארית이란 단어는 이사야 1:9에서
그루터기같이 남은 자를 묘사할 때 사용된다. 베드로는 결국 당시
유대인 청중들에게 이 요엘서가 말하는 남은 자가 될 것을 촉구하
고 있는 것이다. 그들이 요엘서의 약속대로 남은 자들이 되는 방
법은 무엇일까? 베드로는 이어지는 그의 설교에서 그 방법은 바
로 예수 그리스도를 믿는 것이라고 밝히고 있다.

앞의 내용들을 종합해보면 사도행전 2:17-21에 나오는 베드로
의 설교가 단순히 미래에 이루어질 부흥에 대한 예언이라는 해석
은 본문을 왜곡하는 것이다. 베드로는 분명히 역사적 오순절 사건
을 하나님의 구속 계획에서 약속된 종말적 사건으로 해석하고 있
다. 즉 베드로가 요엘 2:28-32를 인용하여 보여주려는 것은 오순
절 사건이 요엘서가 기대하고 약속했던 종말적 사건이라는 사실

이다. 그러므로 더 이상의 오순절, 두 번째 오순절 등은 필요 없다. 한 번으로 충분하다! 예수님의 십자가 사건이 한 번으로 충분한 것처럼 말이다.

마찬가지로 마태복음 24:29—"그날 환난 후에 즉시 해가 어두워지며 달이 빛을 내지 아니하며 별들이 하늘에서 떨어지며 하늘의 권능들이 흔들리리라"—의 말씀 역시 사도행전 2:19-20의 경우처럼 요엘 2:30-31의 인용을 통해 종말의 도래에 대한 징표를 보여준다. 이러한 현상이 역사적으로 일어나지 않았다고 하여 제2의 오순절을 기대하는 것은 신약성경 저자들이 구약성경을 사용하는 원리에 대한 무지에서 나온 해석이라고 할 수 있다.

구약 예언서들과 예수님의 감람산 설교

인트레이터는 이 단락에서 마태복음 24:29과 30-31절을 본격적으로 다루고 있다. 여기에서 인트레이터는 그의 해석학적 입장을 대변해주는 매우 중요한 발언을 한다.

> 예수님은 이처럼 항상 구약(타나크)을 가지고 가르치셨다. 그러므로 구약 예언서의 문맥 속에서 그분의 재림에 관한 예수의 가르침을 이해할 때, 우리는 비로소 그것이 어떻게 이스라엘의 부흥과 이 땅에 세워지는 메시아의 나라와 연결되는지 알게 된다.[25]

'구약 예언서의 문맥 속에서 그분의 재림에 관한 예수님의 가르침을 이해할 때'라는 문구에 주목해보자. 이 말은 얼핏 보면 매우 그럴듯하다. 신약의 본문에 접근할 때 구약을 염두에 두어야 함은 당연하지 않은가? 그런데 문제는 '재림'이라는 주제를 다룰 때 구약, 특별히 예언서의 문맥에서 접근하는 방법이 정당한가 하는 것이다. 앞의 인용문에서 볼 수 있듯이 인트레이터가 말하는 '구약 예언서의 문맥'은 '이스라엘의 부흥과 이 땅에 세워지는 메시아의 나라'와 관련된다. 그는 구약 예언서의 약속이 예수님의 재림 사건과 직접적으로 연결된다고 주장하는 것이다. 그의 주장대로라면 '이스라엘의 부흥과 메시아의 나라'는 문자 그대로 예수님의 재림 때에 이루어지게 된다.

여기에서 성경 해석적 차원에서 두 가지 문제를 지적할 수 있다. 첫째, 인트레이터는 예언서에 나오는 구약의 약속이 예수님의 초림에서 성취될 수 있다는 사실을 간과한다. 초림은 재림과 마찬가지로 종말적 사건이다. 그러므로 이스라엘에 대한 종말적 회복의 약속이 예수님의 초림을 통해 어떻게 성취되는가를 면밀하게 살펴보아야 한다. 이는 예언서의 참된 의미를 이해하기 위한 필수적인 과정인데, 인트레이터는 이 과정을 건너뛰었다. 둘째, 그는 구약에 예수님의 재림에 대한 개념은 존재하지 않는다는 사실을 간과한다. 구약에는 '종말'이라는 개념은 존재해도 '재림'이라는 개념은 존재하지 않는다. 따라서 이스라엘 회복과 같은 구약의 종말적 약속들이 재림과 관련되었다고 전제하고 이를 직결시키려고 하면 심각한 해석학적 오류를 초래하게 된다. 이로 보건대 구약 예언서의 문맥 속에서 예수님의 재림을 이해하자는 인트레이터의 주장은 크게 경계해야 할 발언이라고 하겠다.

물론 구약의 배경을 염두에 두고 신약을 이해해야 한다. 그러나 신약성경에서 구약을 어떻게 재해석하는가를 살피는 것은 매우 중요한 성경 해석의 절차다. 산상수훈에서 예수님은 십계명을 그대로 답습하여 가르치신 것이 아니라 성취의 시대에 맞게 본질적인 측면에서 재해석하셨다. 마찬가지로 신약성경의 저자들은 끊임없이 구약의 말씀을 그리스도적인 관점에서 재해석하려는 시도를 한다. 그것은 당연하고 자연스러운 일이다. 예수님이 오시기 전의 구약에 대한 이해보다는 메시아가 도래한 성취의 관점에서 구약을 보는 시각이 좀 더 발전하고 온전할 수밖에 없지 않은가?

율법은 구약에서 "내 발에 등이요 내 길에 빛"으로 묘사된다(시 119:105). 그러나 성취의 시대 이후, 바울은 율법을 '초등교사'—개역한글에서는 몽학선생—로 보았다(갈 3:24). 또 구약에서는 절대적이었던 율법과 성전 제사가 더 좋은 것들에 대한 '그림자'였을 뿐이라고 인식하게 되는 시대가 도래한 것이다(히 8:5). 구약 자체만을 가지고 보면 이러한 이해는 도저히 상상할 수 없는 것이 아닌가? 그러므로 하나님의 절대적 기준인 메시아 예수의 관점에서 구약의 이해와 해석은 상대화되어야 할 것이다. 구약의 본문은 하나님의 종말적 성취를 목적으로 한 과정 중에 있었기 때문이다.

그런데 인트레이터의 해석학적 입장의 중심은 예수 그리스도가 아니다. 물론 이 말이 그가 예수님을 믿지 않는다는 뜻은 아니다. 말 그대로 예수 그리스도 중심적 성경 해석을 실행하고 있지

않다는 의미다. 대신 그는 이스라엘의 부흥과 회복을 성경 해석의
원리와 열쇠로 삼는다. 그래서 그는 앞에서 "그것이 어떻게 이스
라엘의 부흥과 이 땅에 세워지는 메시아의 나라와 연결되는지 알
게 된다"고 말한다. 그의 모든 해석의 처음과 과정, 결론에는 이처
럼 이스라엘의 부흥과 회복이 자리 잡고 있다.

다음으로 인트레이터의 마태복음 24:29-31에 대한 해석을 분
석해보자. 그는 30절이 스가랴 12:10-14의 인용임—면밀히 따지
면 인용문은 스가랴 12:10임에도—을 지적하며 "구약 예언서의
문맥에서 이 구절을 살펴보면, 우리는 이스라엘의 부흥과 예루살
렘에 대한 세계 열방의 공격 사이의 연계성에 대해 좀 더 명확하
게 알 수 있다"고 한다.[26] 언뜻 보기에는 신약을 구약의 배경을 가
지고 해석하는 매우 전통적인 해석 방법을 사용하고 있는 듯 보이
지만 사실은 정반대다. 인트레이터는 '예루살렘에 대한 세계 열방
의 공격'이 종말적 심판에 대한 구약적 표현임에도 불구하고 이를
신약적 관점에서 재해석하려고 시도하지 않는다. 대신 구약의 표
현을 사실적이고 문자적으로 수용한 후, 그것을 좀 더 잘 이해하
기 위해 마태복음 24:30의 도움을 얻으려고 한다. 주객이 전도된
상황이 아닐 수 없다. 그는 구약 말씀을 잘 이해하기 위해 예수님
의 말씀을 이용하고 있는 것이다. 이는 신약성경을 통한 구약성경
의 재해석이 아니라, 단순히 구약성경 본문의 의미를 이해하는 데
신약성경을 가져와 사용하는 경우라고 할 수 있다.

그런데 이어지는 내용을 살펴보면 인트레이터는 이스라엘의
부흥과 예루살렘에 대한 세계 열방의 공격 사이의 연계성을 제대

로 설명하지 못한다. 다만 마태복음 24:30이 "인자가 구름을 타고 오는 것을 보리라"고 하여 다니엘 7:13을 인용하고 있다는 것, 그리고 31절이 휴거에 대한 언급으로서 이스라엘을 다시 모으겠다는 이사야의 예언(사 27:12-13)을 인용하고 있다는 정도만 언급할 뿐이다. 그런데 그는 덧붙이기를 예수님이 구름타고 오실 때 사람들이 "문맥상 실제 이스라엘의 거룩한 산에서 그분께 예배하러 나오도록 모여진다"고 한다.[27]

인트레이터는 예수님 자신이 직접 장소에 대해 언급하신 것은 아니라는 사실을 인정한다. 그러나 그는 이사야 27:12-13—"너희 이스라엘 자손들아 그날에 여호와께서 창일하는 하수에서부터 애굽 시내에까지 과실을 떠는 것같이 너희를 하나하나 모으시리라 그날에 큰 나팔을 불리니 앗수르 땅에서 멸망하는 자들과 애굽 땅으로 쫓겨난 자들이 돌아와서 예루살렘 성산에서 여호와께 예배하리라"—의 내용을 근거로 그 장소가 예루살렘이라고 주장한다. 실제로 밀레니엄을 앞둔 1999년경에 캐나다에서 예루살렘으로 가는 편도 항공권이 매진되는 사건이 있었다. 그런 일들이 바로 예수님이 예루살렘으로 재림하시어—이 부분은 인트레이터가 '직접' 언급하지는 않았지만—당신의 백성을 모으신다는 해석을 신뢰한 무지한 성도들 때문이 아닌가 싶다.

기독론적 창을 통한 재해석의 과정 없이 신약과 구약의 경계를 넘나드는 이러한 해석이 과연 적절하다고 할 수 있을까? 이 질문에 대답하기 위해 먼저 마태복음 24:28-31의 말씀을 잘 살펴보아야 할 것이다. 다음 도표는 이 본문의 구약 배경을 한눈에 보여준다.

 백투예루살렘 운동, 무엇이 문제인가

주제	마태복음 24:29-31	구약 배경
우주적 붕괴	[29]그날 환난 후에 즉시 해가 어두워지며 달이 빛을 내지 아니하며 별들이 하늘에서 떨어지며 하늘의 권능들이 흔들리리라	그 후에 내가 내 영을 만민에게 부어주리니 너희 자녀들이 장래 일을 말할 것이며 너희 늙은이는 꿈을 꾸며 너희 젊은이는 이상을 볼 것이며(욜 2:28)
인자의 징조	[30a]그때에 **인자의 징조**가 하늘에서 보이겠고	
모든 족속들의 통곡	[30b]그때에 **땅의 모든 족속들**이 통곡하며	내가 **다윗의 집과 예루살렘 주민에게 은총과 간구하는 심령(영)을 부어주리니** 그들이 그 찌른 바 그를 바라보고 그를 위하여 애통하기를 독자를 위하여 애통하듯 하며 그를 위하여 통곡하기를 장자를 위하여 통곡하듯 하리로다(슥 12:10)
인자가 구름 타고 오심	[30c]그들이 인자가 구름을 타고 능력과 큰 영광으로 오는 것을 보리라	내가 또 밤 환상 중에 보니 **인자 같은 이**가 하늘 구름을 타고 와서 **옛적부터 항상 계신 이**에게 나아가 그 앞으로 인도되매(단 7:13)
택하신 자들을 모으심	[31]그가 큰 나팔소리와 함께 천사들을 보내리니 그들이 그의 택하신 자들을 하늘 이 끝에서 저 끝까지 사방에서 모으리라	…하늘 이 끝에서 저 끝까지 이런 큰 일이 있었느냐 이런 일을 들은 적이 있었느냐(신 4:32) 네 쫓겨간 자들이 하늘 가에 있을지라도 네 하나님 여호와께서 거기서 너를 모으실 것이며 거기서부터 너를 이끄실 것이라(신 30:4)

이처럼 마태복음 24:29-31은 6개의 구약 본문이 어우러져 인용되는 본문이다. 29절에 인용된 요엘 2:28은 앞에서 사도행전 2:19-20을 다룰 때 이미 '우주적 붕괴의 언어'로서 반드시 재림에 대한 언급이라고 간주할 이유가 없다고 설명한 바 있고, 그것은 마태복음 24:29에도 동일하게 적용할 수 있다. 그렇다면 남아 있는 것은 스가랴 12:10과 다니엘 7:13, 신명기 4:32과 30:4, 그리고 이사야 27:12-13의 인용 문제다.

먼저 마태복음 24:30c에서 인자의 오심은 언제 어디로 오심을 의미하는 것일까? 이것을 알기 위해서는 다니엘 7:13의 '인자 같은 이'가 어디로 오고 있는가를 살펴보아야 한다. 다니엘 7:13에서 인자 같은 이는 분명 하나님을 의미하는 하늘에 계신 '옛적부터 항상 계신 이'에게 나아간다. 다니엘서의 말씀을 인용하신 예수님의 말씀에 이 방향성을 적용하는 것은 정당한 해석이다. 그럴 때 예수님의 오심이 어디를 향하는지 가늠할 수 있다. 예수님의 오심은 이 세상이 아니라 하늘에 계신 하나님을 도착지로 한다. 즉 마태복음 24:30은 다니엘서의 인자 같은 이로 등장하는 예수님이 하나님께로 가는 승천의 사건으로 해석해야 한다. 예수님의 승천은 왕권이 수여되는 대관식의 의미가 있다. 예수님은 이 세상에 메시아적 왕으로 오셨다. 그러나 십자가의 죽음으로 수렴된 고난의 공생애를 보내시며 왕으로서의 정당한 대우를 거절하셨다. 예수님은 십자가의 죽음 후에 비로소 부활을 통해 영광을 취하셨고 마침내 승천을 통해 왕의 직위에 오르신다. 그리고 이는 예수님이 보내신 보혜사 성령을 통해 확증되었다.

 백투예루살렘 운동, 무엇이 문제인가

여기에서 흥미로운 것은 마태복음 24:30b의 스가랴 12:10 인용이다. 이 인용은 마태복음 24:30a에서 '인자의 징조'라고 한 것에 모두 포함되어 다니엘 7:13을 인용한 마태복음 24:30c와 한 묶음을 이루고 있다. 이러한 구성은 독자에게 이 말씀들을 밀접하게 연결시켜 읽을 것을 요청한다. 일단 스가랴 12:10을 배경으로 마태복음 24:30b를 살펴보자. 스가랴 12:10은 '다윗의 집과 예루살렘 주민'에게 주어지는 회복의 메시지다. 가장 분명한 근거는 '은총과 간구하는 심령을 부어주리니'라는 것이다. 이러한 하나님의 은혜의 결과는 같은 절 후반부에 기록되어 있다.

> …그들이 그 찌른 바 그를 바라보고 그를 위하여 애통하기를 독자를 위하여 애통하듯 하며 그를 위하여 통곡하기를 장자를 위하여 통곡하듯 하리로다_슥 12:10b.

여기에서 '그들'은 이스라엘 백성이다. 그들은 하나님을 찌른 자들이다. 왜, 어떻게 그들이 하나님을 찌른 자들이 되는가? 그것은 그들이 불순종하여 아버지 하나님을 배반하고 떠났기 때문이다. 아버지 하나님은 자녀들의 떠남을 보며 마치 칼로 찔린 듯한 아픔을 겪으셨을 것이다. 그러나 이스라엘 백성은 하나님의 아픔을 도무지 알아채지 못한다. 그런데 하나님은 그들에게 은총과 간구의 영[28]을 부어주신다. 그 결과 그들은 죄를 깨닫고 통곡하는 반응을 보이는 것이다. 이런 통곡은 하나님의 긍휼과 구원의 결과에 대한 긍정적 반응이다.

마태는 이러한 스가랴서의 내용을 예수님의 가르침에 적용한다. 스가랴서는 하나님을 보고 통곡한다고 기록했지만, 마태복음은 신약의 배경 속에서 예수님을 보고 통곡한다고 기록한다. 마태복음 24:30c이 보여주고 있는 것처럼 그들은 예수님이 승천하여 왕으로 좌정하신 것을 보고 대성통곡한다. 왜냐하면 그들이 배역하고 십자가에 못 박은 예수님이 바로 만왕의 왕이요 만주의 주로 확정되어 나타나시기 때문이다.

그런데 마태는 스가랴 12:10을 인용하면서 아주 중요한 변화를 일으킨다. 곧 스가랴서 본문에 '다윗의 집과 예루살렘 주민'으로 되어 있는 대상을 '땅의 모든 족속들'(복수형)πᾶσαι αἱ φυλαί로 확대한 것이다. 만일 여기에 구약 예언서의 문맥 속에서 그분의 재림에 관한 예수의 가르침을 이해하자는 인트레이터의 해석적 원리를 적용한다면, '모든 족속'을 어떻게 해석할 것인가? 분명 마태복음은 스가랴서의 '다윗의 집과 예루살렘 주민'이라는 문구를 그대로 사용하지 않고 '모든 족속'이라고 변경하여 사용하고 있다. 인트레이터는 이 부분에 대해 어설픈 해결을 시도한다.

예수께서는 이사야서에서 언급하지 않는 몇몇 요소들을 덧붙이셨는데, 즉 이 일에 천사들이 연루된 것과 이스라엘 자손만이 아니라 택함 받은 모든 자들을 모으시는 것이 그것이다.[29]

그러나 마태복음은 단순히 '모든 족속들'이라고만 하지 스가랴서가 언급하는 '다윗의 집과 예루살렘 주민'이라는 문구는 찾아

    백투예루살렘 운동, 무엇이 문제인가

볼 수 없다. 만일 인트레이터의 주장이 옳다면 마태가 구원의 메시지에 이스라엘 백성을 포함시키는 암시나 명시를 했을 것이 분명하다. 그러나 마태복음 24:29-31 어디에도 그런 실마리는 찾을 수 없다.

이런 것이 인트레이터가 '구약 예언서의 문맥 속에서' 예수님의 말씀을 이해하는 대표적 예라고 할 수 있다. 사실 인트레이터는 할 수만 있으면 구약의 내용을 그대로 유지하려고 한다. 그러나 이어지는 마태복음 24:32-35에는 무화과나무 비유를 통해 한 세대 안에 예루살렘을 심판한다는 엄중한 예고가 기록되어 있다. 구약성경에서 이스라엘의 회복을 의미했던 것이 예수님의 말씀에서 모든 족속들로 그 대상이 우주적으로 확대된 반면, 이스라엘에게는 무화과나무 비유를 통해 심판이 예고되고 있는 것이다.

그렇다면 스가랴 12:10의 말씀이 어떻게 마태복음의 본문에서 다니엘 7:13과 조화를 이루어 하나의 메시지를 구성하는가? 그것이 다니엘 7:13을 배경으로 하는 예수님의 승천 사건과 어떻게 관계되는가? 다음과 같이 정리할 수 있다.

마태복음은 다니엘 7:13을 배경으로 예수님이 승천을 통해 왕으로 좌정하신 장면을 제시한다. 모든 족속들이 그 영광스러운 예수님의 모습을 보게 될 것이다. 이어서 스가랴서의 말씀을 배경으로 승천하신 예수님이 모든 족속들에게 은총과 간구의 영을 부어주실 것을 전제하여 그들이 만왕의 왕이요 만주의 주이신 예수님을 칼로 찌른 자들임을 깨닫고 대성통곡할 것을 기록한다. 물론 여기에서 '모든 족속들'은 만인구원론을 말하는 것이 아니라 스가랴서 본문의 '다윗의 집과 예루살렘 주민'을 대치하는 개념이다. 즉 구약에서 이스라엘에게만 제한되었던 하나님의 구원 사역이 이제는 예수님을 통해 우주적으로 효과가 미치게 됨을 시사해주는 표현이다. 그 결과는 바로 새로운 이스라엘의 형성이다. 이런 논의에서 스가랴서의 말씀이 마태복음의 해석을 지배하는 것이 아니다. 그것은 마태복음 본문의 배경으로 그 이해에 도움을 줄 뿐, 마태복음의 의미 형성을 지배하지 않는다. 오히려 마태복음이 스가랴서의 의미를 신약적 환경에 맞게 재해석하여 성취의 관점을 제공한다.

인트레이터는 마태복음 24:31을 이사야 27:12-13—"너희 이스라엘 자손들아 그날에 여호와께서 창일하는 하수에서부터 애굽 시내에까지 과실을 떠는 것 같이 너희를 하나하나 모으시리라 그날에 큰 나팔을 불리니 앗수르 땅에서 멸망하는 자들과 애굽 땅으로 쫓겨난 자들이 돌아와서 예루살렘 성산에서 여호와께 예배하리라"—의 인용으로 본다. 그러나 사실 마태복음 24:31은 신명기 4:32과 30:4의 말씀을 좀 더 직접적으로 사용하고 있다. 여기에서 중요한 것은 마태복음 본문이 인용된 구약 본문이 가지고 있는 이스라엘의 색깔을—스가랴 12:10 인용의 경우처럼—모두 탈색시키고 있다는 사실이다. 따라서 마태복음 24:31의 의미 역시 당연히 이스라엘 백성의 혈통적 회복이 아닌 모든 족속의 구원을 말하는 앞의 내용과 연결해서 해석해야 한다. 즉 마태복음 24:31의 말씀—"그의 택하신 자들을 하늘 이 끝에서 저 끝까지 사방에서 모으리라"—에서 '그의 택하신 자들'이 이스라엘 백성만을 가리키는 것이 아니라 모든 족속들 중에 택하신 자들이라고 이해하는 것이 적절하다는 말이다. 이 말씀에서

   백투예루살렘 운동, 무엇이 문제인가

'모든 족속들'이라는 구원의 보편성과 '택한 자들'이라는 구원의 특수성이 서로 모순되지 않고 오히려 환상적 조화를 이룬다. 이스라엘이라는 제한된 대상이 아니라 우주적 대상인 모든 족속들을 향한다는 점에서 그리스도의 구원 사역이 보편적 성격을 갖는다면, 실제 사역의 효과를 향유하는 대상은 택함 받은 자들이라는 점에서 특수성을 갖는다. 이 보편성과 특수성의 조화 속에서 어떤 혈통적 특권을 인정할 만한 여지는 전혀 없다.

인트레이터는 다루지 않았지만 마태복음 24:29-31에 곧이어 등장하는 마태복음 24:32-33의 무화과나무 비유는 이스라엘의 혈통적 회복을 예언하는 것이 아니라 예루살렘의 멸망에 의한 혈통적 이스라엘의 종말을 예고한다. 이 비유는 예수님의 성전 파괴 예언(마 24:1-2)에 대해 "어느 때에 이런 일이 있겠습니까?"(마 24:3)라고 물은 제자들의 질문에 대한 지금까지의 설명을 정리하는 역할을 한다.

그런데 왜 예수님은 무화과나무를 비유의 자료로 사용하셨을까? '무화과나무'라는 표현은 구약적 배경을 가지고 있다기보다는 어떤 사실을 표현하기 위한 격언적 언사proverb-type saying로서 사용되었다고 할 수 있다.[30] 팔레스타인에서 이 나무의 가장 두드러진 특징은 매년 정해진 때에 잎사귀가 떨어지고 다시 나는 것이다.[31] 무화과나무의 잎사귀가 나오면 의심의 여지 없이 여름이 시작된다(32절). 즉 예수님은 이 비유를 통해 예루살렘의 심판 시기가 임박했음을 말씀하고자 하신 것이다. 33절의 "인자가 가까이 문 앞에 이르렀다"는 선언에서 '인자'라는 주어 대신 성전 멸망의 시점으로서의 '끝'이라는 주어가—6절과 14절의 경우처럼—가능하다.[32] 역사적으로 성전 파괴는 "이 세대가 지나가기 전에 이 일이 다 일어날 것"이라는 34절의 말씀대로 주후 70년에 발생했다.

결론적으로 마태복음 24:29-31의 감람산 설교가 구약 예언서들(슥 12:10; 단 7:13; 사 27:12-13; 욜 2:28)과 함께 재림을 가리킨다고 해석하면 안 된다. 오히려 그 본문은 예수님의 승천과 성령을 통한 모든 족속들—이스라엘 백성의 범주를 뛰어넘는 대상—의 회개로 말미암은 새로운 이스라엘의 형성과 예루살렘 성전의 파괴를 통한 혈통적 이스라엘의 종말을 언급하고 있다.

하나님 나라의 회복

인트레이터는 하나님 나라의 회복을 정의하면서 세 가지를 말하는데 그중에서 마지막 세 번째가 주목할 만하다. 그는 이 세 번째를 정의하면서 "하나님의 계획은 이 땅에 예루살렘을 수도로 하고 예수를 통치자로 하는 완전한 사회를 세우는 것이다"라고 한다.[33] 그 사회는 "확대된 다윗 왕국"이되 예수님이 왕이 되는 나라다. 이런 하나님 나라를 추구한다면 어떤 과제에 직면하게 될까? 당연히 이스라엘의 회복을 기대해야 하지 않을까?

그래서 인트레이터는 당면한 목표 세 가지를 제시한다. 성령 충만, 세계 복음 전도, 그리고 이스라엘의 회복.[34] 이 세 가지 목표 중 첫 번째 항목인 '성령 충만'은 혈통적 이스라엘 회복 운동을 하는 그룹이 신사도 운동과 접목되면서 성령 집회를 강조하는 이유를 보여준다. 또 이것은 앞에서 이미 살펴본 대로, 이들이 제2의 오순절이 일어날 것이라고 하며, 베드로의 오순절 설교(행 2:17-21)에서 인용된 요엘서 말씀을—베드로가 오순절 사건으로 성취되었다고 선포함에도 불구하고—예수님의 재림 때에 일어날 부흥의 물결에 대한 것으로 보는 해석과 관련된다.

그런데 매우 우려스러운 점은, 이 세 가지 목표의 지향점이 예루살렘을 수도로 하는 하나님 나라의 회복이라는 사실이다. 그는 심지어 "토라의 율법 조항들은 우리가 먼저 평화를 추구해야 한다고 가르친다"면서도 "그러나 만약 그 평화의 제의가 받아들여지지 않는다면, 군사적으로라도 그 상황을 해결해야만 한다고 가르치고 있다"고 주장한다. 그리고는 어처구니없게도 다윗의 시편 120:6-7—"내가 화평을 미워하는 자들과 함께 오래 거주하였도다 나는 화평을 원할지라도 내가 말할 때에 그들은 싸우려 하는도다"—을 인류의 평화를 위협할 수 있는 이 엄청난 주장을 위해 인용한다.[35] 그러나 이 시편은 경건한 시편 저자의 개인적 관계 속에서 일어날 수 있는 일을 언급하는 것이다. 이것을 현대의 국가적 긴장 관계에 적용하는 것은 어불성설이다.

이런 그의 입장은 앞에서 "나는 이들 메시아를 믿는 군인들이 종말의 격전에서 특별한 역할을 할 것이라고 믿는다"라고 한 말과 일맥상통하는 것으로서, 현대 이스라엘의 직접적인 군사행동이나 이스라엘에게 이로운, 아랍권에 대한 미국의 군사 행동—이라크 침공과 같은—을 정당화한다. 원래 그런 의도가 아닐지라도 최소한 그런 오해를 낳을 수 있다. 현대 국제 분쟁의 사례 중, 한 쪽 나라의 평화 제의를 다른 나라가 순순히 받아들이는 경우가 있었던가? 솔직하게 말해서 거의 없다. 왜냐하면 평화 제의를 하는 쪽은 언제나 자신에게 유리한 조건을 제시하므로, 상대방이 그 조건을 받아들이기가 쉽지 않기 때문이다. 더군다나 현대 이스라엘 국가가 처해 있는 중동의 상황이 평화 협정 따위는 언제든지 휴지 조각처럼 되어버릴 수 있는 지경이라는 것은 삼척동자도 알고 있다. 그러므로 평화 제의가 받아들여지지 않으면 군사적 방법을 써야 한다는 인트레이터의 주장은 성경을 근거로 군사적 침략을 정당화시켜주는 것, 그 이상도 이하도 아니다.

앞에서 인트레이터가 제시한 하나님 나라에 대한 정의는 중세의 기독교를 초토화시켜버렸던 십자군 운동을 이 시대에 반복하자는 것이나 다름없다. 신약성경 어디에서 예루살렘이라는 지상 영토를 중심으로 하나님 나라를 건설하자는 내용을 찾아볼 수 있는가? 인트레이터의 그런 주장은 철저하게 구약적 프레임의 산물이다. 그는 신약성경이 그리스도의 사역을 통한 성취의 관점에서 구약을 재해석하며 내놓는 풍성한 내용들에 대해서는 전혀 귀를 기울이지 않는다.

중동 분쟁의 유일한 해결책(5장)

인트레이터는 중동 분쟁의 해결책을 다루며 평화를 위한 비전으로 뉴에이지 운동의 "세계 평화를 구체화하라"는 슬로건을 인용한다. 그리고 평화의 이상으로 성경적 구절을 제시한다. 바로 이사야 2:1-4이다.

[1]아모스의 아들 이사야가 받은 바 유다와 예루살렘에 관한 말씀이라 [2]말일에 여호와의 전의 산이 모든 산 꼭대기에 굳게 설 것이요 모든 작은 산 위에 뛰어나리니 만방이 그리로 모여들 것이라 [3]많은 백성이 가며 이르기를 오라 우리가 여호와의 산에 오르며 야곱의 하나님의 전에 이르자 그가 그의 길을 우리에게 가르치실 것이라 우리가 그 길로 행하리라 하리니 이는 율법이 시온에서부터 나올 것이요 여호와의 말씀이 예루살렘에서부터 나올 것임이니라 [4]그가 열방 사이에 판단하시며 많은 백성을 판결하시리니 무리가 그들의 칼을 쳐서 보습을 만들고 그들의 창을 쳐서 낫을 만들 것이며 이 나라와 저 나라가 다시는 칼을 들고 서로 치지 아니하며 다시는 전쟁을 연습하지 아니하리라 _사 2:1-4.

인트레이터는 이 말씀을 인용하면서 "만약 우리가 진정한 의미의 평화를 원한다면, 그것은 하나님의 계획과 일치해야만 한다"고 주장한다.[36] 말 자체로는 타당한 주장이다. 그러나 그가 말하는 하나님의 계획은 구약에서 말하는 이스라엘 중심의 세계 질서 재편이다. 구약에서 하나님의 임재는 예루살렘 성전을 중심으로 나타나고, 종말적 전망은 이스라엘-예루살렘 회복을 중심에 둔다. 그러나 신약 시대인 오늘날에도 그것을 문자 그대로 받아들여서, 이스라엘의 회복에 대한 약속들이 이루어질 것을 기대하고 그것을 중심으로 세계 평화를 논한다면, 그것은 엄청난 오류를 가져오게 될 것이다.

구약적 프레임을 가지고 세계 평화를 논한다는 것은 기름을 가지고 불구덩이로 뛰어드는 것처럼 위험하다. 예수님은 어떻게 평화를 가져오셨는가? 어떻게 이스라엘의 회복을 이루어주셨는가? 그것은 십자가의 죽음이다. 인트레인터의 논리를 따른다면, 예수님은 군중을 모아서 로마 정부를 전복시키고 이사야가 꿈꾸던 유토피아를 신속하게 이루셨을 것이다. 당시 예수님의 세력은 충분히 그럴 수 있을 만큼 위협적이었다. 마태복음 26:5—"말하기를 민란이 날까 하노니 명절에는 하지 말자 하더라"—에 의하면 대제사장들이 사람들의 민란을 두려워하여 예수님을 십자가에 못 박아 죽일 날짜를 계산할 정도였다. 그러나 예수님은 자신을 잡으러 온 병사들에게 칼을 휘두른 베드로를 향해 다음과 같이 말씀하신다.

> [52]이에 예수께서 이르시되 네 칼을 도로 칼집에 꽂으라 칼을 가지는 자는 다 칼로 망하느니라 [53]너는 내가 내 아버지께 구하여 지금 열두 군단 더 되는 천사를 보내시게 할 수 없는 줄로 아느냐 [54]내가 만일 그렇게 하면 이런 일이 있으리라 한 성경이 어떻게 이루어지겠느냐 하시더라_마 26:52-54.

예수님의 십자가는 구약의 이사야가 꿈꿔왔던 세계 평화를 가져왔다. 십자가의 길은 전쟁이 아니다. 무력을 통해서라도 평화를 이루자고 주장하는 인트레이터에게 예수님은 "이런 일이 있으리

　　　　　　　　　　　　백투예루살렘 운동, 무엇이 문제인가

라 한 성경이 어떻게 이루어지겠느냐?"라고 반문하신다. 또한 부활 후 제자들에게 나타나신 예수님은 "너희에게 평강Εἰρήνη이 있을지어다"라고 하셨다(요 20:19). 여기에서 에이레네Εἰρήνη는 단순히 개인 차원의 심리적 평강이라기보다는 우주적·구속사적 의미를 가진다. 우리는 이처럼 성경에서 죽음과 부활을 통해 인간에게 진정한 평화를 나누어주시는 예수님의 모습을 분명하게 마주한다. 이것이 구약이 완성되는 성취의 프레임이고 신약적 프레임인 것이다.

그러나 인트레이터는 계속 구약적 프레임을 이어간다.

그러면 어디에 하나님의 평화가 임할 것인가? '시온', 즉 예루살렘에 임한다. 예루살렘이 이 세계 평화의 중심 도시로 나타나 있다. 평화를 염원하는 비전은 사실상 '예루살렘과 관련된' 비전인 것이다.[37]

이런 주장에 어느 나라가, 어떤 집단이 동조할 것인가? 어떤 나라가 이 비전에 동의해 예루살렘 중심의 세계 평화에 이바지하려고 할까? 대부분의 나라가 동의하지 않을 것이다. 그러면 어떻게 할 것인가? 인트레이터의 답은 전쟁이다!

중동의 무장 해제

인트레이터의 주장을 미국 행정부가 인정하고 실천하게 된다면 어떻게 될까? 실제로 미국의 조지 부시 전 대통령이 이런 주장에 상당히 귀를 기울였다는 매스컴의 보도가 있었다. 이라크 침공에도 이러한 동기가 작용했다는 견해가 존재한다. 얼마나 무서운 이야기인가? 인트레이터의 주장을 살펴보자.

'칼을 쳐서 보습을 만든다'는 이사야서의 말씀은 전쟁 무기가 농기구, 즉 평화로운 용도로 바뀔 것이라는 의미다. 이 일의 실행은 평화 협정에서의 무장 해제든지 전쟁의 종결로 인한 무기들의 개조든지, 둘 중 하나로 해석할 수 있다. 불행하게도 성경적인 견해는 후자다. 요엘 선지자는 메시아의 평화는 '여호사밧 골짜기'(욜 3:2)의 전쟁 직후에 있을 것이라고 했다. 스가랴서에서는 모든 민족이 모여 예루살렘을 대적하는 전쟁 후에 평화가 뒤따른다고 했다(겔 39:9). 이 구절은 칼을 쳐서 보습을 만드는 것에 대한 에스겔의 묘사다. 그런데 이 일은 분명히 종말적 전쟁 직후에 일어난다. 그 전쟁의 승리자는 적의 모든 무기들을 취해 녹여서 민간인들을 위한 에너지 자원으로 활용할 것이다. 그 다음에 그들은 자기들의 무기(칼)마저도 비전투적인 용도(보습)로 바꿀 것이다.[38]

인트레이터는 전쟁을 통한 평화가 성경적 견해라고 주장하며 그 근거로 요엘서와 스가랴서, 그리고 에스겔서를 제시한다. 결국 '중동의 무장 해제'는 전쟁을 통해, 무력으로 이루어져야 한다는 주장을 견지하는 것이다. 그는 그 자세한 과정에 대해 "이스라엘은 굉장한 경제적 번영을 경험할 것이고, 열방은 이를 질시하

　백투예루살렘 운동, 무엇이 문제인가

며, 이스라엘의 방어가 느슨해진 틈을 타서 온 힘을 다해 쳐들어
올 것”이라고 주장한다.[39] 중동의 무장 해제가 먼저인지 전쟁이 먼
저인지 다소 애매한 부분이 있지만, 어쨌든 중요한 것은 인트레이
터가 ‘무력으로 세계 평화를 이루는 것이 성경적’이라고 아주 명
확하게 주장하고 있다는 사실이다.

인트레이터는 스가랴 14:2—“내가 이방 나라들을 모아 예루살렘
과 싸우게 하리니 성읍이 함락되며 가옥이 약탈되며 부녀가 욕을 당하며
성읍 백성이 절반이나 사로잡혀 가려니와 남은 백성은 성읍에서 끊어지
지 아니하리라”—을 근거로 메시아의 평화가 모든 민족이 모여 예
루살렘을 대적하는 전쟁 후에 온다고 하거나, 에스겔 39:9—“이스
라엘 성읍들에 거주하는 자가 나가서 그들의 무기를 불태워 사르되 큰
방패와 작은 방패와 활과 화살과 몽둥이와 창을 가지고 일곱 해 동안 불
태우리라”—을 근거로 곡과 마곡의 전쟁에 뒤따라 온다고 주장한
다. 그러나 이런 주장들은 새로운 것이 아니다. 이 문제는 앞에서
여러 번에 걸쳐 논의한 주제와 맥을 같이한다. 즉 신약에서 사용된
구약의 전쟁 모티브를 신약의 관점을 거치지 않고 문자적으로 해
석하는 오류를 범하고 있는 것이다.

에스겔 39장의 ‘곡과 마곡의 전쟁’을 중심으로 이 문제를 집중
적으로 연구해보자. 곡과 마곡의 전쟁은 신약에서는 요한계시록
19:17-21과 20:7-10에서 두 짐승과 용에 대한 심판의 장면에서
사용된다. 그런데 이 두 본문을 살펴보기 전에 에스겔서 자체의
내용을 파악하는 것이 중요하다. 에스겔서 문맥에서 이 전쟁의 동
인은 무엇일까?

개괄적으로 보면 에스겔서는 이스라엘에 대한 하나님의 심판으로 시작해 이스라엘에 대한 하나님의 회복의 사역으로 마무리된다. 하나님의 심판은 특별히 9-11장에서 하나님의 영이 성전을 떠나는 세 단계를 통해 일어난다. 에스겔 9:3, 10:3-4에서 그룹에 머물렀던 하나님의 영광이 성전 문지방에 이르고, 10:19에서는 하나님의 영광이 그룹을 타고 여호와의 전에 들어가는 동문에 머물다가, 11:22-23에서 여호와의 영광이 동문을 떠나 성읍 동편 산에 머물게 된다. 이런 일련의 사건은 하나님의 심판이 이스라엘에게 임하여 성전이 파괴될 것을 암시한다. 동시에 회복에 대한 전망도 나타나는데, 그 영광이 완전히 예루살렘으로부터 떠나지 않고 동편 산에 머물기 때문이다. 그러나 이 문맥에서 강조되는 것은 하나님의 심판이다. 그 심판의 중심에 성전이 있다. 하나님의 임재를 거두어들이시는 것은 그 성전을 이방인의 발에 짓밟히도록 하기 위함이다. 그래서 에스겔 12:11은 "내가 행한 대로 그들도 포로로 사로잡혀 가리라"라고 선언하고, 12:13은 "내가 또 내 그물을 그의 위에 치고 내 올무에 걸리게 하여 그를 끌고 갈대아 땅 바벨론에 이르리니 그가 거기에서 죽으려니와 그 땅을 보지 못하리라"라고 한다.

이처럼 하나님은 이스라엘 백성의 범죄로 말미암아 자신의 임재를 이스라엘 가운데서 거두시는 심판을 통해 이방 나라, 특별히 바벨론에 의한 멸망을 허용하셨다. 그러나 이것은 또 다른 부작용을 낳았다. 그것은 이방 나라의 거민들이 이스라엘이 섬기는 하나님을 조롱하게 되었다는 것이다. 그래서 하나님은 자신의 더럽혀진 명예를 위해 이스라엘의 회복을 시도하신다.

> [20]그들이 이른바 그 여러 나라에서 내 거룩한 이름이 그들로 말미암아 더러워졌나니 곧 사람들이 그들을 가리켜 이르기를 이들은 여호와의 백성이라도 여호와의 땅에서 떠난 자라 하였음이라 [21]그러나 이스라엘 족속이 들어간 그 여러 나라에서 더럽힌 내 거룩한 이름을 내가 아꼈노라 [22]그러므로 너는 이스라엘 족속에게 이르기를 주 여호와께서 이같이 말씀하시기를 이스라엘 족속아 내가 이렇게 행함은 너희를 위함이 아니요 너희가 들어간 그 여러 나라에서 더럽힌 나의 거룩한 이름을 위함이라 [23]여러 나라 가운데에서 더럽혀진 이름 곧 너희가 그들 가운데에서 더럽힌 나의 큰 이름을 내가 거룩하게 할지라 내가 그들의 눈앞에서 너희로 말미암아 나의 거룩함을 나타내리니 내가 여호와인 줄을 여러 나라 사람이 알리라 주 여호와의 말씀이니라_겔 36:20-23.

하나님은 자신의 거룩한 명예가 이스라엘로 인하여 더럽혀졌다는 사실을 인식하신다. 자신의 이름이 더럽혀졌다는 것을 인식한 하나님은 자신이 여호와 하나님이신 것을 만방에 알리고자 하신다. 그 첫 번째 시도는 심판으로 만방에 흩어진 이스라엘을 다시 가나안 땅으로 불러 모으는 것이다. 그것이 바로 37장의 마른 뼈 환상이다. 에스겔 37:11-14은 이 마른 뼈 환상을 해석하는 내용이다.

> [11]또 내게 이르시되 인자야 이 뼈들은 이스라엘 온 족속이라 그들이 이르기를 우리의 뼈들이 말랐고 우리의 소망이 없어졌으니 우리는 다

멸절되었다 하느니라 ¹²그러므로 너는 대언하여 그들에게 이르기를 주 여호와께서 이같이 말씀하시기를 내 백성들아 내가 너희 무덤을 열고 너희로 거기에서 나오게 하고 이스라엘 땅으로 들어가게 하리라 ¹³내 백성들아 내가 너희 무덤을 열고 너희로 거기에서 나오게 한즉 너희는 내가 여호와인 줄을 알리라 ¹⁴내가 또 내 영을 너희 속에 두어 너희가 살아나게 하고 내가 또 너희를 너희 고국 땅에 두리니 나 여호와가 이 일을 말하고 이룬 줄을 너희가 알리라 여호와의 말씀이니라 _겔 37:11-14.

이 말씀은 마른 뼈 환상의 의미를 분명하게 설명해준다. 먼저 11절은 골짜기의 마른 뼈들이 이스라엘 족속이라는 사실을 밝힌다. 그리고 12절은 무덤에 있는 마른 뼈 같은 포로 이스라엘을 바벨론에서 이끌어내어 다시 이스라엘 땅으로 들어가게 하신다는 약속을 담고 있다. 하나님이 그렇게 하시는 목적은 무엇인가? 이 질문에 대해 13절과 14절은 '내가 여호와인 줄 아는 것이다'라는 답을 반복하여 들려준다.

그러나 이 정도는 원론적인 이야기에 불과하다. 하나님은 이를 위해 다시 한 번 놀라운 능력을 역사의 현장에 펼치신다. 바로 그런 기능을 하는 것이 에스겔 38-39장의 곡과 마곡의 전쟁이다. 에스겔 38:1-8에서 하나님은 "마곡 땅에 있는 로스와 메섹과 두발 왕 곧 곡"으로 하여금 강력한 연합군을 구성하여(겔 38:4-6) 이스라엘과의 전쟁을 하도록 상황을 조성하신다. 그런데 여기에서 이스라엘의 상태는 범죄한 이스라엘이 아니라 "성벽도 없고 문

　　　　　　　　　　백투예루살렘 운동, 무엇이 문제인가

이나 빗장이 없어도 염려 없이 다 평안히 거주하는 백성"이다(겔 38:11). 인트레이터는 본문의 '빗장이 없는 가옥들'을 지칭하는 히브리어 '페라조트' ㎜가 현대에 '무장 해제'라는 말로 사용된다고 하면서 이 본문이 이스라엘의 '무장 해제'를 예견한다고 주장한다.[40] 그러나 에스겔서에 나타난 이스라엘의 정황을 현대 히브리어의 '무장 해제'라는 의미를 적용하여 해석하는 것은 본문의 의도를 왜곡한다.

에스겔서의 본문을 굳이 현대 히브리어의 의미로 풀어야 할 이유가 없다. 아람어나 헬라어, 히브리어든 상관없이 현대어로 고대 성경 원어의 의미를 파악하는 것은 성경 해석에 있어서 올바른 방법이 아니다. 현대적 사고를 가지고 성경을 해석할 때 왜곡은 필연적이다. 물론, 중요한 것은 이 단어가 이 문맥에서 무장 해제의 의미를 갖느냐 하는 것인데, 이에 대한 대답은 부정적이다. 이 단어는 여기에서 무장 해제를 의미하지 않는다. 페라조트는 단지 '성벽 없는 마을'unwalled village이란 의미로서 이스라엘의 평화로운 상태를 이미지화한 것이다. 우리는 에스겔 38:12에서 "황폐하였다가 지금 사람이 거주하는 땅"이라고 한 것에서 본문이 바벨론 포로에서 해방된 이스라엘의 상태를 묘사하고 있음을 알 수 있다. 아마도 이러한 의미의 단어가 발전해서 오늘날 '무장 해제'라는 의미를 갖게 되었을 것이다. 그러나 그 현대적 의미를 다시 성경 본문을 해석하기 위해 역으로 사용해서는 안 된다.

에스겔 38장에서 이스라엘은 심판으로부터 회복된 상태를 보여준다. 그리고 이스라엘을 공격하고자 하는 군대는 이전 바벨론 군대보다 훨씬 강력한 군사력을 가진 연합군이다. 이 위기는 하나님의 명예 회복을 위한 완벽한 정황이다. 만일 이스라엘이 승리한다면 이 전쟁은 하나님의 명예 회복에 획기적 계기가 될 것이기 때문이다. 아니나다를까 이 전쟁은 이스라엘의 완전한 승리로 끝나게 된다. 에스겔 39장은 이에 대해 매우 자세하게 기록하고 있는데, 특별히 9-10절과 12절이 이에 대한 정보를 제공한다.

> [9]이스라엘 성읍들에 거주하는 자가 나가서 그들의 무기를 불태워 사르되 큰 방패와 작은 방패와 활과 화살과 몽둥이와 창을 가지고 일곱 해 동안 불태우리라 [10]이같이 그 무기로 불을 피울 것이므로 그들이 들에서 나무를 주워오지 아니하며 숲에서 벌목하지 아니하겠고 전에 자기에게서 약탈하던 자의 것을 약탈하며 전에 자기에게서 늑탈하던 자의 것을 늑탈하리라 주 여호와의 말씀이니라 [11]그날에 내가 곡을 위하여 이스라엘 땅 곧 바다 동쪽 사람이 통행하는 골짜기를 매장지로 주리니 통행하던 길이 막힐 것이라 사람이 거기에서 곡과 그 모든 무리를 매장하고 그 이름을 하몬곡의 골짜기라 일컬으리라 [12]이스라엘 족속이 일곱 달 동안에 그들을 매장하여 그 땅을 정결하게 할 것이라
> _겔 39:9-12.

이 본문에서 두드러지는 수는 '일곱'이다. 이스라엘 백성은 승리하여 전리품 중 무기들을 일곱 해 동안 불태울 것이고, 침략자들을 일곱 달 동안에 매장할 것이다. 이것은 이스라엘의 완벽한 승리를 시사해준다. 더 나아가서 에스겔 39:17-20은 이스라엘의

승리를 전쟁의 참상을 통해 원색적으로 묘사하고 있다.

¹⁷주 여호와께서 이같이 말씀하셨느니라 너 인자야 너는 각종 새와 들의 각종 짐승에게 이르기를 너희는 모여 오라 내가 너희를 위한 잔치 곧 이스라엘 산 위에 예비한 큰 잔치로 너희는 사방에서 모여 살을 먹으며 피를 마실지어다 ¹⁸너희가 용사의 살을 먹으며 세상 왕들의 피를 마시기를 바산의 살진 짐승 곧 숫양이나 어린 양이나 염소나 수송아지를 먹듯 할지라 ¹⁹내가 너희를 위하여 예비한 잔치의 기름을 너희가 배불리 먹으며 그 피를 취하도록 마시되 ²⁰내 상에서 말과 기병과 용사와 모든 군사를 배부르게 먹을지니라 하라 주 여호와의 말씀이니라_겔 39:17-20.

위의 말씀은 참혹한 싸움터에 육식 동물들이 죽은 시신을 먹기 위해 몰려드는 장면을 묘사하는 내용이다. 이것은 전쟁의 참상을 보여줌과 동시에 수많은 시신을 통해 이스라엘의 완벽한 승리를 말해준다.

이상이 에스겔 38-39장에 나타난 곡과 마곡의 전쟁이다. 이것을 문자적으로 해석하여 미래의 사건으로 이해할 것인가, 아니면 다른 대안이 있는가? 이것을 판단할 때 신약성경 중 이 본문을 사용한 요한계시록 19:17-21과 20:7-10을 살펴보는 것이 매우 중요하다. 이 두 본문은 각각 두 짐승에 대한 심판과 용에 대한 심판을 다룬다.

[17]또 내가 보니 한 천사가 태양 안에 서서 공중에 나는 모든 새를 향하여 큰 음성으로 외쳐 이르되 와서 하나님의 큰 잔치에 모여 [18]왕들의 살과 장군들의 살과 장사들의 살과 말들과 그것을 탄 자들의 살과 자유인들이나 종들이나 작은 자나 큰 자나 모든 자의 살을 먹으라 하더라 [19]또 내가 보매 그 짐승과 땅의 임금들과 그들의 군대들이 모여 그 말 탄 자와 그의 군대와 더불어 전쟁을 일으키다가 [20]짐승이 잡히고 그 앞에서 표적을 행하던 거짓 선지자도 함께 잡혔으니 이는 짐승의 표를 받고 그의 우상에게 경배하던 자들을 표적으로 미혹하던 자라 이 둘이 산 채로 유황불 붙는 못에 던져지고 [21]그 나머지는 말 탄 자의 입으로부터 나오는 검에 죽으매 모든 새가 그들의 살로 배불리더라 _계 19:17-21.

[7]천 년이 차매 사탄이 그 옥에서 놓여 [8]나와서 땅의 사방 백성 곧 곡과 마곡을 미혹하고 모아 싸움을 붙이리니 그 수가 바다의 모래 같으리라 [9]그들이 지면에 널리 퍼져 성도들의 진과 사랑하시는 성을 두르매 하늘에서 불이 내려와 그들을 태워버리고 [10]또 그들을 미혹하는 마귀가 불과 유황 못에 던져지니 거기는 그 짐승과 거짓 선지자도 있어 세세토록 밤낮 괴로움을 받으리라_계 20:7-10.

이 두 본문이 에스겔서의 동일한 본문을 사용하고 있다는 점이 흥미롭지 않은가? 이것을 어떻게 이해해야 할까? 우리가 먼저 생각할 수 있는 것은 요한계시록이 두 사건의 발생 시점을 같게 본다는 사실이다. 그런데 요한계시록 19:17-21은 예수님의 재림을

   백투예루살렘 운동, 무엇이 문제인가

강력하게 시사하는 19:11—"또 내가 하늘이 열린 것을 보니 보라 백마와 그것을 탄 자가 있으니 그 이름은 충신과 진실이라 그가 공의로 심판하며 싸우더라"—에서 시작되는 단락에 포함되어 있다. 그렇다면 요한계시록 20:7-10 역시 재림의 시점에 있을 사건을 묘사한다고 할 수 있을 것이다.

다음으로 요한계시록 19:17-21과 20:7-10에서 심판의 대상이 되는 두 짐승과 용은 요한계시록의 문맥에서 각각 누구를 가리킬까? 이런 해석에서 우리가 염두에 두어야 하는 것은 요한계시록의 심판의 양상은 사도 요한이 살던 시대의 악의 세력의 판도를 배경으로 그려진 것으로 보아야 한다는 사실이다. 요한계시록 13장에 의하면 두 짐승 중 첫째 짐승은 네로 황제를 모델로 한 상징적 이미지로서 로마제국의 황제들을 나타낸다. 둘째 짐승은 황제 숭배를 촉진하는 거짓 선지자 혹은 황제 숭배 종교의 제사장이다. 19:17-21은 악의 핵심적인 이 두 세력을 대상으로 한 마지막 때의 심판을 소개하고 있다. 그런데 사도 요한의 눈에 또 다른 악의 세력이 비쳐진다. 그것은 사탄을 상징하는 용이다. 20:7-10은 용으로 상징되는 사탄에 대한 심판을 기록한다. 요한은 사탄에 대한 심판을 묘사함에 있어서 에스겔 38-39장의 곡과 마곡의 전쟁— 회복된 이스라엘의 절정을 드러내고, 하나님의 거룩한 이름의 명예를 회복시키는 전쟁으로 그려진—을 사용한다.

여기에서 사도 요한이 곡과 마곡의 전쟁을 언급함에 있어서 그것이 문자적으로 일어나게 될 사건임을 말하고자 했다는 단서는 전혀 찾아볼 수 없다. 나아가 이 전쟁이 혈통적 이스라엘과의 전쟁이라는 주장은 그 근거를 찾기가 더더욱 힘들다. 요한계시록 20:7-9에서 동원된 곡과 마곡은 에스겔 38-39장의 의미를 이 심판의 장면에 적용하기 위한 것일 뿐, 실제로 그런 군대가 동원된다는 의미가 아니다. 사도 요한은 단지 에스겔 38장의 정황을 재림의 배경으로 채택하려는 시도를 한다. 즉 '땅의 사방 백성 곧 곡과 마곡'이 '성도들의 진과 사랑하시는 성'을 포위했다는 표현을 사용한다.

여기에서 '성도들의 진과 사랑하시는 성'이란 에스겔 38:11의 "성벽도 없고 문이나 빗장이 없어도 염려 없이 다 평안히 거주하는 백성"이라는 문구의 다른 표현이라 할 수 있다. 이것이 에스겔서의 정황을 빌려왔을 뿐, 문자적인 재현을 기대하는 것은 아니라는 사실을 어떻게 알 수 있을까? 이어지는 내용을 통해 확인할 수 있다. 요한계시록 20:10은 결국 심판의 직접적 대상인 용, 곧 사탄만 불못에서 영원한 심판의 처지에 놓이게 됨을 보여준다. 일종의 효과를 위한 장치였던 곡과 마곡의 군대는 사라지고 오직 사탄만이 영원한 불못에서 심판받는 모습으로 남게 되는 것이다.

이상의 논의들은 에스겔 38:11-12을 근거로 한 인트레이터의 주장—"일시적인 평화와 이스라엘의 번영은 다시 이스라엘을 대항하여 쳐들어오는 대단위 국제 연합군의 공격을 초래할 것이며, 이는 궁극적으로 메시아의 오심과 진정한 세계 평화 시대에 이르게 할 것이다"—이 허구라는 것을 증명해준다. 왜냐하면 신약에서 곡과 마곡의 전쟁은 무장 해제한 이스라엘을 향한 국제 연합군의 전쟁을 의미하지 않기 때문이다. 요한계시록 19:17-21과 20:7-10에서 곡과 마

   백투예루살렘 운동, 무엇이 문제인가

곡의 전쟁은 궁극적으로 예수님의 재림 때에 있게 될 영적 전투에 패해 영원히 심판을 받게 될 악의 세력과 그 세력의 핵심이라 할 수 있는 사탄의 심판으로 성취된다.

평화의 왕 예수 그리스도

인트레이터는 이사야 9:6-7의 성취로 예수님이 평화의 왕으로 오셨다고 소개한다. 인트레이터에 의하면 하나님은 이 예언을 아브라함과 맺은 평화 조약에서 출발하여 "다윗으로 이어가시며 다윗의 후손을 통해 이 세상에 완전한 평화의 시대가 오게 하시겠노라고 약속하셨다." 이에 대한 근거 구절은 사무엘하 7:14과 이사야 9:7이다.[41]

> 나는 그에게 아버지가 되고 그는 내게 아들이 되리니 그가 만일 죄를 범하면 내가 사람의 매와 인생의 채찍으로 징계하려니와_삼하 7:14.

> 그 정사와 평강의 더함이 무궁하며 또 다윗의 왕좌와 그의 나라에 군림하여 그 나라를 굳게 세우고 지금 이후로 영원히 정의와 공의로 그것을 보존하실 것이라 만군의 여호와의 열심이 이를 이루시리라_사 9:7.

그리고 이에 대한 성취로서 신약의 누가복음 1:32-33과 2:14을 제시한다.

³²그가 큰 자가 되고 지극히 높으신 이의 아들이라 일컬어질 것이요 주 하나님께서 그 조상 다윗의 왕위를 그에게 주시리니 ³³영원히 야곱의 집을 왕으로 다스리실 것이며 그 나라가 무궁하리라_눅 1:32-33.

지극히 높은 곳에서는 하나님께 영광이요 땅에서는 하나님이 기뻐하신 사람들 중에 평화로다 하니라_눅 2:14.

인트레이터가 신약성경에서 예언의 성취 구절로 위의 두 본문을 발견한 것은 적절하다고 할 수 있다. 그는 "예수는 이사야 9장의 예언을 성취하려고 오셨다. 즉 평화의 왕으로 오시고 다윗의 보좌에 앉기 위해 오신 것이다. 그분은 아브라함 언약을 새롭고 더 완전한 언약이 되도록 확장시키셨다. 또 다윗의 왕국이 영원한 왕국이 되도록 확장시키셨다"고 한다. 이러한 진술도 얼핏 보면 매우 타당한 것처럼 들린다. 그러나 그 이면에 숨겨진 의도를 꿰뚫어 볼 수 있어야 한다.

예수 그리스도의 사역과 성취의 관점에서 아브라함과 다윗 왕국의 존재는 과정이고 그림자다. 예수님은 다윗 왕국이 지향하는 종말적 하나님의 나라를 성취하기 위해 오신 것이지 단순히 다윗 왕국을 보존하고 발전시키기 위해 오신 것이 아니다. 그러나 인트레이터는 그렇게 생각하지 않는다. 인트레이터는 예수님의 사역을 통해서 아브라함 언약과 다윗 왕국을 바라보는 것이 아니라 아브라함과 다윗 왕국의 관점에서 그것을 성취하기 위해 오신 예수님의 사역을 이해하려고 한다. 그에게 아브라함 언약과 다윗 왕

 백투예루살렘 운동, 무엇이 문제인가

국의 존재는 그 자체가 보존되고 발전되어야 하는 실체다. 그에게 있어서 예수님의 사역은 그것을 더욱 실체화하는 것에 불과하다. 결과적으로 예수님의 오심은 다윗 왕국을 온전히 회복하여 이사야 2:1-4의 말씀대로 이 세상에 이스라엘 중심의 세계 평화를 구현하기 위한 것으로 이해된다. 이 평화를 구현하기 위해 구약의 이스라엘 중심적 사고에서 발현된 패턴대로 '곡과 마곡의 전쟁'도 불사할 수 있다는 것이다.

구약의 언약과 이상이 어떻게 신약에서 성취의 형태를 띠는가는 이미 앞에서도 수차례 언급한 바 있다. 화려하고, 군림하고, 호령하는 다윗 왕권의 리더십은 철저하게 패배하고 고난을 받으며 멸시받는 십자가에서 역설적으로 성취되었다. 군중들은 예수님이 나귀를 타고 예루살렘에 입성하실 때 "호산나 다윗의 자손이여 찬송하리로다"라고 외쳤다. 그러나 기대와는 다르게—로마제국으로부터 정치적 해방을 이루지 못한 채—빌라도의 법정에 선 나약한 예수님의 모습을 보았을 때 처절한 배신감으로 말미암아 예수님을 십자가에 못 박으라고 소리쳤다. 그리고 예수님은 잔혹하게 십자가 처형을 당하셨다.

인트레이터의 논리대로라면 예수님의 십자가는 절대로 다윗 왕권의 성취라고 할 수 없다. 예수님은 이사야서의 비전대로 로마제국의 절대 권력을 전복시키고 이스라엘을 중심으로 한 세계 평화 체제를 이룩하셨어야 하지 않았을까? 그러나 예수님의 선택은 십자가의 죽음이었다. 그리고 하나님은 바로 그 십자가의 죽음을 통해 예수님을 다윗과 같은 목자로 세우셨고, 세상을 이처럼 사랑하시는 하나님 아버지의 긍휼을 나타내 보이셨으며, 모든 인류에게 구원의 소망을 보여주셨고, 택한 백성을 모든 나라와 민족과 백성과 방언으로부터 하늘 이 끝에서 저 끝까지 불러 모으시는—다윗 왕의 리더십을 훨씬 뛰어넘는—강력한 리더십을 나타내보이신 것이다.

예수님이 다윗 왕권을 구약의 패러다임대로 계승·발전시키기 원하셨다면, 광야에서 40일간 금식한 후 시험받으실 때 마귀가 제시한 이 세상의 모든 영광과 부귀를 마다하실 이유가 있었을까? 또한 오병이어의 기적을 베푸신 후 산으로 숨으시거나, 자신을 정치적 메시아로 삼으려고 하는 열광적인 군중들을 피해 다시 가버나움으로 오실 이유가 있었을까? 더군다나 십자가의 죽음은 전혀 필요하지 않은 '소모적 행위'였을 것이다.

원한의 뿌리와 하나님의 선택

인트레이터는 중동의 갈등이 "인류가 전반적으로 하나님을 거스려 반역하기 때문에 야기된다"고 한다. 그리고 "영원한 평화와 번영이 있으려면, 먼저 죄와 반역의 뿌리가 제거되어야만 한다"며 "세상은 하나님뿐만 아니라 '그의 기름 부음 받은 자', 즉 마쉬아흐에게도 반역하고 있다"고 한다.[42] 이런 주장의 의도는 "하나님의 선택"이라는 소제목 아래 기록된 다음의 내용에서 진면모를 드러낸다.

 백투예루살렘 운동, 무엇이 문제인가

하나님은 예수님(사람)을 통해 이 땅에 당신의 권위를 세우셨다. 또한 하나님은 예루살렘(장소)을 택하셨다. 따라서 사람뿐만 아니라 그 땅도 하나님의 권위를 상징한다. 우리는 하나님의 택하신 사람과 택하신 장소를 받아들여야만 한다.[43]

여기에서 눈길을 끄는 점은 예수님을 받아들이는 것과 예루살렘을 받아들이는 것이 동일하게 하나님의 권위에 대한 인정의 기준이 된다는 사실이다. 그는 하나님이 택하신 장소로서의 예루살렘을 받아들이지 않으면 하나님의 권위를 부정하는 것이라고 주장하고 있다! 인트레이터에 대한 이런 분석에 확신을 가질 수 있는 이유는 다음과 같은 그의 진술 때문이다. 이 글을 보고 놀라지 않기를 바란다.

하나님의 권위를 나타내는 두 표현—'하나님의 사람'과 '하나님의 장소'—은 하나님의 뜻에 순복하는가 아닌가를 알기 위한 시험하는 수단이 된다. 하나님은 그분이 택하신 사람과 장소를 통해 사람 안에서 죄와 반역의 뿌리를 찾아내신다.[44]

장소로서의 예루살렘을 받아들이느냐 그렇지 않느냐가 하나님의 뜻에 순복하는가 아닌가를 가려내는 시험이라는 말이다. 심지어 하나님이 택하신 사람(예수님)과 장소(예루살렘)를 통해 사람 안에서 죄와 반역의 뿌리를 찾아내신다고 주장한다. 즉 장소로서 예루살렘을 받아들이지 않는 이유는 그 안에 죄와 반역의 뿌리가 있기 때문이라는 것이다. 따라서 앞에서 "세상은 하나님뿐만 아니라 그의 기름 부음 받은 자에게도 반역하고 있다"는 말은 예루살렘의 특별한 의미를 받아들이지 않는 사람들을 염두에 둔 발언이라고 볼 수 있다. 다음 진술은 더욱 가관이다.

> 많은 그리스도인들은 하나님이 택하신 사람은 받아들이지만, 그분이 택하신 장소는 받아들이지 않는다. 많은 유대인들은 그 장소는 받아들이지만 그 사람은 받아들이지 않는다. 그러나 우리는 그것을 둘 다 받아들인다.[45]

인트레이터는 세 가지 부류를 제시한다. 첫째, 그리스도인으로서 예수님은 받아들이면서 택하신 장소인 예루살렘은 받아들이지 않는 사람. 둘째, 유대인으로서 장소는 받아들이지만 예수님은 받아들이지 않는 사람. 셋째, 장소도 받아들이고 예수님도 믿는 사람. 인트레이터는 자기를 비롯한 '우리'는 가장 이상적인 셋째 부류라고 한다. 첫 번째와 두 번째 부류의 사람들은 모두 죄와 반역의 뿌리가 해결되지 않은 부류로서 열등하게 취급하고 있는 것이다.

인트레이터는 예수님을 믿는 것 외에 택하신 장소로서의 예루살렘을 받아들여야 하는 또 다른 의무와 책임을 그리스도인들에게 안겨준다. 이것을 거부하면 죄와 반역의 뿌리가 드러나는 것이며, 그로 인해 중동의 평화가 해결되지 않는다는 것이 인트레이터의 논리다. 그는 중동의 평화가 이루어지지 않는 원인을 예루살렘을 받아들이지 않는 행위에 두고, 그에 대해 정치적 관점에서 접

   백투예루살렘 운동, 무엇이 문제인가

근하는 것이 아니라 죄와 반역의 뿌리라는 종교적·신앙적 관점에서 접근한다. 그러나 어떤 정치적 사안에 종교적·신앙적 관점을 가지고 접근하면 갈등이 해소되기보다는 심화될 가능성이 많다. 왜냐하면 종교적·신앙적 사안에서의 타협이나 양보는 그 신앙을 훼손하는 것으로 간주되므로 한 치의 양보나 타협도 쉽지 않기 때문이다. 이때 상대는 궤멸되어야 하는 대상일 뿐이다. 다음의 글에서 숨김없이 드러난 인트레이터의 입장을 확인해보자.

> 중동에서의 최근 전쟁은 '알 아크사Al Aqsa 봉기', '바위 돔Dome of the Rock 폭동'이라고 불린다. 분쟁의 지점은 이사야 2:3의 '여호와의 산'이며, 시편 2:6의 '내 거룩한 산'이다 이는 히브리어로 하르 하바이트Har Habayit로 '성전 산'으로도 번역된다. 그곳이 갈등의 초점이 되는 이유는 그곳이 바로 하나님이 그곳을 당신의 권위를 나타내기 위해 택하신 곳이기 때문이다(슥 12:3-3). 성경에서는 그 장소를 '시온'이라 부르며, 이슬람에서는 그곳을 '알 아크사Al Aqsa'라고 부른다.[46]

성경에서 말하는 '시온', 이슬람권에서 '알 아크사'Al Aqsa로 불리는 그곳은 바로 예루살렘이다. 인트레이터의 해석에 의하면 그곳은 하나님이 자신의 권위를 나타내기 위해 택하신 곳이고, 그것을 반대하는 세력이 이슬람 국가이기 때문에 갈등의 초점이 될 수밖에 없다. 여기에 이어 인트레이터는 매우 생소한 이중 심판 개념을 제시한다.

열국은 그들이 예루살렘을 공격했는가에 따라 심판을 받게 될 것이다. 그리고 개개인은 예수의 메시지를 순종했는가에 따라 심판을 받게 될 것이다.[47]

인트레이터는 예루살렘에 대한 '적대적/우호적 관계'가 예수님에 대한 '불순종/순종의 관계'와 동일하다고 생각한다. 그러면서 그는 "이 세상의 정부들은 하나님의 택하신 도시에 있는 그분의 권위를 존중해야 하며, 모든 사람은 하나님의 택하신 왕에게 있는 그분의 권위를 받아들여야 하는 것이다"라고 주장한다.[48]

그의 논리는 일관된다. 예루살렘 중심적이며 이스라엘 중심적이다. 그러나 성경은 그것을 거부한다. 그 증거는 성경의 여러 곳에서 발견할 수 있다. 대표적으로 요한계시록 11장의 두 증인 이야기를 보면, 예수님이 죽임을 당하신 큰 성을 비유적으로—우리말 번역에 '영적으로'라는 단어는 '비유적으로'라고 번역하는 것이 적절하다—소돔과 애굽이라고 부른다(계 11:8). 요한계시록은 과거에 거룩한 하나님의 임재 장소였던 예루살렘이 예수님을 십자가에 못 박은 강도의 굴혈이 되고 말았다는 사실을 고발하는 것이다. 그뿐 아니다. 요한복음 4:20-24에 기록된 예수님과 사마리아 여인의 대화를 살펴보자.

[20]우리 조상들은 이 산에서 예배하였는데 당신들의 말은 예배할 곳이 예루살렘에 있다 하더이다 [21]예수께서 이르시되 여자여 내 말을 믿으라 이 산에서도 말고 예루살렘에서도 말고 너희가 아버지께 예배할

          백투예루살렘 운동, 무엇이 문제인가

때가 이르리라 [22]너희는 알지 못하는 것을 예배하고 우리는 아는 것을
예배하노니 이는 구원이 유대인에게서 남이라 [23]아버지께 참되게 예
배하는 자들은 영과 진리로 예배할 때가 오나니 곧 이 때라 아버지께
서는 자기에게 이렇게 예배하는 자들을 찾으시느니라 [24]하나님은 영
이시니 예배하는 자가 영과 진리로 예배할지니라_요 4:20-24.

더 이상 예루살렘의 예배적 가치는 존재하지 않는다. 하나님의
임재는 이제 더 이상 장소로서의 예루살렘에 제한되거나 국한되
지 않는다. 어디든지, 언제든지 성령 곧 진리 안에서라면 하나님
을 예배할 수 있는 시대가 온 것이다.

갈라디아서에서 바울은 이 문제를 집중적으로 다룬다. 그는 특
별히 "율법 아래에 있고자 하는 자들"에게 말한다(갈 4:21-26). 율
법 아래에 있고자 하는 자들은 예수님을 믿는 믿음 외에 할례와
같은 유대 전통을 지키는 것이 필요하다고 주장하는 예루살렘 중
심적 사고의 소유자들이다. 바울은 "율법을 듣지 못하였느냐?"라
고 반문하면서 그들에게 율법을 가르친다. 아브라함의 두 아들 중
에는 여종에게서 육체를 따라 낳은 아들이 있고, 자유를 가진 여
자에게서 약속으로 말미암은 아들이 있다. 그 여종은 하갈인데 아
라비아에 있는 시내 산에 해당되고 그 자녀와 함께 종노릇하는 자
로 소개된다. 흥미로운 것은 바로 이 하갈을 '지금 있는 예루살렘'
과 관련시키고 있다는 점이다.

바울은 그리스도를 믿으면서도 여전히 할례와 같은 율법의 요
소를 중시하여 율법 아래 있고자 하는 자들을 '지금 있는 예루살

렘'에 속한 자들이라고 평가했다. 그들은 하갈과 그의 자녀들처럼 종노릇하는 자들이다. 반면 그리스도로 말미암아 율법으로부터 자유롭게 된 자들은 사라에 속한 자유자들이며 '위(하늘)에 있는 예루살렘'에 속한 자들로 소개된다. 이처럼 바울 당대에도 지상의 예루살렘과 하늘의 예루살렘 사이에는 대조의 관계가 성립되었다. 하늘의 예루살렘과 지상의 예루살렘은 하갈과 사라가 서로 연합할 수 없듯이 서로 상관할 수 없는 관계다. 그런데 인트레이터가 받아들이라고 요청하는 장소로서의 예루살렘은 지상의 예루살렘이다. 그런 가르침은 바울의 관점에서 보면 다른 복음이며(갈 1:6-9), 성령으로 시작했다가 육체로 마치려는 것이다(갈 3:3).

아랍 민족을 사랑해야 한다(6장)

사실 "아랍 민족을 사랑해야 한다"는 표어는 6장의 기조를 표현한 것이 아니라 일부 첨부된 내용의 주제일 뿐이다. 이 장에서 인트레이터는 유대 민족의 탁월성이라는 전제 위에 아랍 민족에 대한 사랑을 거론한다. 신약 시대에는 아랍인과 유대인이 아무런 차이가 없음에도 불구하고, 인트레이터는 이스마엘과 이삭의 구약적 패러다임을 현대의 정황에 가감 없이 적용한다. 그는 "우리가 아브라함의 육신적 후손을 이야기할 때 아브라함의 '자손'인 또 다른 그룹이 있음을 깨달아야 한다. 이들이 바로 아랍 민족이다. 이들은 이스마엘을 통한 아브라함의 육신의 자손이다. 이스마엘

   백투예루살렘 운동, 무엇이 문제인가

은 사라의 여종 하갈의 소생이다"라고 하며 구약의 패턴을 지금도 여전히 유지한다.[49]

그러나 바울의 견해는 인트레이터와는 분명히 달랐다. 바울은 갈라디아서 4:21-26에서 당대의 유대인들이 지상에 지금 있는 예루살렘이고, 종노릇하는 하갈의 계열에 속한다고 일갈하였다. 반면에 누구든지―유대인이든, 아랍인이든, 아프리카인이든, 아니면 아시아인이든―그리스도 안에 있는 자들은 하늘에 있는 예루살렘으로서 사라의 계열에 속한 자들이라고 말한다.

인트레이터는 구약의 역사가 '여인의 후손'의 탄생을 위해 유대인들을 보존하는 역사라고 주장한다. 사탄은 그 아이가 태어나는 것을 막기 위해 유대인들을 죽이려고 기를 썼다는 것이다. 그리고 그것이 유대인들의 숙명이라고 한다. 그는 이러한 긴장이 영적 전투이며 그 시초는 창세기 3장에서 뱀과 원수된 사건이라고 본다. 그래서 "바로 그 순간부터 사탄은 약속하신 후손이 될 것 같은 여인의 후손 중 경건한 자들은 모두 죽이려 들게 되었다"는 것이다.[50] 이런 주장들은 일면 적절성을 지니고 있다. 하나님은 구약 역사에서 여인의 후손을 보존하려는 의지를 분명히 보여주셨기 때문이다.

그러나 책의 다른 부분에 기술된 내용까지 종합해보면 인트레이터의 본색이 드러난다. 그는 '씨'로 번역되는 히브리어 '제라'זרע를 다음의 세 가지 의미로 정의한다.

① 메시아적인 왕과 구주로서의 예수.

② 아브라함의 육신의 후손들.

③ 아브라함의 영적 후손들.

그리고 그 근거로서 갈라디아서 3:15-19을 제시한다. '제라'의 이런 정의가 적절한지, 그가 근거로 삼은 갈라디아서 3:15-19을 통해 분석해보자.

[15]형제들아 내가 사람의 예대로 말하노니 사람의 언약이라도 정한 후에는 아무도 폐하거나 더하거나 하지 못하느니라 [16]이 약속들은 아브라함과 그 **자손**에게 말씀하신 것인데 여럿을 가리켜 그 자손들이라 하지 아니하시고 오직 한 사람을 가리켜 네 **자손**이라 하셨으니 곧 그리스도라…[19]그런즉 율법은 무엇이냐 범법하므로 더하여진 것이라 천사들을 통하여 한 중보자의 손으로 베푸신 것인데 약속하신 **자손**이 오시기까지 있을 것이라_갈 3:15-19.

이 말씀을 자세히 살펴보면 '자손'(제라. 위 본문에서는 헬라어 σπέρμα[씨, 자손])이란 단어가 오직 예수님에게만 적용된다는 것을 확인할 수 있다. 유대인을 '자손'이라고 한 경우는 아무리 찾아보아도 발견할 수 없다. 그런데 이 '자손'이란 단어가 예수님 이외의 대상에 적용된 경우가 있다.

너희가 그리스도의 것이면 곧 아브라함의 **자손**이요 약속대로 유업을 이을 자니라_갈 3:29.

위의 본문에 의하면 '너희가 그리스도의 것이면', 즉 그리스도
에게 속한 자들이라면 아브라함의 자손이고 약속대로 아브라함의
유업을 이을 자들이다. 누가 진정 그리스도에게 속한 자들인가?
이 질문에 대한 갈라디아서의 대답은 매우 명확하다.

[26]너희가 다 믿음으로 말미암아 그리스도 예수 안에서 하나님의 아들
이 되었으니 [27]누구든지 그리스도와 합하기 위하여 세례를 받은 자는
그리스도로 옷 입었느니라 [28]너희는 유대인이나 헬라인이나 종이나
자유인이나 남자나 여자나 다 그리스도 예수 안에서 하나이니라_갈
3:26-28.

이 말씀은 우리가 예수를 믿음으로 말미암아 하나님의 아들—
구약에서 혈통적 유대인들에게 주어진 신분—이 되었음을 가르
쳐준다. 거기에는 유대인이나 헬라인이나 종이나 자유인이나 남
자나 여자의 구별 없이 모두가 하나가 된다. 영어 성경 ESV는 28
절 말씀을 다음과 같이 번역한다.

There is neither Jew nor Greek, there is neither slave nor
free, there is no male and female, for you are all one in Christ
Jesus(유대인이나 헬라인은 없고, 종이나 자유인도 없으며, 남자와 여
자도 없다. 왜냐하면 너희 모두는 그리스도 예수 안에서 하나이기 때
문이다).

ESV의 번역은 개역개정성경보다 원문의 의미를 잘 전달해준다. 유대인과 헬라인, 종과 자유인, 심지어는 남자와 여자의 존재 자체가 없다고 한다. 왜냐하면 이 모두가 예수 안에서 하나이기 때문이다. 여기에는 세 개의 비교 대상이 등장하는데, 바울 시대의 정황에서 보면 이들은 하나같이 서로 동일시되거나 공생할 수 없는 관계들이다. 이들이 모두 그리스도 안에서 하나라는 선언은 정말 놀랍고 경이로운 것이었다. 예수님의 사역은 그만큼 반목의 관계에 있는 자들의 구별과 차별을 없애버릴 정도로 탁월한 능력을 발산했다.

갈라디아서는 이처럼 '씨'(제라)의 의미를 첫째는 예수 그리스도에게 적용하고, 둘째는 그리스도에게 속한 자들, 곧 그리스도를 믿는 자들에게 적용한다. 이 믿는 자들 사이에서 유대인이나 헬라인이나 자유자나 종이나 남자나 여자의 구별과 차별은 존재하지 않는다. 모두가 다 '씨'(제라)라고 할 수 있다. 그렇다면 인트레이터가 제시한 두 번째 '씨'(제라)의 의미—아브라함의 육신의 후손들—는 그리스도 안에서 더 이상 의미가 없다. 갈라디아서에서 그 두 번째 의미는 전혀 존재하지 않는다. 결론적으로 말하면 그리스도 안에서 유대인과 이방인, 유대인과 아랍인을 구분하는 것은 전혀 성경의 지지를 받지 못한다.

아랍인을 진정으로 사랑하고자 한다면 바울의 권면처럼—성경에 근거하여—유대인과 아랍인의 구별부터 근본적으로 제거해야 할 것이다. 그러나 이스라엘-예루살렘 중심적 사고를 포기하지 않는 한, 이러한 구별과 차별의 제거는 불가능하다. 결국 '아랍 민

　　　　　　　　　　백투예루살렘 운동, 무엇이 문제인가

족을 사랑해야 한다'는 인트레이터의 말은 본인의 의도와는 상관 없이 공허한 립서비스가 될 가능성이 농후하다.

하늘의 예루살렘이 내려오다(7장)

"모든 것은 예루살렘으로 시작되고 예루살렘으로 끝난다." 인트 레이터는 이처럼 아주 짧지만 자신의 의중을 잘 보여주는 매우 핵 심적 문장으로 7장을 시작한다. 그리고 백투예루살렘에 대한 또 다른 개념을 제시한다. 즉 "예루살렘이 내려온다"라는 소제목의 흥미로운 글에서 새 예루살렘이 하늘에서 내려온다는 성경 구절 (계 3:12; 21:2-3)을 근거로 새 예루살렘이 하늘에 존재한다고 주장 하는 것이다. 그러면서 하늘에 있는 "새 예루살렘은 하나님께 충 성된 남은 모든 천사들이 이 세상을 떠난 경건한 남녀의 영혼이 거하고 있는 처소"라고 규정한다.[51] 그리고 이어서 "예수를 믿는 전 세계의 신앙 공동체를 메시아의 신부라고 부르듯이(엡 5장), 하 늘의 예루살렘도 위 본문에서 신부라고 부르는데, 이는 그곳이 메 시아의 백성이 살고 있는 곳이기 때문이다"라고 한다.

　인트레이터는 뿐만 아니라 새 창조 때에 그 처소가 물리적으로 내려올 것이라고 주장한다.

　그 처소가 내려오면 와서 안식할 장소가 있게 될 것이다. 그 장소는 이 땅 위에 있다. 그리고 그 중앙은 예루살렘이다. 의인은 항상 예루살렘에 있을 것이다. 먼저는 하늘에 있는 예루살렘에 있게 될 것이고, 그 후에는 이 땅 위에 회복될 새 하늘과 새 땅의 일부분이 되려고 내려오는 그 예루살렘에 있게 될 것이다.[52]

이 글에서 하늘의 예루살렘과 지상의 예루살렘 사이의 구분은 불명확하다. 그리고 이런 입장이야말로―지금까지 분석한 내용들도 그렇기는 하지만―의견 차이를 좁힐 수 없는 부분이다. 여기에는 요한계시록에 대한 근본적인 해석의 차이가 존재하기 때문이다. 먼저 요한계시록 3:12과 21:2-3을 근거로 하늘의 예루살렘의 존재를 인식하고 그것을 신부라고 한 것에 대해 관찰한 것은 적절하다고 볼 수 있다. 그러나 이 '하늘의 예루살렘'에 대한 세부적인 개념을 살펴보면 역시 구약 중심적·예루살렘 중심적 사고를 발견하게 된다.

인트레이터는 하늘의 예루살렘을 신부라고 규정하면서 그 의미를 '이 세상을 떠난 경건한 남녀의 영혼이 거하고 있는 처소'라고 한다. 하늘의 예루살렘을 천당과 동일시하는 것이다. 이런 관점에는 동의하기 어려운 점이 있다. 만일 인트레이터의 설명대로 새 예루살렘이 이 세상을 떠난 경건한 남녀의 영혼이 거하고 있는 처소라면 새 예루살렘 자체를 신부라고 말하지 말고 '새 예루살렘 안에 신부가 존재한다'라고 해야 하지 않을까? 요한계시록 21:9-10은 다시 한 번 하늘로부터 내려오는 새 예루살렘 자체를 신부, 곧 어린 양의 아내라고 분명하게 규정한다.

 백투예루살렘 운동, 무엇이 문제인가

⁹일곱 대접을 가지고 마지막 일곱 재앙을 담은 일곱 천사 중 하나가 나아와서 내게 말하여 이르되 이리 오라 내가 신부 곧 어린 양의 아내를 네게 보이리라 하고 ¹⁰성령으로 나를 데리고 크고 높은 산으로 올라가 하나님께로부터 하늘에서 내려오는 거룩한 성 예루살렘을 보이니_계 21:9-10.

요한에게 '신부 곧 어린 양의 아내'를 보여주겠다고 말한 천사가 보여준 것은 '하늘에서 내려오는 거룩한 성 예루살렘'이었다. 이 구절에서 매우 단순한 등식이 성립한다. 하늘의 거룩한 성 예루살렘이 바로 신부, 곧 어린 양의 아내를 의미한다는 것이다. 에베소서 5:22-33에서 말하는 바—그리스도와 교회의 관계는 남편과 아내의 관계 같다—와 같이 '신부 곧 어린 양의 아내'라는 문구는 바로 **신약의 교회 공동체**를 의미한다.

앞의 본문에 이어지는 요한계시록 21:11-27은 신부인 교회 공동체의 완성된 모습을 새 예루살렘이라는 건축 구조물을 통해 상징적으로 소개하는 내용이다. 여기에는 새 예루살렘이 교회 공동체를 의미한다는 근거들이 산재해 있다. 예를 들어 이 성벽의 높이는 144규빗이다. 이는 12×12의 값으로서 두 개의 12로 표현되는—열두 지파에 의해 대표되는 구약 백성과 그 성취로서 열두 사도에 의해 대표되는—신약 교회의 의미를 내포하고 있다(계 21:17). 또 새 예루살렘의 가로, 세로 그리고 높이의 길이인 12,000스다디온에도 12라는 숫자가 사용된다(계 21:16). 뿐만 아니라 열두 진주 문에는 열두 지파의 이름이, 열두 기초석에는 열두 사도의 이름이 기록되어 있는 것도 역시 새 예루살렘이 하나님의 백성을 의미함을 알게 해주는 근거들이다.

그렇다면 이 새 예루살렘이 하늘에 있다, 하늘로부터 땅에 내려온다는 의미는 무엇일까? 새 예루살렘이 어린 양의 아내요 그리스도의 신부로서 교회 공동체를 의미한다면, 땅으로 내려오기 전에 하늘에 있는 예루살렘도 이 세상을 떠난 경건한 성도들이 거하는 처소가 아니라 그 자체가 성도들을 의미하는 것으로 보아야 한다. 요한계시록은 교회 공동체가 지상에 존재하지만 동시에 하늘에도 존재하는 것으로 묘사한다. 이는 바울이 에베소서 2:5-6에서도 밝혀주고 있는 내용이므로 신약성경에서 통용되는 사상이라고 볼 수 있다

> 5허물로 죽은 우리를 그리스도와 함께 살리셨고 (너희는 은혜로 구원을 받은 것이라) 6또 함께 일으키사 그리스도 예수 안에서 함께 하늘에 앉히시니_엡 2:5-6.

이 말씀에 의하면 그리스도인들은 예수님 안에서 예수님과 함께 하늘에 앉힌 바 되었다. 에베소 교회 성도들은 죽어서 하늘에 간 것이 아니다. 아직 지상에 살아 있는 지상적 교회로서 존재하는 동시에 천상적 교회로서 존재한다. 이것은 두 개의 다른 모습이 아니라 하나의 모습을 두 개의 관점에서 바라본 것이고 교회 공동체는 실제로 이런 두 가지 관점에서 설명될 수 있다.

요한계시록도 에베소서와 동일한 교회 공동체 개념을 가지고

있다. 요한계시록 7장은 1-8절과 9-17절로 나누어지는데, 전자는 14만 4천의 주제를 다루고 후자는 '아무도 능히 셀 수 없는 큰 무리'라는 주제를 다룬다. 이 둘은 모두 교회 공동체를 상징하는 이미지다. 14만 4천은 12×12×1000의 값인데, 약속으로서 구약 백성과 그 성취로서 신약 백성의 의미를 갖는 두 개의 12에, 영원성 혹은 완전성의 의미를 갖는 천이라는 수로 구성된다.[53] 즉 14만 4천은 하나님의 완전한 백성의 수라고 보는 것이 타당하다. 그리고 각 지파에서 인침을 받은 자—지파 당 12,000명—를 계수하는 요한계시록 7:5-8은 민수기 1-2장의 계수, 즉 하나님의 군대로서 이스라엘의 군대 조직을 정비하기 위해 백성의 수를 세는 정황을 배경으로 한다. 즉 14만 4천은 하나님의 군대로서 지상에서 전투하는 교회의 모습으로 그려지는 것이다.

반면 9-17절의 '아무도 셀 수 없는 큰 무리'는 하늘의 별처럼, 땅의 티끌처럼 그리고 바다의 모래처럼 셀 수 없는 큰 무리를 주시겠다고 한 아브라함 언약을 배경으로 한다(창 13:16; 15:5; 32:12). 갈라디아서 3:7과 3:29이 동일한 언약을 배경으로 "믿음으로 말미암은 자들은 아브라함의 자손"이고, 그리스도에게 속한 자들, 곧 교회 공동체가 아브라함의 자손이라고 하는 것처럼, 요한계시록의 '셀 수 없는 큰 무리'는 아브라함 언약의 성취로서 교회 공동체라고 할 수 있다. 이들은 보좌 앞과 어린 양 앞에 서 있다.

요한계시록 4:2—"내가 곧 성령에 감동되었더니 보라 하늘에 보좌를 베풀었고 그 보좌 위에 앉으신 이가 있는데"—을 보면 보좌가 하늘에 있는 것으로 묘사된다. 이것은 상징적 이미지로서 하늘이 바로 하나님의 통치의 원천이라는 것을 보여준다. 왜냐하면 '보좌'라는 이미지는 구약에서부터 하나님의 통치를 의미하는 것으로 사용되었기 때문이다. 그러므로 셀 수 없는 큰 무리가 보좌 앞에 있다는 것은 곧 그들이 하늘에 존재하는 공동체라는 것을 의미한다. 셀 수 없는 큰 무리가 보좌 앞에 있어서 하늘에 존재하는 것으로 간주되고, 아브라함의 자손으로서 신약 교회 공동체를 의미한다면 교회 공동체가 하늘에 존재한다는 묘사가 가능해진다. 그리고 이런 이해는 에베소서 2:5-6에서 하나님이 에베소 교회 성도들을 하늘에 앉히셨다고 하는 것과 같은 맥락이다. 이것이 바로 새 예루살렘이 하늘로부터 내려오기 전의 상태인 '하늘의 예루살렘'이다.

이처럼 요한계시록에서 교회 공동체는 지상에서 전투하는 공동체로 존재할 뿐만 아니라 하늘에서 승리한 공동체로도 존재한다. 이것은 동시적 상태다. 그리고 그런 상태는 예수님의 재림 때까지 지속된다. 예수님은 재림을 통해 사탄을 비롯한 악의 세력들을 심판하시고(계 17-20장) 만물을 새롭게 하심으로써(계 21:5) 새 하늘과 새 땅을 이루신다(계 21:1). 그때, 새 창조의 환경에서는 그런 두 가지 측면의 존재 양태가 더 이상 유지될 필요가 없다. 처음 창조에서 타락한 지금, 지상은 죄와 사망이 왕노릇하는 환경이므로 지상에 있는 성도들은 동시에 하늘에 존재하는 긴장의 조건 속에 있지만, 새 창조의 환경에서는 땅이 천상적 존재인 하늘과 통합되기 때문이다. 요한계시록은 그런 변화를 새 예루살렘이 하늘로부터 땅으로 내려오는 모습으로 표현하고 있는 것이다.

그러므로 새 예루살렘은 그 자체가 모든 나라와 모든 족속과

  백투예루살렘 운동, 무엇이 문제인가

모든 방언과 모든 백성으로부터 구성된 교회 공동체를 의미한다고 할 수 있다. 여기에는 지상의 예루살렘을 중심으로 하는 그 어떤 종말 이해도 발붙일 공간이 없다. 분명히 말하지만 하늘의 예루살렘, 새 예루살렘에 대한 비전은 지상의 예루살렘을 회복하기 위한 근거나 목적으로 기록되지 않았다. 마치 문자 그대로 도시가 하늘에 있으며 그것이 지상으로 내려오게 될 것처럼 각색한 시나리오는 허구다.

예수께 죽도록 충성하는 순교자들(8장)

8장은 2000년 여름, 세계의 매스미디어를 뜨겁게 달구었던 캠프데이비드에 대한 이야기로 시작한다. 캠프 데이비드는 클린턴 미국 대통령의 중재로 이스라엘의 바락 수상과 팔레스타인해방기구의 아라파트 의장 사이에 있었던 평화 협정을 위한 회담이다. 그러나 이 평화 협정을 위한 회담은 결렬되고 말았다. 인트레이터는 그 책임을 거의 전적으로 아라파트에게 전가하는 경향으로 글을 써 내려간다. 이스라엘의 수상 바락이 국내 여론의 악화를 감수하면서까지 양보를 했는데 아라파트가 돌연히 그것을 거부했다는 것이다. 아니 아라파트가 "거절했을 뿐 아니라 도리어 전쟁을 시작했다"고 평가한다.[54]

그러나 인트레이터의 평가대로 아라파트에게 회담 결렬에 대한 일방적인 책임이 있을까? 한 웹싸이트에 실린 다음 글은 인트레이터와 다른 관점의 평가를 보여준다.

…바라크는 캠프 데이비드로 가기 전 Red line 6이라는 협상원칙을 천명했다. 주요 내용은 (1)이스라엘과 팔레스타인의 분리, (2)1967년 6일 전쟁 이전 국경선으로의 불복귀, (3)예루살렘은 이스라엘의 지배 하에 놓인다, (4)요단강 서안에는 외국 군대 주둔이 없어질 것이다, (5)Judea와 Samria 유대인 정착촌 대부분은 이스라엘 지배하의 블록에 놓인다, (6)이스라엘은 자신들 땅으로 오고자 하는 팔레스타인 난민문제에 대해 법적, 도덕적 책임이 없다.…바라크의 Red line 6 각 조항을 가만히 보면 이면에 숨은 뜻이 많다.

(1)이스라엘과 팔레스타인의 분리. 왜 이것을 첫 번째 조항으로 정했을까? 대다수 유대인은 아랍인과 분리되어 살기를 바라기 때문에 이 조항을 찬성한다. 팔레스타인이 국가로 성립되면 국경선을 갖고 분리되는 것은 당연하지만 이 조항의 속뜻은 우리에게 완전히 떨어지라는 얘기다. 우리 도움받을 생각도 말고 경제도 너희가 알아서 하라는 뜻이다. 현재 팔레스타인 경제가 이스라엘에 예속되어 있으므로 정말로 분리된다면 당장 타격받고 쓰러지는 것은 팔레스타인이다. 이스라엘 내에서 일하는 사람들은 당장 직업을 잃게 된다. 그러나 이스라엘도 이런 극단적인 국면까지 가는 것을 원치 않는다.

실제 국가가 성립되어도 팔레스타인 사람들이 계속 이스라엘로 와서 일을 하려 할 게 뻔하고 이를 일일이 막고 강경하게 대하다가는 비용도 많이 들고 아랍국의 반발과 국제여론을 악화시킨다. 결국 이 조항은 이스라엘이 협상에서 한편으로는 아라파트를 압박해 유리한 고

    백투예루살렘 운동, 무엇이 문제인가

지를 차지하기 위한 위협용이며 협상에 반대하는 유대인들을 현혹시
키는 조항이 아닌가 싶다.

　(2), (4), (5)1967년 6일 전쟁 이전 국경으로의 불복귀와 요단강 서
안에 외국군대의 주둔이 사라지고 팔레스타인 지역내의 대다수 유대
인 정착촌을 이스라엘 블록하에 보호. 이것은 6일 전쟁 후 이스라엘
이 점령한 땅에서 물러나지 않는다, 즉 West bank와 Gaza내에 있는
유대인 정착촌을 사수하겠다는 의지다. 팔레스타인 국가가 성립되면
이스라엘 군은 자연히 철수할 것이다. 이 조항의 속뜻은 팔레스타인
내에 어떤 무장단체나 군대도 들어올 수 없고 들어오면 용납하지 않
겠다는 뜻이다. 이스라엘 안보에 위협이 된다 싶으면 언제든 개입한
다는 의미다.

　(3)예루살렘은 이스라엘 수도다. 팔레스타인과 예루살렘을 공유하
지 않겠다는 뜻이다. 대다수 유대인들은 "너 같으면 너의 심장을 다른
사람과 공유할 수 있느냐"며 예루살렘만은 절대로 양보하지 못하겠다
고 한다. 그런데 실제로 동예루살렘과 예루살렘 성을 보면 아랍인 천
지다. 팔레스타인 국가가 성립되어도 이들 지역에서 아랍인들을 몰아
낼 수도 없고 실질적으로 양보는 못 해도 상징적으로 팔레스타인이
자신들 수도라고 생각하는 것은 무방하다. 대다수 유대인들의 정서를
고려한 조목이다.

　(6)팔레스타인 난민문제. 이에 대해 이스라엘은 법적·도덕적 책임
이 없다고 했는데 표현이 재미있다. 보통 어떤 문제에 대해 도덕적 책
임이 있다는 것은 법적 책임이 없더라도 보상을 해야 된다는 의미다.
보상은 곧 돈이다. 이스라엘이 법적 책임이 없다고 하면 유대인들 입

장에서는 당연하다. 유대인들도 이 문제를 언급하면 마지못해 도덕적 책임이 있다는 것은 시인한다. 독립전쟁 이후 양자가 전쟁과 대립을 통해 생긴 난민에 대해 법적 책임을 진다면 그것은 이스라엘 국가성립이 불법이라는 것을 시인하는 격이다. 팔레스타인은 이스라엘이 파렴치하다고 여기지만 바라크가 도덕적 책임이 없다고 언급한 것은 문제가 될 소지를 원천 봉쇄한다는 뜻이다.

이런 원칙들을 내세웠으니 협상이 타결될 리 없다. 앞으로 이스라엘에서는 누가 나와 어떤 조건으로 팔레스타인과 협상할진 모르지만, 바라크가 내세운 Red Line 6에서 크게 벗어나는 조건을 내세우는 것은 힘들 전망이다.[55]

이 글에 의하면 회담 결렬의 원인은 아라파트 의장이 거부할 수밖에 없었던 협상의 조건들이었다. 바락 수상이 내건 6가지 조건이 겉으로 보기에는 많은 양보를 한 것 같지만, 아라파트의 입장에서 볼 때는 팔레스타인 사람들의 생존을 위협할 수 있는 조건들임이 분명하다.

인트레이터는 여기에서 왜 이런 내용을 다루는 것일까? 그는 현재의 중동 정세를 근거로 예수님의 재림 때에 벌어질 이스라엘과 소위 국제 연합군과의 전쟁에 대한 책임 소재를 이스라엘이 아니라 적대적 관계를 가지고 있는 팔레스타인 쪽에 두려고 하는 것 같다. 실제로 그는 아라파트가 회담을 결렬시킨 이유를 거론하면서 기록하기를 "아라파트는 전 세계 수백만 아랍인들이 팔레스타인의 성지를 해방시키기 위해 무력 폭력집단에 가입해 자기와 함

     백투예루살렘 운동, 무엇이 문제인가

께할 것을 믿고 있다"고 했다. 또 "선전과 여론 조성을 통해 유럽과 제3국가들 대부분이 자기를 지지하거나 적어도 반대하지 않게 할 수 있다고 믿고 있다"고 주장한다.[56]

그런데 이런 인트레이터의 판단은 사실을 왜곡한 것이다. 오히려 국제적으로 유리한 입장에 있는 쪽은 미국의 전폭적 지지를 등에 업은 이스라엘이다. 이스라엘의 군사력이나 경제력은 아랍 국가들을 능가하고, 아랍 국가들은 미국의 개입으로 통일된 입장을 가지고 있지 못하다. 예를 들어 쿠웨이트나 사우디아라비아는 아랍 국가이긴 하지만 친미쪽에 가깝다. 또 미국은 걸프전을 통해 반미 성향이었던 이라크의 사담 후세인 정권을 무너뜨리고 친미 정권을 수립했다. 이렇듯 국제 환경은 도리어 이스라엘에게 유리하게 조성되어 있다고 보아야 할 것이다.

따라서 인트레이터가 이스라엘의 불리한 입장을 강조하는 것은 무엇인가 다른 의도가 있기 때문이다. 그것은 다음 진술에서 엿볼 수 있다. 그는 "아라파트는 자기에게 유리한 쪽으로 상황을 해석하고 있는 것이다. 그는 이스라엘과 대항해서 이 성전에서 이길 수 있다고 믿는다. 그리고 그의 생각은 일리가 전혀 없는 것이 아니다"라고 하면서 스가랴 14:2—"내가 이방 나라들을 모아 예루살렘과 싸우게 하리니 성읍이 함락되며 가옥이 약탈되며 부녀가 욕을 당하며 성읍 백성이 절반이나 사로잡혀 가려니와 남은 백성은 성읍에서 끊어지지 아니하리라"—을 적용시킨다. 그는 이 말씀에 근거하여 "성경에 따르면 이슬람 지하드와 유엔이 합력해서 이스라엘을 공격하면 이길 수 있다"고 주장한다. 그리고 그는 전혀 실현 가능성이

없는 '팔레스타인+이슬람 국가들+국제 연합군' 대 '미국+이스라엘'의 전쟁 상황을 상정한다.[57]

이스라엘은 팔레스타인보다 강하다. 그러나 팔레스타인과 모든 이슬람 국가들이 연합하면 이스라엘보다 강하다. 그리고 미국과 이스라엘이 손을 잡으면 팔레스타인과 모든 이슬람 국가들이 합친 것보다 강하다. 그러나 유엔과 이슬람 국가들이 연합하면 미국과 이스라엘이 하나된 것보다 강하다. 아라파트는 그 힘의 균형을 내다보고 있는 것이다.[58]

인트레이터는 여기에서 멈추지 않는다. 그는 스가랴 14:3-4, 12을 인용하며 이스라엘에 대항하는 연합군의 승리는 잠시라고 말한다. 그는 이 전쟁을 아마겟돈 전쟁으로 이해하면서 국제 연합군은 이스라엘을 이길 수 없다고 강변한다. 왜냐하면 메시아가 오셔서 전쟁을 승리로 이끄실 것이기 때문이다. 그래서 그는 말하기를 "이스라엘을 공격한 군대는 무참히 멸절될 것이고, 그제야 진정한 평화가 시작될 것이다. 유대인의 왕이신 예수는 예루살렘으로 오셔서 그분의 메시아 나라를 세우실 것이다"라고 한다.[59] 그야말로 구약의 기록들을 문자 그대로 믿는—그것이 현대의 정치적 정황에서 성취되는 것으로 해석하는—**전형적인 세대주의 성경해석**의 패턴을 보여주고 있다. 이런 성경 해석이 얼마나 세계의 평화를 위협하며, 전쟁을 하나님의 뜻으로 둔갑시키고 있는가? 정말 심각한 문제는 이런 어이없는 해석을 한국과 미국의 적지 않은 그리스도인들이 받아들이고 추종한다는 사실이다.

여기에서 우리는 인트레이터가 왜 8장의 서두에 캠프 데이비드 사건을 언급했는가를 알 수 있다. 그는 스가랴 14:2의 열국들이 이스라엘의 성읍들을 함락하고 약탈하게 된다는 내용이 역사적으로 실현되고 있다는 것을 입증하기 위해 이런 정치적 사건을 활용하고 있다. 그런데 더 놀라운 발언이 있다.

예수님께서 재림하실 이 지구상의 장소는 이스라엘의 예루살렘이다. 그렇기에 이스라엘이 없다면 재림도 있을 수 없다. 예수께서 이스라엘로 다시 돌아오실 때 빈 사막으로 오시는 것이 아니다. 그분은 유대인들이 2천 년 동안 유리 방황하는 형벌 후에 그들의 고향으로 다시 돌아와 사막을 젖과 꿀이 흐르는 땅으로 재건한 이스라엘 땅으로 오시는 것이다.[60]

예루살렘이 온전히 이스라엘의 소유로 남아 있어야 한다는 취지의 이런 발언을 보면 바락 수상이 동예루살렘을 팔레스타인에게 양보하려 했던 캠프 데이비드 회담이 결렬된 것을 다행스럽게 여기는 것 같다. 심지어 그는 이스라엘의 예루살렘이 없다면 예수님의 재림도 없다고 천명한다. 이것은 예루살렘의 확보에 대한 집착을 유발하고 예루살렘을 둘러싼 중동의 긴장 상태를 정당화하는 발언이 아닐 수 없다. 그는 성경을 빙자하여 세계 전쟁을 주장하는 것이다. 인트레이터는 재림을 하나님이 결정하시는 것이 아니라, 세계 전쟁을 통한 폭압적 정복으로 결정할 수 있다고 믿는 것처럼 보인다. 실로 예루살렘에 대한 집착이 도에 지나치다는 생각을 금할 수 없다.

인트레이터는 더 나아가 이스라엘의 예루살렘 소유를 가로막는 세력의 배후에 사탄이 있다고 주장한다.

그러나 만일 이스라엘이 그들의 주장대로 이슬람의 성지라면, 예수는 돌아오실 수가 없고 마귀도 멸망시킬 수 없을 것이다. 결국 마귀는 자신이 멸망당하지 않으려고 온갖 궤계를 써서 싸우고 있는 것이다. 이것이 나치의 유대인 대량 학살과 현재 일어나는 이슬람권의 반이스라엘 테러의 숨은 목적이다.[61]

이런 해석에서 우리는 '이스라엘의 예루살렘 회복→팔레스타인과의 긴장→세계 전쟁(아마겟돈 전쟁)→영적 전투→재림'과 같은 연결 고리가 인트레이터의 성경 해석 체계의 근간을 이루고 있음을 확인할 수 있다. 성경 해석의 오류는 이렇듯 엄청난 파괴적 결과로 드러날 수 있다.

"예수께 죽도록 충성하는 순교자들"이라는 8장의 제목은 위와 같은 성경 해석과 매우 밀접한 관계가 있다. 이 제목은 이스라엘과 이슬람 국가들, 그리고 국제 연합군의 전쟁이라고 하는 아마겟돈 전쟁과 같은 상황이 벌어지면—실제 아마겟돈 전쟁은 그런 의미를 갖지 않음에도—그 싸움에 임하는 자들에게 순교가 불가피하다는 것을 시사한다. 그래서 그는 "종말에 순교자들이 많을 것이다"라고 한다. 실제 전투의 상황에서 죽기까지 충성하라는 요청을 하고 있는 것이다.

이와 관련해 그는 "이 전쟁에서 세계의 많은 나라들이 예루살렘을 공격하게 되면, 그제서야 이스라엘 사람들은 복음주의 그리스도인들만이 그들의 우방인 것을 알게 될 것이다"라고 한다. 이것을 다르게 말하면 '복음주의 그리스도인들이라면 이 전쟁에서 이스라엘의 우방이 되어야 한다'는 뜻이다. 인트레이터는 자신의 주장에 동의하지 않는 사람뿐만 아니라 세계 전쟁에서 이스라엘의 편에 서서 예루살렘을 지키지 않는 사람 모두를 복음주의 그리스도인이 아니라고 할 작정인 것 같다. 이스라엘-예루살렘 중심적 사고가 성경에 근거하고 있다고 철저하게 믿는 인트레이터가 그것을 따르고 그것을 위해 순교를 각오하는 자만이 복음적인 그리스도인이라고 생각하는 것은 당연하다. 그러나 과연 이스라엘-예루살렘 중심적 사고가 성경적으로 건전한지는 숙고해보아야 할 것이다.

새로운 '엘리야 시대'를 가져오는 사람들(9장)

인트레이터는 9장에서 최초로 '대체신학'이란 용어를 사용한다. 대체신학이란 말 그대로 교회가 이스라엘을 대체했다는 것이다. 그는 이 '대체신학'에 대해서 "만일 교회가 마지막 때에 이스라엘 편에 선다면, '대체신학'은 근절되어야만 한다"고 주장한다.[62] 그러나 대체신학은 근절될 필요가 없다. 왜냐하면 대체신학은 존재하지 않기 때문이다.

'대체신학'은 혈통적 이스라엘의 회복을 주장하는 사람들의 입장에서 사용하는 용어일 뿐이다. 이것은 전천년설을 주장하는 입장에서 자신이 주장하는 천년설이 없다 하여 무천년설이라고 말하는 것과 동일한 양상이다. 사실 무천년설은 정확한 말이 아니며, 무천년설이라는 신학 자체가 존재하지 않는다. 왜냐하면 무천년설이란 말의 뜻은 천년왕국이 없다는 뜻인데, 소위 무천년설을 주장하는 사람들도 천년왕국이 없다고 생각하지는 않기 때문이다. 단지 전천년설을 주장하는 사람들의 입장에서 주장하는 그 천년왕국이 없을 뿐이다. 소위 무천년설은 지금 초림과 재림 사이의 지금 시대가 천년왕국 시대라고 생각한다. 그래서 '무천년설'이 아니라 '현천년설'present millenium이란 용어가 정확하다.

　'대체신학'을 규정하는 경우에도 이와 동일한 양상이 발생한다. 사실 교회가 이스라엘을 대체하는 측면은 있다. 그러나 인트레이터처럼 '대체신학'을 규정하는 사람들이 주장하는 방식의 대체는 아니다. 인트레이터가 '대체'라고 할 때, 그것은 구약과 신약의 불연속성만을 염두에 둔 것이기 때문이다. 물론 구약과 신약 사이에는 어떤 불연속성이 분명히 존재하며, 신약의 교회는 그리스도의 구속 사역으로 말미암아 구약의 이스라엘이 경험할 수 없는 탁월한 시대를 경험한다. 그래서 구약의 마지막 주자인 세례 요한은 자신을 '신부의 친구'에 비유하며 예수님과 신약 교회 공동체의 출현을 환영했다.

　신부를 취하는 자는 신랑이나 서서 신랑의 음성을 듣는 친구가 크게 기뻐하나니 나는 이러한 기쁨으로 충만하였노라_요 3:29.

　　백투예루살렘 운동, 무엇이 문제인가

그리고 세례 요한은 마침내 "그는 흥하여야 하겠고 나는 쇠하여야 하리라"(요 3:30)라는 멋진 말을 남겼다. 이것은 신약의 교회와 구약의 이스라엘 사이에 불연속적인 측면이 있음을 보여준다.

그러나 교회와 이스라엘 사이에는 연속성도 존재한다. 이스라엘과 교회의 관계는 약속과 성취의 관계이기 때문이다. 이것은 일반적인 '구약의 약속-신약의 성취'와 같은 맥락에서 이해할 수 있다. 이런 연결의 매개자는 바로 예수님이다. 예수님은 이스라엘의 회복을 위해 오셨다고 하면서 12사도를 통해 교회 공동체를 세우는 작업을 하셨다. 이처럼 예수님 자신이 구약의 이스라엘과 신약의 교회를 이어주는 징검다리 역할을 하신다. 예수님을 통해 구약의 약속들이 신약에서 재해석되어 나타나는 것이다. 물론 신약성경 저자들은 문맥에 따라 구약과 신약 사이, 다시 말하면 이스라엘과 교회 사이의 연속성을 강조하기도 하고 불연속성을 강조하기도 한다. 중요한 것은 둘 사이에 이 두 가지 측면이 모두 있다는 사실이다. 따라서 '대체신학'이라는 용어는 적절하지 않다.

그럼에도 불구하고 인트레이터는 교회가 이스라엘을 대체했다고 생각하는 사람들이 이스라엘의 회복을 기대하는 대신 염치없이 그 실족으로 인한 빈자리를 차지하려 한다고 생각한다.

교회는 이스라엘이 교회로 대체되었다고 생각하면 안 된다(롬 11:11). 이스라엘이 그 원래의 위치로 회복되기를 원해야 하는 것이다. 우리는 이스라엘의 완전한 회복을 기대해야지, 그들의 실족을 인해 그 자리를 대신하려고 해서는 안 된다.[63]

우리는 여기에서 다시 한 번 '대체신학'에 대한 인트레이터의 왜곡된 편견을 발견할 수 있다. 내가 알기로는 '교회가 이스라엘의 성취'라는 개념을 가진 사람 중, 인트레이터의 우려처럼 이스라엘의 실족으로 말미암은 빈자리를 차지하려는 생각을 가진 사람은 한 사람도 없다. 그들은 도리어 이스라엘을 대체했다는 얄팍한 만족감이나 안도감이 아니라, 이스라엘과 함께하신 하나님의 유구하고 영광스러운 구속 역사의 전통을 이어받았다는 기쁨과 감격 가운데 있다. 동시에 그것을 성취하여 하나님의 계획 속에서 더욱 탁월하신 차원으로 끌어올려 졌다는 것에 대한 더 큰 감격과 감사 가운데 있다.

그러나 인트레이터의 생각은 정반대다. 인트레이터의 표현을 그대로 사용하면, '이방 교회'는 유대인들을 위해 존재한다.[64] 그는 참감람나무와 돌감람나무 비유를 문자 그대로 이스라엘과 이방 교회의 관계에 적용한다. 여기에서 '이방 교회'라는 용어 자체가 매우 비성경적임을 확인하고 넘어가면 좋겠다. 어떻게 예수님이 오셨는데도 이방인과 유대인의 구별이 유효하다는 말인가? 바울은 유대인이나 이방인도 없고, 남자나 여자도 없고, 종과 자유자도 없으며 오직 그리스도 안에서 모두가 하나라고 하지 않았는가?(갈 3:28) 그런데 어떻게 이방 교회를 따로 구별하려고 하는지 모르겠다.

인트레이터는 로마서 11:26a—"그리하여 온 이스라엘이 구원을 얻으리라"—을 인용하면서 '그리하여'라는 접속사에 의해 무엇인가 선행되어야 한다고 주장한다. 그리고는 그 선행조건으로 교회

   백투예루살렘 운동, 무엇이 문제인가

의 태도 변화를 제시한다. 교회가 이스라엘의 회복을 위한 하나님
의 신실하신 언약을 믿어야 한다는 것이다.

> 종말의 이스라엘 회복에 대한 계시를 교회가 받아야 이스라엘이 구원
> 을 얻게 되는 길이 열릴 것이며, 그 다음 그것이 예수의 재림을 이끌
> 어낼 것이다(롬 11:25).[65]

인트레이터는 교회가 유대인에 대해 '역설적인 처지'에 놓여
있다고 한다. 그 이유는 교회가 유대인의 저항을 받지만 동시에
유대인의 구원을 위해 필요하기 때문이다.[66] 이처럼 인트레이터에
게 교회 공동체는 하나님 나라의 이등 국민에 불과하다. 모든 것
이 유대인을 위할 뿐이다.

그런데 정말 놀라운 것은 이스라엘의 회복에 대한 계시를 교회
가 받을 때 예수님의 재림을 이끌어낼 수 있다는 발언이다. 이는
앞에서 "예루살렘 없이 예수님의 재림이 없다"고 한 것과 맥을 같
이한다. 이런 관점에서 보면 이스라엘의 회복과 예수님의 재림은
철저한 인과관계에 있다. 즉 예수님의 재림이 이스라엘-예루살렘
의 회복에 종속되는 것이다. 또한 이것은 예수님의 재림을 가능하
게 하는 이스라엘의 회복을 위한 모든 수단과 방법을―그것이 무
엇이든지 간에―정당화하는 위험성을 안고 있다. 그것이 전쟁일
지라도 말이다.

뿐만 아니라 이런 논리적 관계를 맹신하면 재림의 시점을 가
늠하고자 하는 유혹(?)에서 벗어나기가 어렵다. 성경 그 어디에도

예수님의 재림의 시점을 알리지 않았고, 그 시점을 알 수도 없을 것이라고 말씀하는데도 많은 사람들이 성경의 가르침을 무색하게 만드는 이유다. 어떤 사람들은 인트레이터와 비슷한 관점에서 마태복음 24:32-33의 무화과나무 비유를 근거로 1948년 이스라엘의 독립이 종말의 징조라고 호들갑을 떤다. 그들은 이스라엘의 독립에도 예수님의 재림이 계속 늦어지자 이스라엘의 육적 회복 외에 영적 회복이 남아 있다고 하면서 난맥상에 대한 새로운 대안을 제시하기 바쁘다. 그러나 그 어떤 경우에도 예수님의 재림과 이스라엘의 회복은 아무런 관계가 없다. 거듭 언급하지만 마태복음 24:32-33의 무화과나무 비유는 이스라엘의 회복에 대한 내용이 아니고 도리어 이스라엘의 심판에 대한 메시지다.

또한 로마서 11:26의 "모든 이스라엘이 구원을 받으리라"라는 말씀은 인트레이터의 주장과 같은 의도로 기록된 것이 아니다. 앞에서는 간단하게 다루었던 내용인데, 여기에서 자세히 살펴보도록 하자. 로마서 11:26의 말씀은 넓게는 로마서 전체의 문맥에서, 좁게는 9-11장의 문맥에서 관찰해야 한다. 그렇지 않고 이 말씀만 덩그러니 놓고 보면 온갖 추측과 왜곡이 난무할 수 있다. 사실 문맥을 중시하는 것은 모든 성경 본문을 해석하는 기본적 태도다. 그런데 혈통적 이스라엘의 회복을 주장하는 사람들은 거두절미하고 이 본문을 본다. 그리고는 이 본문이 자신들의 입장을 강력하게 지지해 준다고 주장한다. 그러나 바울이 로마서 전체를 쓰면서 어떤 구상을 가지고 있었는지를 생각해보라! 바울은 이미 1-2장에서 혈통적 이스라엘의 존재를 거부한다. 그 절정은 로마서 2:28-29이다.

     백투예루살렘 운동, 무엇이 문제인가

^{28}무릇 표면적 유대인이 유대인이 아니요 표면적 육신의 할례가 할례가 아니니라 ^{29}오직 이면적 유대인이 유대인이며 할례는 마음에 할지니 영에 있고 율법 조문에 있지 아니한 것이라 그 칭찬이 사람에게서가 아니요 다만 하나님에게서니라_롬 2:28-29.

'유대인'이 그렇게 중요한가? 이 말씀에 의하면 표면적 유대인이 유대인이 아니다. 이면적 유대인이야말로 진정한 유대인이다. '할례'가 어떤 중요한 의미를 가지는가? 할례 역시 겉으로 드러난 할례가 문제가 아니다. 진정한 할례는 마음에 하는 할례다. 그 기준은 누가 정하는가? 진정한 유대인과 진정한 할례는 인간이 결정하는 것이 아니라 하나님이 결정하신다. 이것은 구약 시대를 넘어 신약 시대에 주어진 새로운 환경이다. 곧 표면적인 표시에 의해 하나님의 백성을 구분하던 시대가 지나가고 내적 표시에 의해 하나님의 백성이라고 불리는 시대가 도래한 것이다.

보이지 않는 내적 상태를 가지고 어떻게 하나님의 백성을 분별해낼 수 있을까? 그것은 하나님이 마음의 중심을 보시기에 가능하다. 그렇다면 하나님이 보시는 것은 무엇인가? 그것은 율법의 행위가 아니라 오직 예수님을 믿는 믿음이다. 곧 유대인으로서의 태생적 신분이 아니라, 오직 예수님을 믿는 믿음에서 출발한다. 그런 사실을 설명하는 것이 바로 로마서 3:21-22이다.

^{21}이제는 율법 외에 하나님의 한 의가 나타났으니 율법과 선지자들에게 증거를 받은 것이라 ^{22}곧 예수 그리스도를 믿음으로 말미암아 모든

믿는 자에게 미치는 하나님의 의니 차별이 없느니라_롬 3:21-22.

율법과 선지자들에게 증거를 받은 하나님의 한 의가 나타났다. 그것은 바로 그리스도를 믿는 믿음으로 말미암아 모든 믿는 자에게 유효한 하나님의 의다. 로마서 3:21-22 이후의 내용들은 바로 이 명제를 구체적이고 자세하게 설명해나가고 있다.

그런데 여기에서 문제가 하나 발생한다. 신실하신 하나님이 이스라엘을 포기하셨는가? 구약의 그 수많은 언약의 말씀은 공중분해되었는가? 아마 바울은 회당에서 말씀을 가르칠 때 유대인들로부터 이런 질문을 받았을 것이다. 우리는 그 흔적을 유대인의 유익과 할례의 유익에 대해 간단하게나마 언급하고 있는 로마서 3:1—"그런즉 유대인의 나음이 무엇이며 할례의 유익이 무엇이냐"—에서 발견할 수 있다. 그러나 이후 로마서 8장에 이르기까지 바울은 예수님을 통해 도래한 믿음으로 말미암는 의에 대해 장엄하고 아름다운 설명을 일관되게 시도한다. 그리고 9장에 이르러서 하나님의 신실성을 변호하기 위해 구약에서의 이스라엘이라는 주제를 다루기 시작한다.

로마서 9-10장은 먼저 이스라엘의 불순종으로 인한 실패와 남은 자를 다룬다. 이 두 개의 주제는 서로 밀접하게 연결되어 있다. 구약에서 하나님은 이스라엘의 불순종으로 인해 그들을 버릴 수도 있으셨지만 남은 자를 택하셔서 하나님의 신실하심을 나타내셨다. 로마서 11:26의 "온 이스라엘이 구원을 받으리라"라는 말씀은 바로 '남은 자의 구원'을 의미한다. 이것은 아담 한 사람이 범

   백투예루살렘 운동, 무엇이 문제인가

죄하였지만 "모든 사람이 죄를 범하였다"(롬 3:23)고 말하는 것과 유사한 원리다.[67] 로마서 11:26의 '모든'도 각 개인을 포함하는 의미라기보다는 그들을 대표하는 남은 자를 전제한 '모든'일 수 있다. 성경의 문법상 얼마든지 '남은 자'가 '모든 이스라엘'이라고 불릴 수 있는 것이다.

그런데 그 남은 자는 그리스도를 믿는 믿음으로 말미암아 의롭게 되는 대상에서 예외가 아니다. 그들은 그리스도의 교회 공동체와 구별된 특별한 그룹이 아니라 교회 공동체의 일원이다. 이는 갈라디아서 3:28의 "그리스도 안에서는 유대인도 없고 이방인도 없다"는 말씀과 일치한다. 따라서 로마서 11:26을 근거로 혈통적 유대인의 회복을 주장하는 것은 억지에 불과하다.

이런 점에서 인트레이터가 현재 이스라엘 국민 중 믿는 사람들을 '이스라엘의 남은 자'라고 한 것은 적절한 표현이라고 판단된다.[68] 그러나 그들은 그 자체로 특별한 그룹이 아니라 신약의 우주적 교회 공동체의 일원일 뿐이다. 우리는 그들을 통해 이스라엘을 포기하지 않으신 하나님의 신실하심을 본다. 이 관점은 그들이 하나님 나라의 회복을 위한 핵심적 역할을 감당하기 위해 부름받은 사람들이라고 생각하는 인트레이터의 입장과 차이가 있다.

인트레이터는 11:1의 "그럴 수 없느니라"라는 부정적 답변이 "이스라엘의 예언적 사명이 끝난 것인가에 대한 사도 바울의 대답"이라고 하면서 본문의 의미를 왜곡한다. 그러나 여기에서 부정되는 것은 이스라엘의 예언적 사명이 아니라 하나님과의 관계가 소멸되었을 가능성이다. 로마서 11:1은 바로 앞의 10장에서 백성

아닌 자들을 하나님의 백성으로 삼으셨다는 문맥을 배경으로 한다. 즉 하나님이 이방인들을 당신의 백성으로 삼으셨다고 해서 이스라엘을 버리신 것은 아니라는 말씀이다. 바울은 이런 하나님의 신실성을 '남은 자'를 통해—엘리야 시대에 바알에게 무릎 꿇지 않은 칠천 명을 예로 들어—설파한다(롬 11:3-4). 그리고 그 남은 자조차도 행위가 아닌 은혜로 택하심을 따라 된 것임을 지적한다(롬 11:5). 이스라엘은 그들이 구하는 것을 얻지 못하지만 택하심을 받은 남은 자는 하나님의 의를 얻는다(롬 11:7). 그리고 이 남은 자는 정체되어 있는 집단이 아니라 유대인이 존재하는 한 모든 시대에 걸쳐서 지속적으로 덧붙여질 것이다.

그런데 인트레이터는 현재 이스라엘에 믿는 자들의 숫자가 실제로 칠천 명이라고 헤아리며, 그 수를 엘리야 시대의 남은 자 칠천 명과 평행적으로 연결시켜 그들이 새로운 엘리야 시대를 가져오는 사람들이라고 주장한다. 도대체 어떻게 이런 해석이 가능할까? 이것은 성경적 사건과 현실 정황을 혼동한 결과라고 볼 수 있다. 그리고 이런 혼동은 성경을 문자적 성취로만 보려고 하기 때문에 발생한다. 인트레이터는 엘리야 시대의 남은 자 칠천 명이 곧 오늘날 유대인 중 믿는 자 칠천 명에서 성취되었다고 믿고 싶은 것이다. 그러나 그런 주장이 사실이라면 현재 믿는 유대인의 숫자가 정확하게 칠천 명이어야 할 것이다. 이에 대하여 인트레이터 자신도 그 숫자를 정확하게 확인하지 못하고 있다. 그가 말하는 것은 "대략 칠천 명 정도"다.[69]

더 우려스러운 해석은 요한계시록 11장의 두 증인에 대한 것이

백투예루살렘 운동, 무엇이 문제인가

다. 인트레이터는 두 증인이 세계 기독교회―그의 이전 표현에 의하면 이방 교회―와 이스라엘 나라를 의미하는 것으로 유념하는 것이 좋다고 한다.[70] 그러면서 이스라엘과 교회가 하나님의 목적을 증거하도록 임명받은 두 예언체라고 한다. 솔직하게 말해, 그는 최소한의 본문 관찰조차 간과한 채 현재적 상황에 대한 자신의 주관적 판단으로 본문을 해석하고 있을 뿐이다.

두 증인의 의미는 무엇일까? 요한계시록 11:4에서는 두 증인을 '두 촛대'라고 한다. 요한계시록에서 '촛대'는 교회를 의미하는 것으로 사용된다. 이것은 요한계시록 1:20에서 "일곱 촛대는 일곱 교회"라고 밝힌 것을 통해 알 수 있다. 그렇다면 요한계시록 11:4에서는 왜 일곱 촛대가 두 촛대로 바뀌었는가? 그것은 두 증인의 '둘'이라는 숫자를 유지하기 위해서다. '둘'이라는 숫자는 성경에서 '증인'의 의미를 갖는다. 왜냐하면 성경에서 합법적 증언이 성립할 수 있는 최소한의 숫자가 바로 '둘'이기 때문이다. 즉 두 증인은 증거하는 공동체로서의 교회 공동체를 상징적으로 표현한 이미지라고 할 수 있다. 따라서 두 증인을 세계 기독교회와 이스라엘 나라로 해석하는 것은 성경적 근거가 없는, 성경적 의미를 벗어난 주장이다.

인트레이터는 두 증인을 근거로 세계 기독교회와 이스라엘 나라 사이의 긴밀한 관계를 구약의 룻과 보아스의 관계에 비유하면서 운명적 결속을 주장한다.[71] 여기서 운명적 결속이란 결국 혼인 관계를 의미하는 것으로서 "교회는 예수와만 결혼한 것이 아니라 이스라엘 민족과도 결혼한 것으로 나타나" 있다는 것이다.[72] 그는 이 진술의 근거로 에베소서 2:14-15을 제시한다.

> [14]그는 우리의 화평이신지라 둘로 하나를 만드사 원수 된 것 곧 중간에 막힌 담을 자기 육체로 허시고 [15]법조문으로 된 계명의 율법을 폐하셨으니 이는 이 둘로 자기 안에서 한 새 사람을 지어 화평하게 하시고_엡 2:14-15.

그러나 이 말씀은 이방인과 유대인의 구별과 차별을 예수님의 십자가 사건으로 제거했다는 말씀이다. 따라서 이 본문은 오히려 인트레이터가 말하려는 지상의 예루살렘과 혈통적 이스라엘 중심적 사고를 근거 없는 것으로 만들어버리기에 매우 유효하다.

인트레이터가 주장하는 혼인 관계 같은 결속은 바울이 말하는 그리스도 안에서 아무런 차이나 구별이 없는 하나와는 거리가 멀다. 도리어 더 극적 구별과 차별을 유도한다. 그의 발언을 살펴보자.

> 이방의 신앙 공동체에게 이스라엘의 위치를 깨닫도록 촉구하는 이 선지자적인 요청은 유대 민족을 인종적으로 더 좋아해달라는 것이 아니라 하나님의 절대 주권에 대해 순복하기를 요청하는 것이다. 그것은 예루살렘을 이 땅에서 하나님의 보좌가 있는 곳으로, 그리고 예수를 유대 민족의 왕으로 인정하는 것이다.[73]

그러나 지상의 예루살렘을 하나님의 보좌가 있는 곳으로, 예수님을 유대 민족의 왕으로—만왕의 왕이시요 만주의 주라기보다

는—인정하게 되면 나머지 다른 민족이 속한 교회는 열등한 존재
가 되고 말 것이다. 이것이 어떻게 예수님과 교회 사이의 혼인 관
계, 사랑과 섬김의 공평한 관계로서 성립되는 연합과 동일시될 수
있는지 이해할 수 없다. 또한, 요한계시록에서 두 증인의 사역은
하나님의 심판에도 불구하고 회개하지 않던 세상 나라가(계 9:21)
하나님의 나라가 되도록(참고. 계 11:15) 권세를 받아 회개의 복음
을 선포하는 것이다. 그런데 이를 두고 예루살렘을 하나님의 보좌
가 있는 곳으로 인정하도록 하는 사역으로 간주하는 것은 지나친
예루살렘 중심적 사고의 결과로서 본문을 치명적으로 왜곡한다.

결국 그는 "이스라엘 나라가 예수를 믿지 않는다면, 이스라엘
정부의 권위가 어떻게 예수의 지상 권위의 기반이 될 수 있을까?
그 대답은 그렇기 때문에 우리가 이 이스라엘 땅에 복음을 전해야
한다는 것이다. 그것이 우리의 최우선 사명이다"라고 한다. 이런
진술을 요한계시록 11장의 두 증인에 대한 그의 해석과 연관시켜
보라. 인트레이터는 교회가 이스라엘의 복음화를 위해 부르심을
받았다고 보는 것이 확실하다.

최근에 지인 한 분이 이스라엘의 복음화를 위해 예루살렘에 선
교사로 떠났다. 혹시 그분도 그런 이유와 동기를 가지고 있는 것은
아닌지 염려스럽다. 물론, 이스라엘도 선교의 대상이 되어야 하는
것은 맞다. 그러나 이스라엘을 그 어떤 선교 대상국 가운데 우선시
해야 할 필요는 없다. 왜냐하면 이스라엘은 더 이상 구약의 이스라
엘이 아니기 때문이다. 오늘날, 이스라엘을 하나님의 통치가 특별
히 임하도록 택함 받은 국가로 취급해야 할 이유는 하나도 없다.

인터레이터는 9.11사태를 주후 70년의 성전 멸망 사건과 평행적 관계로 보면서 성전 멸망이 시대의 끝을 알리는 상징이었다면 9.11은 새로운 역사의 시대로 접어들고 있음을 나타낸다고 한다.[74] 9.11사태는 영적 전투가 고조되고 있음을 보여준다는 것이다. 10장에서 인트레이터는 이처럼 이스라엘 회복의 정황을 영적 전투의 정황으로 이해하는 자신의 관점을 가감 없이 드러내고 있다. 그가 이 대목에서 성경 본문의 내용·의도와는 상관없이 어떻게 자신의 전제된 이스라엘-예루살렘 중심적 해석을 전개하는지 관찰하는 작업은 흥미롭기까지 하다.

먼저 그는 요한계시록 12장에서 '여인'과 '용'의 대치 상태를 근거로 영적 전투의 정황을 포착한다. 그러나 그는 여기에서 이스라엘과 관련된 영적 전투에 대한 주제를 이끌어내지는 않는다. 대신 요한계시록 13:1-2의 짐승을 주제로 그 이야기를 다시 제기한다. 인트레이터가 보기에 이 짐승은 "테러리스트들이 그리스도인들과 이스라엘인들에 대항하여 공격하도록 부추긴 장본인이다." 이 얼마나 이스라엘 중심적 해석인가? 또한 그는 테러의 문제를 정치적 문제가 아니라 종교적 문제로 비화시켜버린다. 그 어떤 분쟁도 종교적 문제로 비화되면 해결의 실마리를 찾기 어려운 교착 상태에 빠져버릴 수 있다. 우리는 이미 중세의 십자군 운동 따위를 통해 수많은 교훈을 얻지 않았는가?

인트레이터는 이스라엘을 대적하는 세력의 판도 변화를 열거하면서 1930-1940년대에는 이 짐승의 영이 대부분 나치즘에서 발견되었고, 1950-1970년대는 공산주의에서, 그리고 현재는 이슬람 무장단체에서 발견된다고 하면서 이러한 무장단체가 외교적으로 유엔UN과 결탁할 것을 우려한다. 그러면서 인트레이터는 그 짐승의 소리가 2001년 8월 남아프리카공화국 더반Durbin에서 열린 유엔 인종차별에 관한 회의에서 들린 것 같다고 추정하면서 "이 회의에서 이슬람 근본주의자들은 이스라엘을 비난하는 국제적인 연합세력을 결성하고자 했다"고 주장한다.[75]

더반에서 열린 인종차별철폐회의에 대해서는 실제로 많은 논란이 일었다. 또한 이스라엘에 대한 의도적인 공격이 있었던 것은 사실이다. 그러나 이스라엘이 팔레스타인을 차별함으로써 그 모든 사태의 빌미를 제공한 것도 사실이다.[76] 상식을 가진 그리스도인이라면 이런 사안에 대해 어떻게 접근해야 할까? 한쪽으로 기울지 않는 형평성을 가지고 접근해야 할 것이다. 그러나 인트레이터처럼 이것을 요한계시록 13장의 짐승이 부추기는 영적 전투로 간주하는 접근은 상식적으로도, 성경 해석적으로도 완전히 균형을 잃었다고 할 수 있다.

요한계시록 13장은 두 짐승을—1-8절에서 첫째 짐승을, 11-18에서는 둘째 짐승을—소개한다. 인트레이터가 말하는 짐승은 아마도 첫째 짐승인 듯하다. 요한계시록은 첫째 짐승을 묘사하면서 세 가지 자료와 배경을 사용한다. 먼저 다니엘 7장의 네 마리 짐승이다. 요한계시록 13:1의 "뿔이 열이요 머리가 일곱"이라는 것과 13:2의 "표범과 비슷하고 그 발은 곰의 발 같고 그 입은

사자의 입과 같다"는 것은 다니엘 7장에 나오는 네 짐승의 모습과 연결된다. 다니엘 7장은 네 짐승을 하나님을 대적하고 하나님의 백성을 핍박하는 세력으로 소개한다. 그리고 그 특징은 요한계시록 13장의 짐승에게도 동일하게 적용된다.

두 번째 자료는 예수님이다. 요한계시록 13:3은 그 짐승의 머리 하나가 "죽게 된 것 같더니"라고 표현한다. 이 표현은 요한계시록 5:6의 어린 양이 "죽임을 당한 것 같다"라고 할 때와 동일한 표현이다. 요한계시록은 이를 통해 그 짐승이 예수님과 필적할 만한 능력과 권세—12장에 등장하는 용이 수여한—를 가지고 있음을 시사해준다. 그러나 짐승이 '죽임을 당한 것 같은 것'은 죽었다가 살아났다는 의미가 아니다. 단지 '죽을 뻔'한 것이다. 짐승은 예수님의 완전한 죽음과 부활을 흉내 낼 뿐이다. 이처럼 요한계시록은 악의 세력을 묘사함에 있어 예수님과 대응하는 대상으로 묘사하고 있다.

짐승의 묘사에 사용된 세 번째 자료는 네로 황제다. 요한계시록 13:3의 "상하여 죽게 된 것 같더니 그 죽게 되었던 상처가 나으매"라는 말은 유대 문헌에 기록되어 있는 네로의 귀환 이야기가 반영되었다고 볼 수 있다. 이 이야기에 의하면 네로는 권좌로부터 축출당한 후, 귀향을 가 있는 동안 살해당할 위기에 처하지만 살아남아 군대를 이끌고 다시 로마로 돌아온다. 이런 자료가 죽음의 위기를 극복해가는 짐승의 능력을 묘사할 때 사용된 것이다. 뿐만 아니라 요한계시록 13:17-18에서 짐승의 이름, 혹은 그 이름의 수가 666이라고 했는데 그 수는 네로 황제의 이름을 숫자로 환산한 값과 일치한다.

그렇다면 짐승의 묘사에서 왜 하필 네로가 모델이 되었을까? 그 이유는 네로 황제가 가지고 있는 특별한 이미지 때문이다. 네로는 기독교를 공식적으로 박해한 최초의 로마제국 황제다. 즉 요한계시록은 교회 공동체를 핍박하는 세력의 한 축인 로마제국 황제의 면모를 극대화하기 위해서 박해자의 대명사인 네로를 짐승의 모델로 내세운 것이다. 또한 당시 황제 숭배의 도전이 얼마나 극렬한가를 보여주기 위해서다. 결국 666이라는 짐승의 표를 받는 것은 곧 네로 황제에 의해 대표되는 황제 숭배에 대한 굴복을 의미한다. 왜냐하면 누군가의 이름을 새긴다는 것은 그 이름에 종속된다는 것을 의미하기 때문이다. 이처럼 13장의 짐승은 황제 숭배의 실상을 알리고 그러한 배도 행위를 거부할 것을 촉구하기 위해 기록되었다고 할 수 있다. 이 짐승에 대한 이야기를 오늘날의 이스라엘에 대한 테러에 적용할 이유와 근거가 하나도 없는 것이다.

테러와 선전에도 흔들리지 않는 화해의 복음(11장)

이 장에서 인트레이터는 자살 폭탄 테러를 비롯한 팔레스타인의 저항 운동을 비도덕적·비윤리적 행위로 규정한다. 반면 이스라엘 방어군은 도덕적이고 윤리적이라는 것을 다섯 명의 병사와의 인터뷰 내용을 통해—그들의 높은 도덕적 자질들을 부각시켜—보여준다. 제 삼자가 언뜻 보기에 이러한 내용들은 정치적·국가적 갈등이 반영된 내용이다. 그러나 인트레이터 본인은 자신이 그런 차원에서 말하고 있다는 사실을 전혀 자각하지 못한다.

특별히 그는 이스라엘 군대가 피난민 수용소를 공습한 '예닌 사건'을 학살로 규정한 인권단체들의 발언과 2002년 4월 30일자 「월스트리트 저널」에 게재된 제롬 마커스의 기사를 테러리즘의 선전이라고 비난한다. 그리고 이스라엘의 관점에서 '예닌 사건의 진상'을 밝히면서 테러리즘의 포학성을 설명한다.[77] 정치적 문제를 끝까지 이스라엘의 회복이라는 맥락에서 다루려고 하는 것이다. 그는 앞에서도 9.11사태를 비롯, 팔레스타인 테러와 같은 행위들이 짐승의 사주를 받은 것으로 그 배후가 바로 짐승이라고 말한 바 있다. 이제 인트레이터의 독자들은 정치적 갈등 상황을 마주할 때마다 영적 전투의 정황을 떠올릴지도 모른다.

그런데 인트레이터는 흥미롭게도, 혹은 당황스럽게도 갑자기 화해의 주제를 제기한다. 화해 자체는 매우 중요하고 필요하다. 하지만 이 맥락에서 화해는 뜬금없다. 소위 팔레스타인의 테러리스트와 팔레스타인 주민들의 정서적 유대를 무시할 수 있을까? 그런데도 인트레이터는 팔레스타인 테러리스트들이 왜 테러를 자행했는가에 대한 근본적인 이유를 도외시한다. 그들은 과거 유대인들의 처지와 비슷하게 난민으로서 매우 비참한 삶을 살고 있으며 독립된 국가의 구성을 원하고 있다. 그 꿈이 이스라엘로 인하여 좌절되고 있는 현실을 생각하면, 그들의 테러는 침략자를 몰아내고 나라를 이루기 위한 처절한 몸부림에 지나지 않는다. 입장을 바꾸어놓고 생각하면 해석은 전혀 달라질 수 있다.

물론 이스라엘도 나름의 사정이 있을 것이라고 본다. 두 진영이 타협을 이루기에는 제 삼자가 파악할 수 없는 실제적 어려움들이 있을 수밖에 없다. 그러나 문제는 인트레이터가 주장하는 것처럼 이스라엘 중심적으로 상황을 바라보면 그 해결점을 찾기가 더욱 묘연해진다는 것이다. 팔레스타인과 이스라엘 사이의 평화 협정 자체도 버거운 과정을 겪고 있는데, 여기에 영적 전투의 정황을 적용하는 왜곡된 관점으로 사태를 더 복잡하게 만들 이유가 없다.

만왕의 왕으로 오실 최고의 통치자 예수(12장)

인트레이터는 이스라엘의 왕과 만왕의 왕에 대해 다음과 같은 주장을 한다.

예수께서 다시 오실 때, 그분은 이스라엘의 왕과 만왕의 왕으로서 자리를 다시 취하실 것이다. 오늘날 미국이 세계에서 가장 강력한 통치력을 지닌 국가이기에, 지금 미국의 대통령은 미국의 왕으로서와 왕 중 왕으로서 권위를 동시에 행사하고 있다. 그러나 예수께서 재림하시면 이스라엘은 전 세계 중에 가장 강력한 국가가 될 것이고, 이스라엘의 최고 통치자 예수는 이스라엘의 왕과 동시에 만왕의 왕이 되실 것이다. 오늘날의 미국 대통령은 왕 중의 왕으로서 예수의 역할을 담당하고 있으며, 이스라엘의 수상도 이스라엘의 왕으로서 예수의 역할과 직위를 대행하고 있는 것이다. 그러나 언젠가 이 두 직위가 하나로 통합될 것이다.[78]

그는 또한 현 이스라엘의 수상 직위는 다윗의 보좌가 회복된 것이라고 주장한다. 이런 주장은 1948년의 이스라엘 독립을 회복에 대한 구약의 예언이 문자적으로 성취된 것으로 보는 성경 해석에 근거한다. 그리고 인트레이터는 같은 맥락에서 다윗 왕권의 최초 계승자가 이스라엘의 초대 총리였던 다비드 벤 구리온(1886-1973)이라고 본다.[79] 나아가 미국 대통령에게는 '만왕의 왕'의 자격을, 이스라엘 수상에게는 이스라엘 왕의 자격을 부여한다.

인트레이터의 맹랑한 주장에 반대하여 세 가지만 언급하겠다. 첫째로, 세속 국가인 미국의 통치권과 이스라엘의 통치권을 예수님의 통치권의 대행으로 해석하는 것은 성경적 근거를 찾아보기 힘들다. 성경적 근거 없이 현상만을 가지고 성경을 해석하는 것은 혼란만 가중시킬 뿐이다. 아니, 성경적 근거는 차치하고 현상만으로 따져보자. 미국과 이스라엘의 통치권자는 능력 면에서는 그럴지 몰라도—사실은 이것도 동의하기 어렵다—그 인격과 사역 면에서 하나님-그리스도 중심적 속성을 보여준다고 말할 수 없다.

둘째로, 예수님이 재림하시면 이스라엘은 전 세계 중에 가장 강력한 국가가 될 것이라고 했지만 예수님의 재림은 모든 세속 국가와 통치자의 존재를 사라지게 만드는 것이다. 그때에는 오직 하나님 나라와 그 백성만이 존재한다. 그렇기 때문에 '비교 우위'를 차지하는 국가는 더 이상 존재하지 않는다. 가장 강력한 나라와 그렇지 않은 나라의 존재는 언제나 갈등의 불씨가 된다. 예수님의 재림은 새로운 창조의 완성으로서 그런 문제의 소지 없이 완벽한 피조 세계를 이루게 된다.

셋째로, 예수님의 오심이—재림은 물론이고 초림도—다윗 왕권을 문자적으로 성취하고 완성하기 위한 것이라면 예수님의 승천 직후부터 1948년 독립의 시점까지 이스라엘이라는 나라 자체가 없었던 것을 어떻게 설명할 것인가? 왜 이스라엘은 예수님에 의한 다윗 왕권을 전혀 유지하지 못했을까? 거의 2천 년 동안 이스라엘 국가의 소멸 상태가 지속되었다는 것은 예수님의 초림은 물론이고 1948년의 이스라엘의 독립 사건이 혈통적 다윗 왕권의 회복과 관계가 없다는 자명한 증거다. 예수님의 재림도 다윗 왕권의 문자적 성취와는 전혀 관계가 없다. 예수님은 이미 만왕의 왕이시고 이스라엘의 왕이시다.

인트레이터는 예수님이 재림하시면 이스라엘의 왕이 되셔야 하므로 재림 전에 반드시 선행되어야 할 것이 있다고 한다. 그것은 먼저 이스라엘 정부의 재건이고, 그 다음으로는 이스라엘의 영적 부흥이다.[80] 만일 영적 부흥이 없다면 이스라엘은 여전히 세속 국가로 남게 될 것이 분명하기 때문이다. 그런데 여기에는 몇 가지 성경적이지 않은 부분이 있다.

먼저, 재림하실 때 예수님은 초림과는 달리 심판주로 오신다(계 19:11-21). 그 심판은 하나님을 대적하는 세력에 대한 심판이다. 예수님은 이 심판으로 자신의 우주적 왕권을 만방에 드러내신다. 그런데 여기에는 누구의 준비나 도움도 필요하지 않다. 그 누구도 그분의 왕권을 확립하기 위해 어떤 일이나 사역을 도모할 수 없다. 예수님은 스스로 십자가를 지셨으며 그 십자가의 죽음을 통해 스스로 왕권을 확립하셨다. 재림 때도 마찬가지다. 예수님은 이 세상이 준비되어야 오시는 것이 아니라 스스로 오실 때를 정하신다. 따라서 이스라엘 정부의 재건과 부흥이 선행되면 예수님의 재림이 있게 될 것이라는 주장은 예수님의 왕권에 대한 제한, 혹은 침해로 간주될 수밖에 없다.

또 다른 문제는 신약성경에서 예수님의 재림을 소개하는 본문 중에 예수님이 이스라엘의 왕으로 오신다는 언급이 전혀 없다는 사실이다. 대신 예수님이 만왕의 왕, 만주의 주로 오신다는 표현이 등장할 뿐이다. 예수님의 재림에 대해 가장 자세하게 설명하는 본문 중의 하나인 요한계시록 19:11-21을 보자. 백마를 탄 자의 가장 잘 보이는 다리 부분의 옷에 "만왕의 왕이요 만주의 주"라는 이름이 있을 뿐, '이스라엘 왕' 혹은 '이스라엘'이라는 표현 자체가 등장하지 않는다. 인트레이터의 주장대로라면 이 재림의 장면에 이스라엘의 왕이라는 이름—혹은 어떤 암시라도—이 새겨져 있어야 설득력이 있지 않을까? 그러나 성경은 예수님을 이스라엘의 왕이 아니라 만왕의 왕이요 만주의 주로 나타낸다.

인트레이터는 '다윗의 후손', '메시아'의 문자적 의미에 고착되어 그 이상의 의미를 찾는 데 실패한다. 그래서 다음과 같이 진술한다.

그러므로 메시아의 사역은 다윗의 나라를 없애려는 것이 아니라 확장시키는 것이다. 메시아는 다윗의 왕위를 폐하는 것이 아니라 세우기 위해 오실 것이다. 그분은 다윗의 보좌를 제거하기 위해 오시는 것이 아니라 그 보좌에 앉기 위해 오실 것이다. 예수는 다윗에게 하신 하나

   백투예루살렘 운동, 무엇이 문제인가

님의 언약을 성취하시기 위해서 이 땅에 탄생하셨던 것이다.[81]

이 주장에 의하면 예수님의 초림과 재림은 다윗의 언약을 따라 다윗 왕조를 세우고, 확장하고, 완성하기 위한 것이어야 한다. 예수님이 언약을 따라 다윗의 왕권을 세우고, 확장하고, 완성하는 분이라면, 이스라엘 국가의 재건을 구체적인 목표로 하게 될 것이라는 말이다. 그러나 이것은 구약의 약속에 대한 문자적 해석이 낳은 기형적 해석일 뿐이다. 인트레이터는 신약성경의 어느 부분이 이러한 사실을 증거하고 뒷받침하는지 전혀 제시하지 않고 있다.

만일 인트레이터의 주장대로 예수님이 다윗의 나라를 확장하기 위해 오셨다면 왜 아무도 알아주지 않는 말구유로 오셨을까? 그리고 왜 십자가에서 처참하게 죽으셨을까? 더군다나 예수님은 오병이어의 기적을 일으킨 자신을 왕으로 삼으려는 군중들의 강청을 뒤로하고 홀로 조용히 산으로 가셨다. 예수님의 목적이 문자적으로 다윗의 왕권을 세우고 확장하고 완성하기 위한 것이었다면 예수님의 초림은 완벽한 실패였다. 그런데 인트레이터는 자신의 주장으로 야기될 수 있는 이런 심각한 문제들을 전혀 다루지 않는다.

신약성경에서 예수님의 십자가 죽음은 메시아로서 다윗의 왕권을 잇는 가장 핵심적인 사건이다. 그 방식은 다윗 왕의 경우처럼 무력으로 대적들을 물리치고 통치권을 행사하는 방식과는 전혀 다르다. 따라서 예수님의 메시아적 사역과 다윗 왕권의 회복을 평면적으로 연결하는 것은 불합리하다. 그럼에도 불구하고 인트

레이터는 한발 더 나아가서 예수님의 재림을 다윗이 왕위에 오르
는 과정과 평행적 관계로 설정하여 설명하려고 한다.

> 다윗은 왕이 되기 직전에 이스라엘 지파들과 유다 지파로부터 청함을
> 받았다. 이처럼 예수님도 이 땅에 재림하시기 전에, 세계 교회들(북이
> 스라엘 지파들이 상징하는)과 남은 자들인 믿는 유대인들(유다 지파
> 가 상징하는)로부터 청함을 받을 것이다.[82]

인트레이터는 여기에 덧붙여 사무엘하 5:3에서 "이스라엘을 다
스리는 통치권을 가진 유다의 장로들이 다윗을 왕으로 선포할 준
비가 될 때까지, 다윗은 기다렸다"는 패턴을 확대해석하여 "예수께
서 예루살렘 거민이 그를 왕으로 선포할 준비가 되어야 돌아오실
것이라고 하신 말씀은 이 장면을 염두에 두신 것이었다"고 한다.[83]

다윗의 왕위 등극 과정에 대한 묘사가 다윗의 후손으로 성육신
하시고 재림하시는 예수님의 모습을 일정 부분 묘사한다고 보는
것은 틀리지 않다. 그러나 인트레이터는 다윗의 왕위 등극 과정을
문자 그대로 예수님의 경우에 적용하려고 한다. 그는 다윗이 왕
이 될 때 이스라엘 지파와 유다 지파로부터 청함을 받았던 패턴대
로 예수님도 유대인들의 환영이 있어야 재림할 수 있다고 해석한
다. 사무엘하 5:3에 대한 해석도 같은 맥락이다. 그러나 구약의 말
씀을 예수님의 재림에 직접적·문자적으로 적용하는 것은 신약에
서 구약의 말씀을 다루는 일반적 원리에서 벗어난다. 예수님의 재
림은 하나님의 주권에 의해 결정되지, 다른 어떤 조건에 의해서도

　　　　　　　　　　　백투예루살렘 운동, 무엇이 문제인가

결정되지 않는다.

앞의 해석과 관련해, 그는 마태복음 23:39—"내가 너희에게 이르노니 이제부터 너희는 찬송하리로다 주의 이름으로 오시는 이여 할 때까지 나를 보지 못하리라 하시니라"—의 외침이 "왕의 즉위와 왕의 통치를 선포하는 것이며, 곧 함라카의 외침"이라고 정의한다. 그리고 이 외침이 빌라도 법정에서의 예수님을 거부하던 외침을 역전시킨다고 주장한다. 그는 "그날이 오면 이제 유대인들은 '그에게 십자가를'이라는 거부와 반역의 외침 대신 '그에게 왕관을'이라는 순종과 환호의 함성을 소리 높여 외칠 것이다"라고 내다본다.[84]

그러나 마태복음 23:39은 유대인들이 예수님을 환영하게 되는 재림의 상황을 예견하는 것이 아니다. 오히려 예수님 당시의 관점에서 '조건'을 제시하는 말씀이라고 보아야 한다. 곧 '주의 이름으로 오시는 이여'라는 문장은 조건절로서, 그런 환영의 고백이 있는 사람이라면 메시아이신 예수님의 진짜 모습을 볼 수 있다는 말씀이다. 그 조건이 충족되기 전에는 메시아 예수님을 볼 수 없다! 즉 예수님이 이 말씀을 하시는 시점에서 유대인들이 예수님의 진짜 모습을 볼 수 있는 가능성은 존재하지 않는다. 이처럼 마태복음 23:39은 당시 상황의 부정적 측면을 훨씬 강조한다.[85] 그러므로 마태복음 23:39을 유대인의 반역을 역전시키는 말씀으로 이해하는 것은 본문의 의미에 대한 왜곡이라고 단정하여 말할 수 있을 것이다.

정리

인트레이터는 여러 가지 내용들을 다루고 있지만, 그 특징은 다음
세 가지로 요약할 수 있다. 첫째, 인트레이터는 구약의 본문을 신
약의 기독론적 관점을 거치지 않은 채 오늘날의 이스라엘의 정황
에 직접적으로 적용하여 해석한다. 그는 신약의 본문조차도 문맥
속에서 이해하기보다는 오늘날 이스라엘의 정황에 적용하기에 급
급하다. 이것의 대표적인 예가 요한계시록 19:11, 13-15과 사도
행전 2:17-21; 마태복음 24:29-31 등을 다룬 것이다. 요한계시록
19:11, 13-15은 이사야 63:2-4과 관련되고, 사도행전 2:17-21은
요엘 2:28-32과 관련되며, 마태복음 24:29-31은 요엘 2:28; 스가
랴 12:10; 다니엘 7:13; 신명기 4:32; 30:4; 이사야 27:12-13을 인
용하고 있다. 인트레이터는 혈통적 이스라엘의 회복을 도출해내
기 위한 일념으로 이 모든 본문들을 사용한다. 그러나 정밀한 주
해 과정을 통해 살펴보면 이 본문들은 예수님의 구속 사역과 새로
운 이스라엘의 형성을 의미하는 것으로 규명된다.

둘째, 인트레이터의 예루살렘 중심적 사고방식과 성경 해석의
패턴은 매우 강고하다. "하나님은 예수님(사람)을 통해 이 땅에 당
신의 권위를 세우셨다. 또한 하나님은 예루살렘(장소)을 택하셨다.
따라서 사람뿐만 아니라 그 땅도 하나님의 권위를 상징한다. 우리
는 하나님의 택하신 사람과 택하신 장소를 받아들여야만 한다"라
고 한 것이나 "하나님의 권위를 나타내는 두 표현—'하나님의 사
람'과 '하나님의 장소'—은 하나님의 뜻에 순복하는가 아닌가를

   백투예루살렘 운동, 무엇이 문제인가

알기 위한 시험 수단이 된다. 하나님은 그분이 택하신 사람과 장소를 통해 사람 안에서 죄와 반역의 뿌리를 찾아내신다"라고 한 것은 그의 예루살렘 중심적 사고를 극명하게 보여주고 있다.[86] 특별히 "예수님께서 재림하실 이 지구상의 장소는 이스라엘의 예루살렘이다. 그렇기에 이스라엘이 없다면 재림도 있을 수 없다. 예수께서 이스라엘로 다시 돌아오실 때 빈 사막으로 오시는 것이 아니다. 그분은 유대인들이 2천 년 동안 유리방황하는 형벌 후에 그들의 고향으로 다시 돌아와 사막을 젖과 꿀이 흐르는 땅으로 재건한 이스라엘 땅으로 오시는 것이다"라고 한 것은 그의 강고한 신념(?)을 더욱 확실하게 보여주고 있다.[87]

마지막으로, 인트레이터는 이스라엘의 회복을 위해서는 전쟁도 불사할 수 있다는 입장을 보여준다. 이것은 다음 인용글에서 잘 드러난다.

나는 이들 메시아를 믿는 군인들이 종말의 격전에서 특별한 역할을 할 것이라고 믿는다. 그들은 가장 정확한 의미에서의 영적 전쟁의 최일선에 서 있다.…영적 전쟁은 하늘 군대에서 복무하는 천사들뿐만 아니라 이스라엘 방어군에 속한 군인들도 참여하고 있는 것이다.[88]

이처럼 그는 황당하게 이스라엘 방위군을 하나님 나라의 군대와 혼동해 그들이 하는 전쟁을 '영적 전쟁'으로 둔갑시킨다.

3

로버트 D. 하이들러의
『메시아닉 교회: 언약의 뿌리를 찾아서』

하이들러의 『메시아닉 교회: 언약의 뿌리를 찾아서』는 두 개의 부분으로 구성된다. 제1부 "잃어버린 유산을 찾아서"는 서론에 이어 1장 "하나님의 세우신 교회", 2장 "뿌리와 가지들", 3장 "초대교회의 종말", 4장 "교회가 잃어버린 것들", 그리고 5장 "부활의 과정"으로 구성된다. 제2부 "잃어버린 유산의 회복"은 서론에 이어 6장 "하나님의 가르침", 7장 "하나님의 안식을 누리기", 8장 "하나님의 생명의 사이클", 9장 "언약 안에 거하기", 10장 "거룩하게 살아가기", 11장 "하나님의 거처", 그리고 12장 "만물의 회복"으로 구성된다. 이 중 8-12장은 인트레이터와 중첩되는 부분이 많으므로 이 책에서는 1장부터 7장까지만 다루기로 한다.

하이들러는 1부의 서론에서 "교회가 유대적이지 않게 된 때가 정확히 언제였을까?"라는 문제를 제기하며 이야기를 시작한다.

그리고 교회가 유대적이지 않은 때는 없었다고 단언한다. 그는 사도행전 15장을 연구해보니 "사도들이 유대교로부터 분리될 의사가 전혀 없었음이 드러날 뿐이었다"라고 결론을 내린다. 그는 또 다른 근거로 사도행전 21:23-26을―바울이 결례를 행하는 장면을―제시하며 "계속해서 우리는 바울과 다른 교회 구성원들이 여전히 나실인의 서원을 하고, 유대의 의식을 거행하며, 안식일과 절기를 지키고, 예루살렘 성전에 제물을 드리는 것을 볼 수 있다"라고 한다.[1]

그러나 사도행전 15장에서 사도들이 유대교로부터 분리될 의사가 전혀 없었다고 단언하는 것은 본문을 너무 단순하게 이해하는 처사다. 사도행전 15장의 이슈는 1절에 나타난다.

> 어떤 사람들이 유대로부터 내려와서 형제들을 가르치되 너희가 모세의 법대로 할례를 받지 아니하면 능히 구원을 받지 못하리라 하니
> _행 15:1.

교회는 이 문제에 대해 적지 않은 다툼과 변론이 일어났기에 예루살렘에 있는 사도와 장로들의 조언을 받기로 한다. 전송을 받은 바울과 바나바가 예루살렘에 당도하자, "이방인에게 할례를 행하고 모세의 율법을 지키라 명하는 것이 마땅하다"라는 바리새파 출신 신자들의 주장에 직면한다(5절). 이런 저항은 당시의 기독교와 유대교가 대립했던 현실을 보여준다. 믿지 않는 바리새인은 물론이고 믿는 바리새인조차도 바울과 바나바의 가르침에 적대적

    백투예루살렘 운동, 무엇이 문제인가

감정을 감추지 않았던 것이다.

긴 토론 후, 베드로가 일어나서 상황을 정리한다. 그의 발언의 요지를 정리하면 다음과 같다. 첫째, 하나님은 이방인들이 복음을 듣고 믿게 하시려고 나(베드로)를 택하셨다(7절). 둘째, 하나님은 우리 유대인들에게와 같이 이방인에게도 성령을 주셨다(8절). 셋째, 믿음으로 이방인들의 마음을 깨끗이 하사 이방인이나 유대인을 차별하지 아니하셨다(9절). 여기서 '차별하지 않았다'는 것은 '구별differentiate하지 않았다', 혹은 '분리seperate하지 않았다'는 의미를 갖는다. 즉 더 이상 유대인과 이방인의 구별이 없다는 것을 명시한다. 마지막으로, 베드로가 한 발언의 백미는 바로 10절의 말씀이다.

> 그런데 지금 너희가 어찌하여 하나님을 시험하여 우리 조상과 우리도 능히 메지 못하던 멍에를 제자들의 목에 두려느냐_행 15:10.

지금 현장에 있는 바리새파 신자들은 하나님을 시험하는 자들이다. 그리고 자기들도 메지 못하는 율법의 멍에를 이방인들의 목에 두려고 하는 위선적인 자들이다.

이상의 내용에 의하면 사도행전 15장의 예루살렘 공회는 적어도 하나님의 백성이 됨에 있어서 유대교적 관습, 특별히 율법과 할례를 이방인에게 부과하는 것은 옳지 않다는 결론을 내렸다. 여기에서 율법과 할례가 유대교의 핵심적 요소임을 감안하면 이것은 실제적으로 유대교와의 결별을 의미한다고 할 수 있다. 그런데 이렇게 명백한 결별의 의지를, 발견할 수 없다고 주장한다면 본문을 올바로 관찰했다고 보기 어려울 것이다.

또한 사도행전 21:23-26 역시 하이들러의 주장과는 달리 교회와 유대교의 구별을 분명하게 시도하는 내용이다. 사도행전 21:21에 의하면 바울은 "모세를 배반하고 아들들에게 할례를 행하지 말고 또 관습을 지키지 말라 한다"고 소문이 나 있었다. 야고보는 서원한 네 사람을 바울에게 소개하면서 "결례를 행하고 그들을 위하여 비용을 내어 머리를 깎게 하라 그러면 모든 사람이 그대에 대하여 들은 것이 사실이 아니고 그대도 율법을 지켜 행하는 줄로 알 것이라"고 권면한다(24절). 여기에서 주의할 것은 야고보가 소문에서 언급된 '할례'를 행하라고 권면하는 것이 아니라 '결례'에 관한 것만을 언급하고 있다는 사실이다. 할례는 이미 예루살렘 공회에서 제외한 바 있고, 25절의 내용—"주를 믿는 이방인에게는 우리가 우상의 제물과 피와 목매어 죽인 것과 음행을 피할 것을 결의하고 편지하였느니라"—은 예루살렘 공회의 결정 사항을 상기시킨다. 바울은 야고보의 권면대로 형제들에게 결례를 행한다. 결례는 할례와는 달리 복음과 크게 상충하지 않는다고 판단한 것이다.

그렇다면 바울이 결례를 행하도록 하는 야고보의 권면을 따른 것은 하이들러의 주장대로 유대교와의 결별을 거부한 행위인가? 그렇게 볼 근거는 없다. 바울은 할례가 아닌, 허용할 수 있는 최대 범위로서의 결례를 행함으로써 기독교 복음의 본질을 벗어나지 않았다. 그것은 단지 최소한의 유대적 관습을 행함으로 불필요한 충돌을 피하기 위해서였다. 그러나 이런 노력에도 불구하고 유대

     백투예루살렘 운동, 무엇이 문제인가

인들은 바울에 대해 적대적 감정을 드러내며 "이 사람은 각처에서 우리 백성과 율법과 이곳을 비방하여 모든 사람을 가르치는 그 자인데 또 헬라인을 데리고 성전에 들어가서 이 거룩한 곳을 더럽혔다"(28절)라고 비방한다. 그리고 바울을 죽이려 들었다(31절). 이는 바울이 온전한 복음을 전하려고 했음에도 유대인들이 그것을 유대교에 대한 도전으로 받아들인 결과였다. 여기에서 우리는 결별에 대한 공개적 선포는 없었더라도 유대교와 바울이 전한 예수의 복음은 혼합될 수 없는 성격을 가지고 있었음을 알 수 있다.

그런데 하이들러는 유대교와 기독교의 결별에 대해 전혀 색다른 주장을 한다.

사실은 신약이 구약만큼이나 유대적이라는 것이다. 문제는, 우리가 유대적 요소들을 고의로 배제했던 중세로부터 내려오는 교회의 전통적인 틀과 함께 자라났다는 데 있다.[2]

물론 신약은 구약을 배경으로 기록되었다. 그러나 신약은 구약을 맹목적·문자적으로 사용하는 것이 아니라 예수님의 사역과 십자가의 죽음, 그리고 부활과 승천의 관점에서 재해석한다. 신약성경 저자들이 구약을 사용하는 것은 필연적이지만 이것을 가지고 신약이 유대적이라고 말하는 것은 너무 순진한 접근이다. 왜냐하면 신약은 구약을 사용하되 기독론적 창을 통한 재해석이 이루어지고 있기 때문이다. 이런 재해석을 통해 구약의 약속들은 획기적인 변화를 맞이한다. 구약이 촛불을 켠 상태라고 한다면, 신약은 태양이 출현한 시기라고 할 수 있다. 촛불은 태양 앞에 존재할 수는 있어도 그 역할은 매우 미미할 뿐이다.

하이들러의 또 다른 주장을 살펴보자.

예수아에게로 돌아온 대부분의 유대인들은 메시아를 영접하기 전보다 자신들의 '유대적 특성'에 더 높은 가치를 부여한다! 그들은 안식일이면 회당에 나가며, 명절을 지키고, 유대교의 일부를 이루는 의식과 예법을 따르지만, 이제는 그 의식에서 새로운 깊이와 의미를 발견한다.[3]

반면 "유대주의로 무장하여 하나님의 새로운 언약을 거부하고 모세 율법의 멍에를 짊어지는 이방인들"은 성경적이지 않다고 단언한다. 그리고 같은 맥락에서 "하나님께서는 이방 신도들이 유대인처럼 살아야 한다고 요구하지 않으신다"며 "이 논쟁은 사도행전 15장을 통해 해결되었다"고 주장한다.[4] 즉 메시아닉 쥬가 다니는 메시아닉 교회와 이방인 신자들이 다니는 이방 교회를 구별하여, 유대 그리스도인들은 할례나 율법과 같은 유대적 관습을 계속 유지하고 계승하는 것이 가능하지만, 이방 그리스도인들은 사도행전 15장에 근거해 그것에 관여하지 않아도 된다는 것이다.

그의 주장은 사도행전 15장에 근거한 '이방 그리스도인들에게 유대적 관습을 부과하는 것은 옳지 않다'는 조건은 충족시킬 수 있을지 모른다. 그러나 더 큰 문제가 기다리고 있다. 이런 구별은 에베소서 2:15의 '한 새 사람'을 세우는 것을 거부할 뿐만 아니라 갈라디아서 3:28의 말씀에 정면으로 도전하는 격이 되기 때문이다. 그리고 사도행전 15장의 예루살렘 공회에서 이방인이 하나님의 백성이 되는 조건으로 할례 등을 요구하지 말라고 한 결정은 사실상 이방인들에게만 적용되는 것이 아니다. 갈라디아서에서 바울은 할례를 행하도록 하는 것은 다른 복음이며(갈 1:8), 성령으로 시작했다가 육체로 마치려는 것이라고 규정했다(갈 3:3). 이방인에게 할례를 요구하지 않게 했던 예루살렘 공회의 결정은 근본적으로 이방인만 대상으로 하는 사항이 아니었던 것이다.

하나님이 세우신 교회(1장)

하이들러는 초대교회의 특징을 '유대적'이라고 말한다. 그는 초대교회의 모습을 장황하게 설명한 후에 이것이 유대 문화와 결별하기 전 교회의 모습이라는 결론을 내린다. 그의 주장에는 유대 문화와 결별하기 전의 초대교회의 모습이야말로 참 교회의 모습이라는 인식이 담겨 있다. 그는 참다운 교회의 본질을 회복하기 위해서는 유대적 특징을 회복해야 한다고 말하고 싶어하는 것 같다.

우리의 '가정 교회'에 모였던 사람들 대부분이 이방인이기는 했지만 그 교회는 상당 부분 메시아닉(그리스도를 영접한 뒤 변화된 유대교의 모습-옮긴이)이었다! 다른 많은 초대교회들처럼 이 교회 역시 사도 바울과 같은 메시아닉 유대인 선교사에 의해 세워졌다. 그들은 유대 성경을 인용했고, 유대의 메시아를 따랐으며, 이스라엘의 하나님을 경배했다. 그들의 지도자 중 많은 수가 메시아닉 유대인이었다. 그들의 가치, 생활양식, 세계관은 유대교로부터 지대한 영향을 받은 것들이었다. 초기 몇 세기 동안, 교회에 들어온 이방인들은 자신들이 무언가 유대적인 것에 '연결되고 있다'는 것을 알았다![5]

하이들러의 주장에 대한 구체적인 분석·평가에 앞서 우리가 먼저 생각해야 할 것은 '유대교'라는 용어가 다소 적합하지 않은 점이 있다는 사실이다. 왜냐하면 학자들 사이에서 1세기에 과연 일관된 조직과 체계를 갖춘 '유대교'라는 실체가 존재했는가에 대한 많은 의문이 제기되고 있기 때문이다. 당시의 유대 사회는 많은 학파와 그룹으로 나누어져 있어서 일관되고 통일된 체계를 갖추고 있지 않았다. 심지어 유대교의 발원 시점이라고 여겨지는 주후 90년의 잠니야Jamnia 집회조차도 다양한 유대적 배경들을 집대성하기보다는 그것들의 다양성을 인정한 집회였다는 것이 지금까지 알려진 중론이다. 그러므로 초대교회를 '유대적'이라고 표현하는 것은 적절하지 않다.

초대교회가 유대적이지 않았다면 어떤 특징을 가지고 있었을까? 우리는 초대교회가 '구약적 특징'을 유지하고 있었다는 점에 대해서는 쉽게 동의할 수 있다. 왜냐하면 몇백 년 동안 내려오는 관습과 세계관이 하루아침에 변화된다는 것은 상상하기 어렵기 때문이다. 따라서 관성의 법칙은 이런 경우에도 적용될 수 있다는 점을 염두에 두고 '구약적 특징'이라는 표현을 잘 이해할 필요가 있다. 초대교회는 구약의 종말적 약속들이 예수 그리스도를 통해 성취되어 나타난 결과다. 이로써 구약적 특징이 초대교회에 잔존해 있다고 보는 것은 당연하다. 그러나 이것을 '유대교적 특징의 유지'로 간주하는 것은 지나친 편견의 작용이라고 볼 수 있다.

초대교회 공동체의 가장 큰 고민 중 하나는 '구약을 기독론적 관점에서 어떻게 재해석할 것인가?' 하는 것이었다. 구약에서 약속했던 것들을 종결짓는 실체로서 예수 그리스도가 출현했다. 그렇다면 그 실체의 관점에서 지금까지의 준비과정을 어떻게 받아들여야 할 것인가? 이런 고민에 있어서 가장 핵심적 요소는 바로 구약의 성전 제사와 할례를 비롯한 율법이었다. 그런데 신약성경 저자들, 특별히 바울과 히브리서 저자는 가장 규약적이라 할 수 있는 이 성전 제사와 할례에 대해 분명한 선을 그었다. 그리고 사도행전 15장의 예루살렘 공회에서도 이 문제는 분명하게 정리되었다. 바울은 그리스도가 율법의 마침이라고 하였고(롬 10:4), 히브리서 7:18은 "전에 있던 계명은 연약하고 무익하므로 폐하고"라고 하며 구약적 율법의 극복을 이야기한다. 두 개의 예를 들었지만 이 두 본문을 지지하는 다른 본문들도 매우 풍성하게 존재한다. 이것은 신약 교회가 구약의 전통들을 맹목적으로 답습하지 않았다는 것을 잘 보여주는 대목이다. 그러므로 하이들러를 비롯한 일부 메시아닉 교회가 견지하고 있는—오늘날 교회가 유대교적 특징을 유지해야 한다는—주장에서 초대교회가 그 모델이 될 수는 없다. 나아가 그들의 주장이 복음에 반하는 결과를 가져올 수 있음을 알아야 할 것이다.

하이들러는 듀크 대학교의 종교학, 고고학 교수인 에릭 마이어스Eric Meyers의 말을 인용하여 4세기경 콘스탄티누스 치하에서 기독교가 제국의 국교가 되기 전까지는 그리스도인과 유대교인 사이의 갈등이 실제로 일어나지 않았다고 주장한다. 그가 보기에, 최초의 몇 세기 동안 있었던 그리스도인과 유대인 사이의 긴장은 "친척들과 형제 자매들 사이에서 일어나는, 집안 내부의 갈등이었다."[6] 그러나 성경에 익숙한 독자라면—에릭 마이어스의 글이 어떤 맥락에서 사용되었는지에 대한 충분한 고찰이 있었는지는 차치하더라도—하이들러의 글만 보고도 그 허구성을 판단할 수 있을 것이다.

사도행전에서 바울을 박해한 유대인들을 '집안 사람들'이라고 할 수 있을까? 유대인들은 가는 곳마다 바울을 박해한 장본인들이었다. 바울이 유대적 전통으로부터 돌아섰을 때, 유대인들로부터 생명이 위협당할 정도로 받은 박해는 유대적 전통과 예수님을 믿는 믿음이 얼마나 대립하는 것이었는지를 잘 보여주고 있다. 더 나아가서 주후 90-100년경에 기록된 요한계시록 3:9에서 자칭 유대인이라 하는 자들을 '사탄의 회당'이라고 칭하는 것을 보면 유대인들에 대한 강한 거부감을 느낄 수 있다. 그 유대인들이 빌라델비아 교회에 얼마나 해를 끼쳤기에 그런 심한 표현을 사용한다는 말인가? 이런 정황들을 두고 보면 유대인들과 교회의 긴장을 단순히 '집안 내부의 갈등'으로 치부할 수는 없을 것이다.

이 책에서 자세하게 다룰 수는 없지만, 교회사의 초기를 살펴보면 다음과 같은 결론을 얻을 수 있다. 주후 1세기와 2-3세기를

  백투예루살렘 운동, 무엇이 문제인가

지나면서 유대인과 그리스도인 사이의 갈등이 어느 정도 잠잠해
진 것은 그만큼 그리스도인들의 세력이 커져서 힘의 균형이 일어
났기 때문이다. 그러나 주후 4세기에는 콘스탄티누스가 기독교를
공인하면서 기독교의 힘이 상대적으로 커지는 바람에 유대인들이
박해를 받는 상황이 벌어진다.

그러나 하이들러의 주장은 계속된다. 그는 "초대교회에서 유대
교는 풍부한 자양분을 공급하는 뿌리와도 같았다. 하나님이 주신
그 유산을 통해, 교회는 그 능력과 성장에 필수적인 열쇠들을 받
았던 것이다"라고 한다. 그의 주장에 의하면 주후 4세기경에 '이
교도'였던 콘스탄티누스 대제가 기독교를 국교로 정한 후에 교회
에서 유대적인 유산이 사라졌고, 초대교회의 생명의 뿌리였던 유
대교가 사라진 결과 그 후 천 년 동안 교회가 죽어버리고 말았다.
그러나 이제 하나님이 회복의 일에 착수하셨다. 그 '회복의 일'이
란 무엇인가? 지금까지의 주장을 통해 살펴볼 때 하이들러가 꿈
꾸는 회복은 분명하다. 그것은 바로 교회가 유대적 뿌리를 회복해
야 한다는 것이다.[7] 그의 논리는 놀랍고 황당하다.

유대교가 초대교회의 풍부한 자양분이었다는 그의 주장에 대
해서는 앞에서 충분히 다루었으므로 재론하지 않겠다. 그러나 종
교개혁을 기준으로 삼은 것에 대해서는 짚고 넘어가자. 하이들러
는 자신이 생각하는 최초의 회복이 종교개혁을 통해 나타났다고
주장한다. 그런데 문제는 종교개혁에서 유대적 뿌리의 회복은 찾
아볼 수 없다는 것이다. 이에 대해서는 하이들러 자신도 그 증거
를 제시하지 못하고 있다. 종교개혁 이외에 교회 회복과 갱신의

역사로 간주되는, 유럽과 미국을 휩쓸었던 1, 2차 대각성 운동에
서도 어떤 유대교적 회복의 흔적은 발견되지 않는다. 그 이유는
분명하다. 초대교회에 있었던 것은 유대적 뿌리가 아니라 기독론
적으로 재해석된 구약적 배경일 뿐이기 때문이다. 그것은 유대적
뿌리로 존재하는 것이 아니라 이미 신약 교회의 전통 그 자체로
흡수되었다. 그래서 사실, 오늘날 교회가 유대적 뿌리를 회복해야
한다는 말은 혼합 종교로 가자는 말과 다름이 없다.

뿌리와 가지들(2장)

하이들러는 "뿌리와 가지들"이라는 제목의 2장에서 로마서 11장
을 근거로 이야기를 전개한다. 로마서 11장은 메시아닉 쥬가 매우
좋아하는 본문이다. 특별히 15-24절에서 '뿌리'는 성경적 유대교
라고 하고, '꺾인 가지'들은 랍비 유대교, '원 가지들'은 새로운 언
약 메시아닉 유대교, '접붙여진 가지들'은 이방인들이라고 해석한
다.[8] 그는 이처럼 유대교와 이방인을 여전히 구분한다.

그가 말하는 교회의 뿌리, 즉 성경적 유대교는 아브라함과 모
세, 그리고 다윗의 종교이며 구약성경에 나오는 종교다. 그리고
산 가지들(원 가지)은 뿌리에서 자연스럽게 자라난 것으로서 새로
운 언약의 메시아닉 유대교다. 그는 사도 바울과 마태, 마가, 누
가, 요한, 야고보 그리고 베드로도 이 부류에 속한다고 주장한다.[9]
하이들러가 보기에 그들은 침례교 신자도, 감리교 신자도, 가톨릭

                    백투예루살렘 운동, 무엇이 문제인가

신자도 아니며 단지 메시아닉 쥬인 것이다. 참 흥미로운 주장인데, 그 증거로서 그들이 공회당에 출석했고 성전에서 예배했으며, 절기들을 지켰고 이스라엘의 구세주를 알았다는 사실을 지적한다. 하이들러는 덧붙여 그들이 오늘날의 그 어느 메시아닉 쥬보다 더 유대적이었다고 한다.

초대교회의 정황에서 '유대교'라는 개념의 사용은 적절하지 않다는 것은 이미 언급한 바 있다. 이 부분에서 주의할 것은 구약을 문자적으로 해석하여 혈통적 유대인의 존재를 부각시키기 위해 메시아닉 교회와 이방 교회를 구분하려는 하이들러의 의지가 매우 강하게 드러나고 있다는 사실이다. 그런 아전인수격 의지가 강하게 앞서면 본문의 의도를 왜곡할 위험에 노출되기가 쉽다. 누차 강조하지만 성경 본문의 중심 의도를 벗어나지 않고 올바로 이해하기 위해서는 본문의 문맥적 흐름을 염두에 두는 것이 중요하다. 즉 이 본문은 9-11장 전체의 흐름 속에서 자신의 백성을 끝까지 책임지시는 하나님의 신실성을 변증하기 위해 기록되었다는 사실을 기억해야 한다는 말이다. 단적으로 말해 로마서 11:15-24의 말씀은 하나님의 신실성이라는 중심 주제에서 벗어나지 않는다. 바울은 하나님의 백성이 된 이방인들이 교만하여 원 가지의 존재를 무시하는 것은 하나님의 신실하심을 무시하는 격이므로 도리어 두려워해야 한다고 권면하고 있다.

그런데 지나치게 지엽적인 문제를 확대시키는 하이들러의 해석은 본문의 의도에서 벗어난다. 그는 본문의 비유에 사용된 소재를 뿌리, 원 가지들, 꺾인 가지들, 접붙여진 가지들로 구분한다. 그는 '꺾이지 않은 원 가지들'과 '꺾인 가지들'을 분리하고 있는데, 이는 본문의 사실 관계를 좀 과장한 부분이다. 왜냐하면 본문에서는 뿌리, 원 가지들(=꺾인 가지들), 접붙여진 가지들만 구분하여 원 가지들과 꺾인 가지들을 분리하지 않기 때문이다. 우리는 로마서 11:21—"하나님이 원 가지들도 아끼지 아니하셨은즉 너도 아끼지 아니하시리라"—과 11:24—"네가 원 돌감람나무에서 찍힘을 받고 본성을 거슬러 좋은 감람나무에 접붙임을 받았으니 원 가지인 이 사람들이야 얼마나 더 자기 감람나무에 접붙이심을 받으랴"—에서 '원 가지'가 다름 아닌 '꺾인 가지'임을 알 수 있다.

물론 상식적으로 말하면 나무에 꺾인 가지도 있고 꺾이지 않은 가지도 있게 마련이다. 그러나 로마서 본문은 꺾이지 않은 원 가지에 대해서는 언급하지 않고 꺾인 가지에 집중한다. 이것은 이스라엘이 자기 의를 세우려고 하나님의 의를 얻는 데 실패한 사실에 주목하고 있기 때문이다(롬 10:2-3). 그러므로 꺾이지 않은 원 가지에 대해서는 지엽적인 문제로 간주하고 별다른 관심을 갖지 않는 것이다. 다시 한 번 말하지만, 하이들러의 경우처럼 혈통적 이스라엘의 정체성을 규명하려는 목적을 가지고 있는 경우에는 그런 지엽적인 문제가 중요해지게 된다. 그러나 로마서는 이에 대한 언급을 절제한다. 즉 꺾이지 않은 원 가지들을 '새로운 언약 메시아닉 유대교'로 규명하는 것은 본문에서 말하고자 하는 주제와는 거리가 먼 해석이다.

나아가 '뿌리'가 성경적 유대교를 의미한다고 한 하이들러의 주장에도 동의하기가 어렵다. 뿌리가 아브라함을 비롯한 족장들

　백투예루살렘 운동, 무엇이 문제인가

이라고 보는 것은 가능하지만, '성경적 유대교'는 용어 자체부터 생소하다. 뿌리와 가지의 관계는 로마서 11:16—"제사하는 처음 익은 곡식 가루가 거룩한즉 떡덩이도 그러하고 뿌리가 거룩한즉 가지도 그러하니라"—에서 '처음 익은 곡식 가루'와 '떡덩이'의 관계와 같다. 처음 익은 곡식 가루나 뿌리는 모두 신약의 성취가 있기 전에 구약에서 주어진 약속들과 관련된다. 그것의 중심에는 아브라함을 필두로 하는 족장들이 있다. 그들에게 하신 하나님의 약속들은 신약 교회를 이해하는 데 매우 중요한 배경을 제공한다. 그러나 그들을 성경적 유대교라고 규정하는 것은 매우 왜곡된 해석이라고 할 수 있다. 그들은 성경적 유대교라는 체제로서가 아니라 하나님의 약속을 붙잡은 믿음의 삶을 통해 교회에 자양분을 제공하기 때문이다.

하이들러는 꺾이지 않은 원 가지를 규명하는 데 심혈을 기울인다. 왜냐하면 그것은 소위 성경적 유대교의 정통성을 세우는 데 유용하기 때문이다. 그는 이 꺾이지 않은 원 가지가 뿌리에서 자연스럽게 자라난 것으로서 새로운 언약의 메시아닉 유대교라고 하면서 사도 바울과 마태 등을 여기에 포함시키려고 한다. 그러나 그런 해석은 바울을 잘못 이해한 결과다. 바울이 올바른 복음을 세우기 위해 그렇게도 치열하게 공격하면서 대립했던 대상이 바로 할례와 같은 유대적 전통을 고수하려는 거짓 교사들이었고, 하이들러의 표현대로 하면 바로 메시아닉 쥬였다. 그런데 바울을 그와 같은 범주에 놓는다는 것은 바울에 대한 완전한 왜곡이라 하지 않을 수 없다.

바울이 메시아닉 쥬에 속하는지 아닌지는 2-3세기에 양 극단을 이루었던 두 개의 이단, 마르키온주의와 에비온주의가 지녔던 바울에 대한 태도를 보면 알 수 있다. 마르키온주의는 반유대적이고 에비온주의는 친유대적인 특성을 가지고 있었다. 그런데 마르키온주의는, 유대적 가치를 극복했다 하여 바울 서신을 가장 유일한 정경으로 취급한 반면, 에비온주의는 바울 서신들이 반유대적이라 하여 거부했다. 이로 보건대 바울은 적어도 메시아닉 쥬에 속하지 않았음이 분명하다. 물론 초대교회의 구성원들이 대부분 유대인들이었다는 것은 부정할 수 없다. 그 이유는 형식적 논리에서 예수님이 이스라엘의 회복을 위해 오셨기 때문이었다고 설명할 수 있다. 그러나 예수님은 교회의 기초로서 열두 지파에 상응하는 열두 사도를 세움으로써 새로운 공동체의 시작을 예고하셨다.

또 한 가지 주목해야 할 사항은 하이들러가 메시아닉 쥬의 근원을 초대교회의 지도자들에게 두려고 하는 것이다. 그는 이를 통해 이스라엘의 회복은 곧 초대교회의 회복이라는 공식의 이론적 기초를 놓고자 한다. 이는 하이들러가 자신의 주장을 펼쳐나가는 데 중심을 차지하는 작업이 아닐 수 없다. 그러나 바울의 신학적 작업 자체가 유대적 전통과의 전면전이었다는 것을 애써 외면하려 하지 않는다면 이런 이론적 기초를 쌓는 것 자체가 무의미하다는 사실을 알 수 있을 것이다.

그의 논리를 따라가다 보면 바울과 마태뿐 아니라 예수님도 메시아닉 쥬의 범주에 두려고 하는 것은 아닌지 의심스럽다. 그러나 예수님은 요한복음 5장과 8장에서 각각 모세와 아브라함을 자신

   백투예루살렘 운동, 무엇이 문제인가

들의 정신적·신앙적 지주요, 심지어는 아버지로 생각하는 유대인
들과의 논쟁에서 다음과 같이 일갈하신다.

[45]내가 너희를 아버지께 고발할까 생각하지 말라 너희를 고발하는 이
가 있으니 곧 너희가 바라는 자 모세니라 [46]모세를 믿었더라면 또 나
를 믿었으리니 이는 그가 내게 대하여 기록하였음이라 [47]그러나 그의
글도 믿지 아니하거든 어찌 내 말을 믿겠느냐 하시니라_요 5:45-47.

[33]그들이 대답하되 우리가 아브라함의 자손이라 남의 종이 된 적이 없
거늘 어찌하여 우리가 자유롭게 되리라 하느냐…[37]나도 너희가 아브
라함의 자손인 줄 아노라 그러나 내 말이 너희 안에 있을 곳이 없으므
로 나를 죽이려 하는도다 [38]나는 내 아버지에게서 본 것을 말하고 너
희는 너희 아비에게서 들은 것을 행하느니라 [39]대답하여 이르되 우리
아버지는 아브라함이라 하니 예수께서 이르시되 너희가 아브라함의
자손이면 아브라함이 행한 일들을 할 것이거늘 [40]지금 하나님께 들은
진리를 너희에게 말한 사람인 나를 죽이려 하는도다 아브라함은 이렇
게 하지 아니하였느니라 [41]너희는 너희 아비가 행한 일들을 하는도다
대답하되 우리가 음란한 데서 나지 아니하였고 아버지는 한 분뿐이시
니 곧 하나님이시로다_요 8:33-41.

예수님의 말씀에 의하면 모세나 아브라함은 당시 유대인들과
는 전혀 상관이 없다. 유대인들은 모세를 믿는 자들도 아니요, 아
브라함의 자손들도 아니다. 예수님을 믿고 따르는 자들이 모세의

제자이고 아브라함의 자손이다. 그것이 유대인이든 이방인이든 상관이 없다. 유대인이 그토록 혐오했던 사마리아의 한 여인에게 예수님은 사마리아에서도 말고 예루살렘에서도 말고 성령과 진리 안이라면 어디에서든지 하나님을 예배할 수 있는 시대가 왔다고 선언하셨다(요 4:21-24). 이는 유대-예루살렘 중심적 사고의 틀을 완전히 와해시키시는 말씀이다. 이제 예루살렘의 성전 중심의 제사를 드리는 시대는 지나갔다. 우주적으로 편만하게 임재하시는 예수의 영, 성령 안에서라면 장소가 문제 되지 않는다. 하나님은 예배를 받으신다. 이 예배는 메시아닉 쥬 중심의 예배일 수 없으며 사마리아인도, 이방인도, 남자나 여자도, 종이나 자유자도 누구든지 이 예배의 참여자가 될 수 있다.

그러므로 "콘스탄티누스의 시대로부터, 그리고 암흑시대를 거쳐오는 동안, 반유대주의적 교회 지도층들의 꾸준하고 잔혹한 박해로 인해 우리의 신앙 속에 남아 있던 대부분의 유대적 요소들이 파괴되었다"는 하이들러의 말은 진실이 아니다. 이미 유대적 요소들은 바울의 작업을 통해서 기독론적인 관점으로 깨끗하게 청소가 되었다. 하이들러는 "오늘날의 교회는 그러한 요소들을 잃어버렸기 때문에 고통을 받고 있다"라고 하지만 교회가 어떤 고통을 받고 있는지, 그리고 그런 요소들을 잃어버린 것과 교회의 고통이 어떤 인과관계에 있는지 명확하지가 않다.[10]

하이들러는 또한 "나는 우리가, 사탄에게 빼앗긴 것들을 하나님께서 회복시키는 시대에 살고 있다고 믿는다"라고 하여 지금의 정황을 영적 차원에서 바라보고 있음을 보여준다. 무언가를 사탄에게 빼앗겼다는 확신은 이런 운동에 대한 반대를 사탄의 일로 매도하는 흑백논리를 조장한다. 나도 예전에 이런 운동에 반대하는 논리의 글을 썼다가 메시아닉 쥬의 입장에 서 있는 분으로부터 영적 전쟁이 시작되었다는 말을 들은 적이 있는데, 바로 그와 같은 맥락에서 일어난 반응이라고 생각된다. 나는 도리어 이 시대에 메시아닉 쥬에 의한 유대적 전통으로의 회귀 운동이 복음을 흐리게 만드는 사탄의 전략이라고 말하고 싶다. 이것은 바울이 갈라디아서에서 거짓 교사들이 다른 복음을 전하고 있다고 경계한 것과 정확히 같은 맥락이다.

초대교회의 종말(3장)

2장의 내용을 이어가는 3장에서 하이들러는 '어떻게 메시아닉 교회가 소멸되었는가?'에 대한 고찰을 시도한다. 그는 초대교회가 메시아닉 교회라는 전제를 깔고 있기 때문에 여기에서 말하는 '메시아닉 교회의 소멸'은 결국 초대교회의 소멸을 이야기하는 것이다. 따라서 하이들러는 메시아닉 교회의 소멸에 대한 책임을 콘스탄티누스 대제에게 집중시킨다.

하이들러가 제시하는 콘스탄티누스에 의한 변화 중 첫 번째는 가정 교회의 종말이다. 콘스탄티누스가 가톨릭 교회가 아닌 그 어떤 곳에서도 예배하는 것을 금지했다는 것이다.[11] 특별히 회당에서 예배드리는 것이 금지되었고, 이러한 반대에 크리소스토무스도 가담하였다고 한다. 크리소스토무스는 설교에서 "여러분은 더 이상 회당에 나가서는 안됩니다. 회당이 우리 교회들보다 더 거룩한 곳이라고 생각해서는 안됩니다"라고 했다.[12] 하이들러는 크리소스토무스가 유대적 특징을 강제적으로 제거하려 했다고 비판하는 입장에서 이 설교문을 인용했다. 그러나 이것은 도리어 당시의 상황을 재구성할 수 있도록 도와준다. 다르게 생각하면 기독교회는 점차 유대적 색채를 벗어버리면서 제자리를 찾아가고 있었다고 볼 수 있는 것이다.

하이들러가 제시하는 두 번째 변화는 예배 형식의 변화이고, 세 번째 변화는 교회 내의 유대적 뿌리를 부정한 것이다.[13] 하이들러는 콘스탄티누스 이전에는 제국 전역에서 사도들로부터 받은 유대적 유산들을 지키고 있었다고 주장한다. 교회들이 안식일과 절기들을 지켰고, 율법의 가르침들을 강조했으며, 많은 곳에서 유대인들과 가까운 관계를 유지하고 있었다는 것이다. 그런데 콘스탄티누스 대제가 이런 전통들을 모두 부정하고 척결했다고 한다. 하이들러는 "부록2"에서 초대교회의 유대성에 대해 구체적인 예증을 들면서까지 설명한다.[14]

그러나 하이들러는 역사를 왜곡하고 있다. 그의 요지는 초대교회가 유대적 전통을 우호적으로 고수했는데 그런 관계는 주후 4세기까지 지속되다가 콘스탄티누스에 의해 완전히 척결되었다는 것이다. 그러나 역사에 대한 그의 이해는 성경의 본문에 대한 사실 관계에 매우 소홀할 뿐만 아니라 이스라엘-예루살렘 중심적 사고에 의한 편협한 접근의 결과라고 보지 않을 수 없다.

　백투예루살렘 운동, 무엇이 문제인가

신약성경의 증거에 의하면 예수님은 유대적 전통과 정면으로 대립하셨다. 그 대표적인 예는 성전과 관련된다. 예수님은 유대인에게 절대적 가치를 지니고 있던 성전이 파괴될 것을 예고하시며 (막 14장; 마 24:29-31) 그 대안으로서 자신의 부활의 몸이 성전임을 말씀하셨다(요 2장). 또한 초대교회는 유대적 특징을 벗어버리려고 무단히 노력했다. 초대교회가 유대적인 것은 당연한 현상이었다. 초기 신자들이 거의 유대인이었기 때문이다. 유대인으로 구성된 초대교회가 유대적 특징을 갖고 있지 않다고 말하는 것이 도리어 이상한 일이 아닐까? 그러나 초대교회의 이방인은 물론이고 유대인들도 할례와 율법과 성전 제사 등을 중지하려는 시도를 했다. 그렇다고 하더라도 몇백 년 동안 이어오던 관습을 순식간에 제거하기란 쉽지 않은 법이다. 따라서 콘스탄티누스 때 기독교가 공인되자—제도적 실력을 행사할 수 있게 되자—산발적으로 유지되고 있던 유대적 색채를 기독교적 순수성을 살려나가야 한다는 명분하에 강제로 지워버리려는 시도를 했다고 보는 것이 합리적이다. 물론 콘스탄티누스의 그런 정책이 옳으냐 그르냐는 또 다른 문제다. 여기에서는 다만 콘스탄티누스가 유대적 색채를 우호적으로 유지해왔던 교회의 특징을 강제적으로 제거했다는 주장은 역사적 정황과는 다른 이해임을 지적하는 것이다.

이 과정에서 기억할 것은 주후 66-73년에 있었던 1차 저항운동과 주후 132-135년에 일어났던 2차 저항운동이다. 이 두 개의 저항운동은 기독교와 유대적 그룹과의 분리를 촉진시키는 결과를 가져왔다. 하이들러가 인용한 『어드만의 교회사 편람』에 수록된

엘리슨의 글은 시사하는 바가 크다. 하이들러는 이 인용문을 자신
의 주장을 뒷받침하기 위해 사용한다. 그러나 이 인용문은 도리어
하이들러의 논리를 반박할 수 있는 매우 중요한 내용을 담고 있다.

> 처음에는 크리스천들은 유대인들에게나 이방인들에게나 유대교의 한
> 분파로 여겨졌다.…유대인들이 로마에 대항해 봉기를 일으키자(AD
> 66-73, AD 132-135) 대부분의 크리스천들은 자신들을 유대인들로부
> 터 분리시켰다.…이때부터 몇몇 유대인들이 기독교로 개종하기 시작
> 했다.[15]

1차 저항운동의 중요한 이유 중의 하나는 과도한 세금에 대한
불만이었다. 그리고 좀 더 직접적인 이유는 로마제국이 자신들에
게 협력적인 인물들을 대제사장에 임명하면서 유대인들의 종교적
자존심을 훼손한 것이었다. 더군다나 칼리굴라 황제(주후 37-41 재
위)는 자신을 신적 존재로 내세우면서 자신의 신상을 로마제국의
통치하에 있는 모든 지역의 신전에 세울 것을 명령했다. 여기에는
예루살렘 성전도 포함되었으나 유대인들은 하나님의 성전을 더
럽히지 않기 위해 이 명령을 거부했다. 이에 칼리굴라는 예루살렘
성전을 파괴하겠다고 위협했지만 실행에 옮기지 못하고 갑작스럽
게 죽음을 맞이하게 된다. 이 사건으로 유대의 열심당원들은 하나
님이 자신들의 편에 있다고 믿게 되었고 로마제국과 맞설 용기를
얻게 되었다. 그러나 로마제국의 지배하에서 예루살렘 성전은 여
전히 '불결하게' 취급받고 있었다.

 백투예루살렘 운동, 무엇이 문제인가

이처럼 지속적인 로마제국의 경제적 착취와 유대교 신앙에 대한 경멸 등은 격렬한 저항운동(주후 66-73)을 불러일으켰다. 네로 황제(주후 54-68 재위)는 베스파시아누스를 급파하여 진압을 시도했다. 이후 베스파시아누스(주후 69-79 재위)는 황제가 되었는데 그는 자신의 아들 티투스를 이 저항운동을 저지하는 장군으로 세워 무자비한 진압을 감행했다. 이 과정에서 가장 충격적 사건은 주후 70년에 일어났는데, 바로 예루살렘 성전의 파괴였다.

2차 저항운동은 약 60년 후인 주후 132-135년에 하드리아누스 황제(주후 117-138 재위) 치하에서 일어났다. 이 운동은 성전 재건과 함께 메시아 운동의 성격을 갖고 있었다. 유대인들은 이 운동의 지도자인 바르 코크바Bar Kokhbar—별의 아들이란 의미, 본명은 시몬—를 메시아로 인식했다. 성전 건물과 시몬의 이름, '예루살렘의 해방을 위하여'라는 문구가 새겨져 있는 당대의 동전은 이 저항운동의 성격을 잘 보여준다. 이 두 번째 저항운동은 성전 파괴로 인해 유대인들이 겪은 극심한 정체성의 혼란을 기반으로 촉발되었다고 볼 수 있다. 외부적인 로마제국의 찬탈에 내부적인 정체성의 혼란이 맞물린 유대인들은 독립전쟁에 나설 수밖에 없었다. 성전이 없어 존재의 의미를 상실한 유대 민족의 성전 재건을 향한 열망은 그만큼 엄청난 것이었다.

당시의 그리스도인들은 이 저항운동을 어떤 관점에서 바라보았을까? 이 두 개의 저항운동은 공통적으로 성전의 정결 유지와 성전 재건이라는 모토가 지배하고 있었고 그리스도인들은 그것에 동의하지 않았다. 따라서 교회와 전통적 유대 공동체의 구별이 심화될 수밖에 없었다. 앞의 인용문에서 엘리슨이 언급하고 있는 것처럼 두 차례에 걸친 저항운동 후, 그리스도인들이 유대인들로부터 자의 반, 타의 반 분리된 것은 불가피한 처사였다.

교회가 잃어버린 것들(4장)

하이들러는 교회가 잃어버린 것들을 네 가지로 분류하여 제시한다.

① 하나님에 대한 히브리적 태도의 상실.
② 성경에 대한 히브리적 태도의 상실.
③ 가정에 대한 유대교적 강조의 상실.
④ 삶에 대한 히브리적 태도의 상실.

이와 관련해 크게 두 가지 문제점을 지적할 수 있다. 첫 번째는 기독교회가 히브리적 전통을 상실했다고 보기 어렵다는 점이다. 단지 유대적이 아니라고 해서 히브리적 전통을 상실했다고 보는 것은 어불성설이다. 예를 들어, 바울은 치열하게 반유대적이었지만 철저하게 기독론적 틀 안에서 히브리적 사고를 유지했다. 그는 하나님을 경외하는 자였으며 성경을 사랑하는 히브리적 태도를 견지했다. 바울은 그의 서신에서 유대적 유산인 할례를 거부하지만 구약에서 약속한 새 언약, 새 출애굽과 새 성전에 대한 성취를 예수님의 죽음과 부활의 관점에서 새롭게 수용·제시한다. 동시에

     백투예루살렘 운동, 무엇이 문제인가

히브리 역사를 포함하며 예수 그리스도로 수렴되는 장엄한 구속사에 나타난 하나님의 손길을 세세하게 기록하고 있다. 이것이 히브리적 전통의 계승과 발전이 아니면 무엇이겠는가?

두 번째는 하이들러가 언급한 '히브리적'이라는 개념이 항상 유대적이라고 말하기 힘들다는 점이다. 그러므로 교회가 유대적 색깔을 탈색했다고 하여 히브리적 전통을 상실했다고 말하는 것은 너무 독단적인 판단이다. 오히려 예수 그리스도의 사역의 관점에서 유대적 전통을 잘 씻어내고 기독교적 정신을 정립해낸 것이 구약의 히브리적 정신을 유지하고 계승하는 발판을 마련하게 되었다고 할 수 있다.

하나님에 대한 히브리적 태도의 상실과 관련하여 하이들러는 하나님이 "이스라엘을 다루신 결과, 유대 민족은 하나님을 향한 깊은 경외심을 가졌다"고 한다. 유대교적 특징의 상실은 히브리적 태도의 상실이고 그것은 또한 하나님에 대한 깊은 경외심의 상실이라는 말이다. 하이들러는 그리스인과 로마인의 신에 대한 태도를 언급하면서 그들은 신들에게 한 번도 그런 종류의 경외심을 가져본 적이 없다고 한다. 그가 보기에 "유대인들은 하나님의 사람을 최고의 경의로 예우했다. 하나님은 분석의 대상이 아니라, 사랑 가득한 경배의 대상이었다." 이와 비교하여 그리스의 정신은 "하나님보다 인간 지성을 중요시했다." 또한 "그들의 목적은 하나님을 논리적으로 분석하고, 정의하고 묘사하며, 이해하는 것이었다."[16]

하이들러는 교회가 히브리적 사고를 상실하고 그리스적 정신을 답습한 예로서 칼케돈 공의회(주후 451)를 거론한다. 그는 이 공의회에 대해 평가하기를 "나로서는 이 토론에 참석한 사람들이 우리의 인간적 사고로 그리스도의 신성과 인성 사이의 관계를 이해할 수 있다고 믿었다는 것과, 이 문제를 놓고 논의하는 것이 조금이라도 도움이 되리라고 믿었다는 것 자체가 놀라울 뿐이다"라고 한다.[17] 즉 칼케돈 공의회를 히브리적 사고를 벗어나서 그리스적 정신에 근거한 인간적 지성을 중시한 결과로 평가하는 것이다.

그러나 하이들러의 평가와는 달리 일반적으로 이 공의회는 당시에 혼란을 야기했던 그리스도의 위격에 대한 명확한 교리 체계를 정립한 것으로 평가된다. 교회사를 대충이라도 살펴본 사람이라면 칼케돈 신조에서 밝힌 그리스도에 관한 교리가 지금까지 기독론의 중심을 잡아주고 있다는 사실을 부정하기 힘들 것이다.[18] 공의회의 과정을 통해 이제껏 확립되지 않았던 교리가 잘 정돈되어 혼돈에 빠져 있던 교회가 정리되는 선순환적인 결과를 가져왔다는 사실은 높이 평가할 부분이다. 물론 인간의 그 어떤 추론이나 논리로 하나님에 대해 온전히 알 수 없다는 것은 너무나 당연한 말이다. 그러나 부족하고 미흡한 가운데서도 이런 집단적 논의를 통해 하나님과 예수님, 그리고 성령님에 대한 이해가 발전·성숙하고 있는 것은 엄연한 사실이다.

그럼에도 불구하고 이런 역사적 공헌을, 히브리적 전통을 상실하고 그리스적 정신을 계승한 것으로 지나치게 단순화하는 것은 폐쇄적·근본주의적 사고방식의 발로라고 하지 않을 수 없다. 칼케돈 공의회에 참여했던 교회의 많은 지도자들이 하이들러가 소중하게 생각하는 '하나님을 경외하는 히브리적 사고'를 탈피한 채 그리스적 정신에 사로잡혀 있었다고 누가 확정하여 말할 수 있겠는가? 분명히 그들 중 대부분은 하나님을 진실하고 성실하게 경외하는 사람들이었을 것이다. 한편, 칼케돈 공의회에 참여했던 대표들이 그리스적 논리를 활용했다면 그것은 일종의 동시대적 문화 코드로서 당시 누구나 활용한 것으로 이해해야 한다. 이는 오늘날 그리스도인이 사회적 존재로서 소양을 함양하기 위해 클래식을 듣고 고전 문학을 읽는 것과 마찬가지다.

부활의 과정(5장)

하이들러는 지나치게 단순한 이분법으로 세상을 바라본다.

> 주님께서는 에스겔에게, 이교의 관습이 성전에 들어올 때 하나님의 임재와 생명은 떠날 것이라고 경고하셨다. 교회가 하나님께로부터 받은 유대적 유산을 버리고 이교의 관습을 받아들이자, 하나님의 임재와 생명은 떠나갔다.[19]

그는 이 세상에 단지 유대적 유산과 이교의 관습 두 개의 가치 체계만 존재하는 것처럼 말하고 있다. 나아가 이런 이분법적 세계관에 기초하여 교회가 유대적 유산을 버린다는 것은 곧 이교의 관습을 받아들이는 것으로 간주한다. 그러나 교회가 유대적 유산을 청산한 것은—상실한 것이 아니라—오히려 히브리적 전통을 잘 고수하고 발전시키는 획기적 기초가 되었다고 볼 수 있다. 유대적인 것이 반드시 히브리적이라고 말할 수는 없기 때문이다.

하이들러는 유대적 전통을 유지한 실례로서 발도파Waldenses와 아이오나의 컬디파Culdees를 제시한다. 컬디파의 콜럼바는 안식일을 지켰으므로 메시아닉 교회의 남은 자가 되었다고 한다. 또한 발도파는 토요일을 안식일로 지키고 가정 교회에서 모이고 성경 구절을 암송하고 일상적인 언어로 설교하며 예언, 환상, 방언 그리고 치유를 위한 기름 바르기와 개인 전도에 힘쓴 것 등을 들어 메시아닉 교회의 흔적으로 간주한다.[20] 두 그룹의 공통점은 안식일을 지켰다는 것이다. 바로 그것이 히브리적인 유산이고 메시아닉 쥬가 추구하는 유대적 전통인가? 그렇다면 오늘날 유대적 전통을 지키기 위해 안식일을 부활시켜야 한다는 말인가? 초대교회는 안식 후 첫날인 주일을 구약의 안식일에 대응하는 개념으로 간주하고 모여 예배하며 교제하는 전통을 가지고 있었다. 그래서 오늘날의 교회도 일요일에 모여 하나님을 예배하는 전통을 가지게 된 것이 아닌가?

하이들러는 "회복으로 가는 길"이라는 부분에서 중세의 암흑기를 통과한 교회의 회복을 유대적 전통의 회복과 동일시하면서 이 회복의 과정이 "일련의 부흥, 또는 영적 각성spiritual awakenings을 통해 시작되었으며, 그 시발점은 14세기의 존 위클리프John Wycliffe, 1329-1384였다"라고 주장한다.[21] 위클리프는 라틴어 성경을 영어로 번역해 보통 사람들이 읽을 수 있도록 했을 뿐 아니라 전도에도 힘썼다. 그는 후스, 루터, 윗필드, 웨슬리에게까지 영향을 주어 교회가 회복되는 데 일익을 담당했다. 그런데 하이들러는 이런 정황을 서술하면서 다음과 같이 진술한다.

> 하나님의 말씀이 주입되자 이방 교회의 '죽은' 가지들은 되살아났다. 그러나 모든 것이 회복된 와중에도 교회는 결코 원래의 히브리 뿌리까지 회복되지 않았다. 로마서 11장에 따르면, 이방 교회들이 메시아닉 유대교의 '살아 있는 가지' 사이에 이식되어서 뿌리로부터 흘러나오는 생명의 수액을 빨아들일 수 있게 된 것은 하나님의 뜻이었다.[22]

하이들러는 분명히 '메시아닉 유대교', '이방 교회들'이라는 표현을 사용한다. 이제 혈통적 이스라엘의 회복을 주장하는 메시아닉 쥬로부터 이런 구분을 듣는 일이 낯설지는 않다. 혈통적 이스라엘의 회복을 주장하는 메시아닉 쥬에게 전통적 교회는 이방 교회일 뿐이다. 그러나 이런 구분 자체가 신약성경을 왜곡한 결과라는 것은 앞의 글에서 여러 번 밝힌 바 있다. 다시 한 번 말하지만, 이런 구분은 바울이 갈라디아서 3:28-29에서 밝힌 바, 그리스도 안에서 '유대인이나 이방인이나 아무런 구별도 존재하지 않는다'라는 선언에 정면으로 배치되고 있다.

하이들러는 더 나아가 종교개혁으로 인한 교회의 회복은 이방 교회들의 회복일 뿐, 살아 있는 원 가지는 이방 교회의 이교화된 관행들과 문화에 의해 '동화'되었다고 한다. 또한 말하기를 "천여 년 동안, 원래 사도들의 종교였던 메시아닉 유대교는 소멸되었다.

유대교에서 남은 것이라고는 랍비 유대교의 '잘려진' 가지들뿐이었다"라고 한다. 그가 사용하는 '동화'와 '소멸'의 뉘앙스는 조금 다르지만 모두 하이들러의 입장을 잘 드러내주고 있다. 그는 '초대교회=메시아닉 유대교'라는 공식을 가지고 있고 메시아닉 유대교의 소멸은 생동감 있는 초대교회의 소멸과 이방 교회의 세속화를 의미한다. 그가 보기에 위클리프를 위시한 종교개혁은 메시아닉 유대교가 소멸, 혹은 동화된 상태에서 단지 이방 교회의 부활일 뿐이다. 원 가지가 소멸되고 사라져버린 것이다. 그는 이런 상태를 "유대교에서 남은 것이라고는 랍비 유대교의 '잘려진' 가지들 뿐"이고 "이방 교회들이 붙어 있을 살아 있는 가지라고는 전혀 없었다!"라고 표현한다.[23]

그는 도대체 무슨 말을 하고 있는 것일까? 종교개혁의 의미는 인정하지만 그것은 이방 교회의 회복일 뿐, 살아 있는 가지가 없이는 아무런 의미가 없다는 소리가 아닌가? 하이들러는 이방 교회가 '살아 있는 원 가지'가 없이는 접붙임을 받을 수 없고 뿌리로부터 흘러나오는 생명의 수액을 빨아들일 수도 없다고 말한다. 그는 이처럼 원 가지로서의 메시아닉 유대교의 필요성을 강변한다. 메시아닉 유대교 없이 이방 교회의 존재만으로는 생명의 유지가 불가능하다는 것이다. 그래서 교회 갱신을 불러일으킨 종교개혁조차 메시아닉 유대교의 회복이 없는 이방 교회의 회복일 뿐이라고 하여 그 의미를 무색하게 만든다.

그러나 이런 주장 역시 성경 본문을 무시하고 왜곡하는, 매우 편협한 주장이 아닐 수 없다. 로마서 11:17-24에서 바울은 '살

   백투예루살렘 운동, 무엇이 문제인가

아 있는 원 가지'에 대해서는 관심이 없고 '꺾인 원 가지'에 초점을 맞춘다. 그래서 하이들러가 주장하는 것처럼 그렇게 세세한 구분과 개념은 등장하지 않는다. 정작 바울은 하이들러가 제기하는 '살아 있는 원 가지'의 문제는 도외시한 것이다. 따라서 '살아 있는 원 가지'는 하이들러가 메시아닉 유대교의 중요성이라는 자신의 신념을 전제로 만들어낸 허구적 개념에 불과하다.

하이들러는 이처럼 종교개혁을 돌감람나무의 가지가 살아난 사건으로 치부한 후, '살아 있는 원 가지'의 출현에 대해 언급하기 시작한다. 그것은 바로 1967년의 6일 전쟁에서 이스라엘이 예루살렘을 점령한 사건이다. 그는 이 사건을 역사상 중대한 전환점으로 이해한다. 심지어 예수님이 "예루살렘이 유대인들 수중에 다시 돌아오게 될 때, 이방인의 때가 끝난다고 말씀하셨다"라고 한다. 그러나 예수님이 어디에서 이러한 말씀을 하셨는지, 그 출처를 밝히지 않고 있다. 혹 예수님이 그와 비슷한 말씀을 하셨더라도 그것이 6일 전쟁과는 아무런 상관이 없을 것이라고 분명히 말할 수 있다. 그런데 하이들러는 이 사건을 1967년에 시작된 유대인들의 메시아닉 운동과 관련시키려고 하는 것이다. 그는 "메시아닉 유대교가 다시 태어났다. 천 년 만에 처음으로, 감람나무 뿌리로부터 살아 있는 가지가 자라나기 시작한 것이다. 그 살아 있는 가지들은 극심한 반대에도 불구하고 자라고 번성하고 있다"고 한다. 종교개혁을 통해서 이방 교회가 부활했다면 6일 전쟁의 예루살렘 점령을 통해서는 원 가지인 메시아닉 유대교가 부활했다는 주장이다. 나아가 하이들러는 "내가 믿기로는 우리는 교회사 전체를 통틀어 가장 흥미진진한 시대를 살고 있는 것이다. 메시아닉 교회가 돌아왔다!"라고 하면서 기대감을 고조시킨다.[24]

하이들러의 주장에 대해 먼저 지적하고 싶은 것은 그가 '메시아닉 유대교'와 '메시아닉 교회'를 동일시하여 사용한다는 사실이다. 그는 유대교로 다시 돌아가는 것에 대해 전혀 거부감을 느끼지 않는다. 실제로 그는 "부록3"에서 유월절을 비롯하여 오순절, 초막절, 나팔절과 속죄일 등을 지키는 방법을 소개한다.[25] 유대교적 절기를 교회 안에서 버젓이 재현할 것을 제안하는 것이다. 그러므로 그에게는 '메시아닉 유대교'라는 호칭이 전혀 부자연스럽지 않다.

그런데 이런 메시아닉 쥬의 활동은 한국 교회 현장에도 영향을 주고 있다. 그 결과 우리나라에서 메시아닉 유대교의 신념을 추종하고 관련 활동을 주도하는 KIBI라는 단체에서 홈페이지를 통해 유월절 행사를 광고하고 신청자를 모집한 경우도 있었다. 이런 것은 기독교를 유대교와 결합시키려는 혼합 종교 운동과 다를 바가 없다. 유월절을 지켜야 한다면 할례도 행해야 할 것인데, 아직 할례 신청자는 받지 않았으니 다행이라고 해야 할까?

다음의 발언은 5장의 백미로서 하이들러의 입장을 선명하게 보여준다.

나는 오늘날의 교회가, 신약 교회가 그랬던 것처럼 유대적 배경 안의 기독교가 되지 않는 이상 결코 완전히 회복될 수 없다고 본다. 기독교의 유대적 뿌리 안에 전해 내려오는 태도들, 진리들과 관습들은 타 종

교로부터 수입된 이국적인 요소들이 아니라, 우리를 위해 하나님께서 주셨던 것들이다.[26]

여기에서 '유대적 배경 안의 기독교가 되지 않는 이상 결코 완전히 회복할 수 없다'는 하이들러의 말은 메시아닉 쥬의 입장을 대변하고 있다. 오늘날 교회의 갱신을 위해 유대적 배경을 추구해야 하며, 구약으로 다시 돌아가야 한다는 이야기다. 유월절, 초막절과 같은 절기도 지키고, 할례도 행하고, 성전 제사도 드리려면 결국 성전도 필요하다는 이야기가 나올 수밖에 없다.

도대체 어떻게 이런 가르침들이 우리 한국 교회에 유입되어 성도들의 시야를 흐리고 있다는 말인가! 이런 상황은 요한계시록 2-3장의 교회 상황을 떠올리게 한다. 에베소 교회에는 거짓 사도와 니골라당의 가르침이 있었고, 버가모 교회에는 발람의 교훈이 있었으며, 두아디라 교회에는 이세벨의 가르침이 있었다. 그와 비슷하게 유대적 배경이 복음을 대신하려고 한다. 그러나 신부인 교회가 완전하게 되는 길은 유대적 전통이나 그 배경의 회복이 아니라 오직 신랑되신 예수님의 임재밖에 없다!

잃어버린 유산의 회복(2부)

하이들러는 2부에서 잃어버린 유산의 회복에 대해 서술한다. 메시아닉 쥬는 예수님을 굳이 히브리식 발음인 '예수아'로 부른다.

그 이유는 히브리적 정신을 유지하기 위해서라고 한다. 하이들러는 그 외에도 유대적 뿌리들이 회복되고 있는 증거들로서 '다윗의 별'로 장식된 목걸이나, 그리스도인들이 유대교의 기도용 숄인 탈릿을 쓰는 것, 교회에서 뿔나팔을 사용하는 것 따위를 제시한다.[27]

그런데 여기에서 흥미로운 점은—하이들러도 인정했듯이—이런 물품들을 사용하고 있는 교회는 일관되게 은사주의적 교회라는 점이다. 여기에서 신사도 운동과 백투예루살렘 운동이 서로 만나는 것을 보게 된다. 그리고 이 두 운동의 성경 해석은 동일하게 세대주의에 뿌리내리고 있다. 원래 기독교는 율법의 마침이 되시는 예수님으로 말미암아 구약적 제도와 형식이 재해석되는 과정을 통과했다. 그러나 세대주의적 접근은 구약을 문자적으로 해석해서 그것을 그대로 답습하려는 성향을 보인다. 더군다나 하이들러가 지적하는 유대적 유산의 회복은 그런 물품들의 사용에 그치지 않는다. 그는 오늘날 교회 안에서 안식일과 같은 구약의 절기들을 지키는 현상을 보게 된다고 말한다.

하이들러는 이런 현상들을 '유대화'라고 말하는 것에 매력을 느끼지만, 오해를 막기 위해 표현을 자제한다. 그리고 이런 현상들을 '유대교화'라는 개념과도 구별하면서 '유대교화'를 이단으로 규정한다. 그 이유는 유대교화를 시도하는 유대주의자들은 이방인들이 구원받으려면 유대교로 개종하고 유대인이 되어야 한다고 가르치기 때문이라고 한다.[28] 그러나 하이들러 자신이 『메시아닉 교회』의 46-47쪽과 103-104쪽에서 '메시아닉 유대교'라는 표현을 사용하면서 오해를 불러일으킨다. 그는 메시아닉 유대교가 그

  백투예루살렘 운동, 무엇이 문제인가

냥 유대교로 오인될 수 있는 위험에 대해 단지 몇 줄의 설명 외에 전혀 경계하지 않고 있다. 사실 그런 위험성은 그의 책이 전개되는 모든 과정 중에 이미 지천으로 널려 있다고 보아도 과언이 아니다.

그는 자신이 갈라디아서에서 바울이 대적하는 바로 그 대상이 될 수 있다는 사실을 전혀 인식하지 못하고 있는 듯하다. 갈라디아서에서 바울이 대적하는 그 대상은 순전한 유대교가 아니라 할례와 같은 유대교의 전통을 고수하려는 기독교 유대인들과 그 지도자들이었다. 하이들러가 구분한 범주에 의하면 그들은 유대적 전통과 절기 등을 유지하려는 메시아닉 유대교인, 메시아닉 쥬였다. 여하튼 여전히 의아한 것은 잃어버린 유대적 유산의 회복으로서 물품들과 절기들의 재현을 말하는 하이들러가 왜 '할례'에 대한 언급은 피하고 있는가다.

하나님의 가르침(6장)

이제 하이들러는 영적 차원에서 메시아닉 쥬의 운동에 접근하기 시작한다. 그는 "(사탄이) 우리에게 거짓말하고 우리를 도적질한다(요 8:44; 10:10). 오늘날의 교회는 우리가 사탄의 거짓말을 믿었기 때문에, 그가 우리의 자원들을 도둑질하도록 허락했기 때문에 허약해졌다"고 한다. 앞 장에서 이어지는 맥락에서 볼 때 그가 말하는 '우리의 자원'은 유대적 유산을 가리킨다고 할 수 있다. 그의 이런 평가는 정통 교회가 향유해왔던 신학의 열매들을 송두리째 부정하는 것이다. 물론, 신학의 발전에 항상 순기능만 있었던 것은 아니다. 그러나 대체적으로 성경 해석과 신학은 꾸준히 발전하면서 교회를 세우는 기능을 해왔다. 그것이 유대적 배경을 탈색시키는 결과를 가져왔다고 하여 사탄의 거짓말에 속았다고 말하는 것은 있을 수 없는 일이다.

하이들러가 사탄이 말씀을 훔쳐가 버렸다고 말하는 근거로 내세우는 것은 보편적 교회에서 보여주는 성경에 대한 배타적 이해다. 예를 들어 "구약은 유대인들을 위해 쓰인 것이에요. 그리스도인들에게 주시는 말씀은 신약이죠"라고 말한다든지 "구약에는 주일학교에서 들려주기 좋은 이야기들이 많아요. 하지만 대부분은 이해하기가 너무 어렵고, 우리에게 하시는 말씀은 아니니까 읽는 데 너무 많은 시간을 투자할 필요는 없답니다"라고 말하는 경우다. 하이들러는 이런 말들을 사탄의 거짓말로 규정한 후, 사탄의 거짓말을 교회가 받아들이고 있다고 주장한다.[29]

그러나 그런 발언들은 보편적 교회에서 인정하는 것이 아니다. 보편적 교회에서는 구약과 신약이 동일한 권위를 갖는 하나님의 말씀이라고 고백한다. 다만 계시의 점진적 성격에 기초해 신약이 구약보다 계시의 완전성 면에서 좀 더 온전한 내용을 전달하고 있다고 볼 뿐이다. 구약은 그림자로서 실체가 오기 이전에 하나님의 계획과 뜻을 기록했다. 반면 신약은 그 그림자의 실체이신 예수님의 죽음과 부활을 중심으로 하는 구속적 사역을 근거로 구약의 약속에 대한 성취를 기록하고 있다. 따라서 구약 없이 신약을 이해

   백투예루살렘 운동, 무엇이 문제인가

할 수 없고 신약 없는 구약은 미완의 작품일 뿐이다. 보편적 교회가 용인할 수 없는 매우 왜곡된 성경관을 가지고 사탄의 거짓말에 속았다는 평가를 내놓는 하이들러는 표적을 잘못 겨누었다.

하이들러는 사탄이 훔쳐간 것을 되찾자는 구호를 외치고 있다. 그러면서 그 잃어버린 유산들이 구약 안에 존재한다고 주장한다.

구약에 있는 심원한 진리들 중에는 언약, 안식일, 하나님께서 정하신 명절들에 대한 성경적인 가르침들이 있다. 하나님께서 주신 축복들이지만 대적이 빼앗아간 것들이다! 구약을 공부함으로써 우리는 이 빼앗긴 축복들의 소유권을 다시 주장할 것이다![30]

이런 주장을 보면 정말 한심하다는 생각밖에 들지 않는다. 기껏 사탄에게 빼앗긴 유산이 안식일과 구약의 명절들인 유월절, 오순절, 초막절 그리고 나팔절이라는 말인가? 생각해보라. 그런 것들이 예수님의 죽음과 부활을 통해 새로운 의미를 갖게 되어 더 이상 지키지 않는 것이라면 그것을 빼앗은 자는 예수님이 아닌가?

요한복음은 유월절과 초막절, 그리고 안식일이 예수님의 사역에 의해 성취되었음을 보여준다. 요한복음 1:29에서 세례 요한은 "세상 죄를 지고 가는 하나님의 어린 양"이라고 하여 예수님을 유월절 어린 양의 성취로서 제시한다. 또 요한복음 2:13-22은 유월절을 배경으로 참된 성전인 예수님의 육체에 대해 말씀한다. 요한복음 6:1-15 또한 유월절을 배경으로 오병이어의 기적을 통해 참된 양식의 제공자가 되시는 예수님에 대해 말씀한다.

그리고 요한복음은 무엇보다 예수님의 십자가 죽음에 대한 기록을 유월절을 중심으로 전개한다. 요한복음 11:55에서는 "유월절이 가까우매"와 "유월절 전에"라고 거듭하여 시점을 기록한다. 마찬가지로 요한복음 12:1은 "유월절 엿새 전에"라고 하고, 13:1은 "유월절 전에"라고 하여 유월절이 한층 다가왔으며 동시에 예수님의 죽음의 때도 가까이 왔음을 암시한다. 그리고 18:28, 39 그리고 19:14은 예수님의 죽음의 때가 왔으므로 "유월절 잔치"를 먹고자 준비한다거나 "유월절의 준비일"이라고 표현한다. 그리고 그때에 예수님은 십자가의 죽음을 당하신다. 이것은 예수님이 유월절 어린 양의 예표적 의미를 온전히 성취하셨다는 것을 보여준다.

한편, 요한복음 7장은 초말절을 배경으로 한다. 예수님은 초막절 행사의 마지막 절정의 순간, 믿는 자는 그 배에서 생수의 강이 넘쳐날 것이라고 말씀하셨다. 이에 대해 요한복음은 "그를 믿는 자들이 받을 성령을 가리켜 말씀하신 것"이라고 설명한다. 초막절은 이스라엘의 광야 여행을 기념하는 절기인데 특별히 광야 여행 동안 물을 공급하신 하나님의 신실하심을 기억하고 기념하는 절기다. 그래서 예수님은 물을 소재로 말씀하신 것이었다. 하나님은 광야길에서 이스라엘 백성의 생존을 위해 물을 공급하셨다. 마찬가지로 예수님은 광야와 같은 이 세상에서 신약의 성도들에게 성령을 공급해주신다. 광야에서 물이 없으면 죽는 것처럼 이 세상에서 성령 없이는 생존할 수 없다. 그러므로 요한복음의 말씀에 근거해 오늘날 성령을 주심은 초막절의 성취라고 이해할 수 있다.

뿐만 아니라 요한복음은 분명하게 안식일이 예수님의 사역을

 백투예루살렘 운동, 무엇이 문제인가

통해 성취되었다고 가르친다. 요한복음에는 안식일에 발생한 두 개의 기적 사건이 기록되어 있다. 바로 5장에서 38년 된 병자를 고치신 사건과 9장에서 맹인의 눈을 뜨게 하신 사건이다. 요한복음에서 병자의 치료를 다룬 것은 11장의 죽은 나사로를 살리신 것과 이 두 사건이 전부다. 그리고 예수님은 이 두 사건으로 인해 본격적인 생명의 위협을 받게 된다. 그만큼 안식일에 병자를 치료하신 사건은 시사하는 바가 크다고 할 수 있는데, 예수님이 위험을 무릅쓰고 안식일에 병자를 고치신 이유는 무엇일까? 사실 안식일의 본질은 '에덴의 회복'으로서, 죄로 인해 저주받은 이 땅 가운데서 창조질서의 온전함, 창조의 완전성을 맛보는 데에 있다. 예수님은 당대의 경직되고 규범화된 안식일 분위기 속에서 생명을 살리는 치유 사역을 통해 안식일의 본질을 성취하기 원하셨다. 그 결과 그리스도인은 예수님의 성취를 힘입어 구약의 안식일이 아닌 안식 후 첫날, 즉 주일에 모여 하나님을 예배하는 시간을 갖게 되었을 뿐 아니라, 매일의 삶 속에서 저주가 아닌 회복의 은혜를 누리게 되는 종말적 성취의 시대를 살게 된 것이다.

앞에서 유월절과 초막절, 그리고 안식일을 예로 들어 구약의 절기가 어떻게 신약에서 성취되었는가를 간단하게 살펴보았다. 요한복음에 기록된 말씀이 진리라면 오늘날 절기들을 재현하는 것, 특별히 유월절을 재현하는 것은 유월절 어린 양으로 오셔서 유월절의 의미를 성취하신 예수님의 죽으심을 무효로 만드는 것이요, 초막절을 재현하려고 하는 것은 성령의 오심을 무색하게 만드는 비진리적 행위라고 말할 수밖에 없다. 더 나아가 안식일을 재현하려고 하는 것은 안식일의 주인이 되신 예수님의 생명 회복 사역을 무시하고 구원의 시계를 구약으로 다시 되돌려놓는 반기 독교적 행위라고 보는 것도 무리가 아닐 것이다.

하나님의 안식을 누리기(7장)

하이들러는 7장에서 유대적 전통 중 대표적인 사례로서 안식일을 다룬다. 그는 "안식일은 하나님이 우주를 향한 뜻을 나타내신 최초의 표현들 중 하나다"라고 말한다. 그리고 안식일을 지켜야 하는 이유를 다음과 같이 일곱 가지로 제시한다.[31]

① 안식일은 하나님을 창조주로 높이는 것이다.
② 안식일은 하나님의 공급을 기리는 것이다.
③ 안식일은 하나님의 선하심을 우리에게 상기시켜준다.
④ 안식일은 우리의 믿음을 세워준다.
⑤ 안식일은 구원을 상징한다.
⑥ 안식일은 천국을 상징한다.
⑦ 안식일은 하나님의 축복을 풀어놓는다.

이 일곱 가지 이유는 성경 해석에 근거했다기보다는 상식적·경험적 내용을 정리하여 열거한 것에 가깝다. 정말 중요한 것은 안식일이 신약에서 어떻게 재해석되는가를 이해하는 것인데, 그에

   백투예루살렘 운동, 무엇이 문제인가

대해서는 전혀 언급하지 않는 것이 아쉬울 따름이다. 하이들러는 골로새서 2:16의 안식일에 대한 가르침을 방어적 입장에서 거론한다. 즉 "안식일을 이유로 누구든지 너희를 비판하지 못하게 하라"고 하신 말씀은 안식일이 필요 없다는 의미가 아니라 어떻게 안식일을 지키는지에 관해 서로 판단하지 말라는 의미라는 주장이다. 그러면서 이 구절은 "안식일의 바리새적인 준수를 금하고 있다"고 한다. 하이들러의 주장을 요약하면 안식일을 지키되 바리새적으로 서로 판단하지는 말라는 것이다.[32]

그러나 이 구절의 문맥을 보면 하이들러가 본문을 왜곡하고 있음을 발견할 수 있다. 하이들러의 이해와는 달리 이 본문은 안식일 준수가 신약 시대의 정황에 전혀 걸맞지 않는 구시대적 산물임을 보여준다. 먼저 바울은 골로새서 2:6-7에서 예수님을 주로 받았으므로 그 안에서 행하고 그 안에 뿌리를 박으며 세움을 받아 교훈을 받은 대로 믿음에 굳게 서라고 권면한다. 그리고 8절에서는 누가 철학과 헛된 속임수로 너희를 사로잡을까 주의하라고 경고한다. 그런데 골로새서 2:13-15은 하나님이 법조문으로 쓴 증서를 지우시고 제하여버리셨다고 하면서 통치자들과 권세를 무력화하여 승리하셨음을 밝히고 있다. 여기에서 '법조문으로 쓴 증서'란 무엇일까? 그것은 율법을 우회적으로 표현한 말이다. 율법은 채권자가 빚을 진 채무자에게 권리를 행사할 수 있는 근거 문서와 같다. 이는 율법 아래 있는 자의 상태에 대한 가장 뛰어난 묘사 중 하나다. 흑암의 권세는 그것을 근거로 하나님의 백성을 종으로 삼고 있었다. 그러나 예수님은 십자가의 피로 그 법조문으로 쓴 증서를 도말하셨다!

골로새서 2:16-17은 앞의 맥락을 염두에 두고 해석해야 한다. 골로새서 2:16의 말씀은 안식일뿐만 아니라 먹고 마시는 것에 대한 율법의 규칙, 초막절과 유월절과 같은 절기와 새로운 달new moon을 기념하는 것 등을 이유로 사람들의 판단을 받지 않도록 하라는 것이다. 이는 골로새서 2:8에서 철학과 헛된 속임수로 너희를 포로처럼 사로잡을까 주의하라는 경고와 유사하다. 왜냐하면 판단을 받는 대상이 되면, 곧 사로잡혀 종노릇하게 되기 때문이다. 바울은 누군가가 율법의 조항들을 이용해 그리스도의 십자가로 말미암아 종의 상태에서 자유롭게 해주신 구속의 효과를 훼손하려고 한다는 정황을 포착한 것이다.

17절의 말씀은 이런 논란에 종지부를 찍는다. "이것들은 장래 일의 그림자이나 몸은 그리스도의 것이니라." 여기에서 우리말 번역은 다소 모호하다. 이해하기 쉽게 하기 위해서는 "이것들은 장래 일의 그림자이나 그러나 그 실체는 그리스도에게 속하였다"라고 해야 한다(ESV, NRSV, NKJV, 바른성경 등이 이 번역을 지지한다). 여기에서 '그림자'와 '실체'가 대조된다. 곧 먹고 마시는 것과 절기와 새로운 달을 기념하는 것, 그리고 안식일을 지키는 것들은 실체를 위한 그림자다. 그림자는 실체가 오면 사라져야 한다. 그림자의 존재를 계속 고집하면 실체의 의미가 무색하게 될 수 있다. 이미 성취된 구약의 율법적 조항들을 계속 지키면서 유지하려고 하면 그리스도의 십자가의 능력을 훼손하게 될 뿐만 아니라 율법의 종이 되어버리고 만다. 그러므로 그런 조항들을 지키지 않는

　　　　　　　백투예루살렘 운동, 무엇이 문제인가

것은 당연하다. 이에 대해 가해질 수 있는 판단과 비판을 용인하거나 받아들이지 말라는 것이 이 본문을 통해 말하고자 하는 바울의 요지다.

따라서 골로새서 2:16은 하이들러의 주장과 정면으로 배치된다. 그는 비록 바리새적인 안식일 준수를 거부한다고 하지만, 그림자에 불과한 안식일을 지키려고 하면 이미 실체이신 그리스도 안에서 이루어진 성취의 의미를 왜곡하는 결과를 가져오게 되는 것이다. 구약의 안식일은 에덴의 안식의 종말적 회복을 보여주기 위한 그림자다. 이제 예수님의 오심으로 말미암아 타락 이전의 에덴의 안식이 성취되었다. 그리스도 안에 진정한 쉼과 안식이 있다. 그리스도 안에서는 일주일에 단 하루만이 아니라 매일이 안식의 날이다. 이것은 아담과 하와가 타락 전에 에덴에서 하나님의 안식 가운데 매일 안식을 누렸던 것과 동일하다.

그러므로 하이들러의 주장처럼 안식일을 오늘날 다시 재현하는 것은—바울의 표현대로 말하면—실체가 왔음에도 불구하고 다시 그림자로 돌아가려는 것이요, 예수님의 십자가의 공로를 무효화하는 것이요, 사람들의 끊임없는 판단의 대상이 되어 종노릇하게 되는 것이다. 따라서 안식을 누리기 위해서는 구약의 안식일로 돌아갈 것이 아니라, 그리스도 안에서 믿음으로 하나님과 동행하는 에덴의 안식을 회복하는 것이 절대적·필연적으로 올바른 방향이라고 하겠다.

오늘날 주일의 성수는 구약에서 종말적 성취를 대망하며 성수했던 안식일의 성취를 누린다는 의미에서 초대교회가 안식 후 첫

날을 정하여 지켜온 전통과 맞닿아 있다. 안식일은 일주일의 마지막 날이지만 주일은 일주일의 시작으로, 전자는 성취를 대망했다면 후자는 성취를 이룬 상태를 보여준다. 그러므로 오늘날 그리스도인들은 그리스도 안에서 매일 안식을 누리지만, 주일을 성수하면서 구약에서의 안식일과 에덴에서의 안식의 종말적 성취를 인식하고 기념한다.

정리

하이들러의 핵심 주장은 유대적 유산의 존재 인정과 회복이다. 그는 교회가 유대적이지 않은 적이 없었다고 한다. 그는 교회사 초기의 사도적 교회가 메시아닉 유대교의 뿌리라고 생각한다. 그러므로 초대교회적 성령의 역사에 의한 부흥만이 타락한 현대 교회를 초대교회와 같이 생명력 있는 교회로 회복시킨다고 주장한다. 그의 주장에 따르면, 종교개혁으로 인한 이방 교회의 회복만으로는 하나님의 생명이 흘러나올 수 없다. 이방 교회를 통해 복음이 유대인들에게 전파되어 그들이 회복되어야만 하고 그럴 때 비로소 예수님이 재림하신다는 것이다.

하이들러의 논증에서 가장 주목할 만한 것은 로마서 11장에 대한 해석이다. 그는 11:15-24에 직접적으로 등장하지 않는 '꺾이지 않은 원 가지'를 매우 부각시킨다. 그 원 가지가 바로 바울, 마태, 마가, 누가, 요한, 야고보 그리고 베드로와 같은 유대인 신자들

   백투예루살렘 운동, 무엇이 문제인가

이라고 한다. 이어서 그는 초대교회가 유대적 특징들을 제거하면서 소멸되었다고 주장하며 그런 결과의 원흉이 바로 콘스탄티누스 대제라고 한다. 그가 보기에 종교개혁을 통한 이방 교회의 회복에도 불구하고, 유대적 유산은 여전히 소멸된 상태다. 하이들러는 우리가 회복의 시대를 맞아 안식일, 유월절, 초막절과 같은 절기들을 포함한 유대적 유산을 재현해야 한다고 주장한다.

대니엘 저스터의
『마지막 때의 교회와 이스라엘』

『마지막 때의 교회와 이스라엘』의 1-3장은 대니엘 저스터의 저술이고 나머지는 인트레이터의 저술이다. 인트레이터는 앞에서 다루었으므로 여기에서는 저스터의 글을 중심으로 살펴보도록 하겠다.

말세 예언의 서론(1장)

저스터가 내세우는 종말의 시간표는 다음과 같다.

예수님께서 오셨을 때 하나님의 나라를 이스라엘에게 주시려 했지만, 이스라엘이 하나님 나라를 거절했다. 따라서 하나님 나라가 연기되었고, 하나님이 '삽입된 교회 시대'를 넣으셨다. 그것은 선지자들이 예

언하지 않은 것이었다. 이 교회 시대는 휴거가 일어날 때 끝날 것인
데, 그때 하나님 나라가 다시 전파될 것이다.[1]

저스터는 '하나님 나라'를 미래적 천년왕국에 제한시켜놓은
채, 자신은 결코 그것을 전하지 않고 '하나님의 은혜의 복음'을 전
한다고 하면서 세대주의와의 차별을 시도한다.[2] 그는 무천년주의
자들에 대해서도 비판을 하는데, 그것은 단지 이스라엘의 자리를
인정하지 않는다는 점 때문이다.[3]

저스터가 이런 차별을 시도함에 있어서 하나님 나라에 대해 어
떤 입장을 취하는지 자세하게 살펴보자. 먼저 그는 이사야 2:2-4
의 말씀을 인용하면서 지상 평화가 메시아를 통해 이루어질 것이
라고 말한다.

[2]말일에 여호와의 전의 산이 모든 산 꼭대기에 굳게 설 것이요 모든
작은 산 위에 뛰어나리니 만방이 그리로 모여들 것이라 [3]많은 백성이
가며 이르기를 오라 우리가 여호와의 산에 오르며 야곱의 하나님의
전에 이르자 그가 그의 길을 우리에게 가르치실 것이라 우리가 그 길
로 행하리라 하리니 이는 율법이 시온에서부터 나올 것이요 여호와의
말씀이 예루살렘에서부터 나올 것임이니라 [4]그가 열방 사이에 판단하
시며 많은 백성을 판결하시리니 무리가 그들의 칼을 쳐서 보습을 만
들고 그들의 창을 쳐서 낫을 만들 것이며 이 나라와 저 나라가 다시는
칼을 들고 서로 치지 아니하며 다시는 전쟁을 연습하지 아니하리라
_사 2:2-4.

　　　　　　　　　　백투예루살렘 운동, 무엇이 문제인가

그리고 이사야 11:1-6의 말씀은 다윗 왕조의 회복에 대해 예언한다고 설명한다.[4]

¹이새의 줄기에서 한 싹이 나며 그 뿌리에서 한 가지가 나서 결실할 것이요 ²그의 위에 여호와의 영 곧 지혜와 총명의 영이요 모략과 재능의 영이요 지식과 여호와를 경외하는 영이 강림하시리니 ³그가 여호와를 경외함으로 즐거움을 삼을 것이며 그의 눈에 보이는 대로 심판하지 아니하며 그의 귀에 들리는 대로 판단하지 아니하며 ⁴공의로 가난한 자를 심판하며 정직으로 세상의 겸손한 자를 판단할 것이며 그의 입의 막대기로 세상을 치며 그의 입술의 기운으로 악인을 죽일 것이며 ⁵공의로 그의 허리띠를 삼으며 성실로 그의 몸의 띠를 삼으리라 ⁶그때에 이리가 어린 양과 함께 살며 표범이 어린 염소와 함께 누우며 송아지와 어린 사자와 살진 짐승이 함께 있어 어린 아이에게 끌리며
_사 11:1-6.

그는 특별히 이사야 11:4의 '그의 입의 막대기로 세상을 치며'라는 내용이 요한계시록 19장에서 예수님의 입에서 나오는 검으로 악인들을 심판한다는 말씀과 유사하다고 지적한다. 그리고 이사야 11:12—"여호와께서 열방을 향하여 기치를 세우시고 이스라엘의 쫓긴 자들을 모으시며 땅 사방에서 유다의 흩어진 자들을 모으시리니"—은 "세계의 구속을 유대인이 다시 모이는 것과 연결시키고 있다"라고 해석한다.[5] 결국 "선지자는 이스라엘에 대한 하나님의 목적이 성취되어 이스라엘이 세계 구속을 도래시키는 종의 역할

을 하는 것을 미리 보았다"는 것이다.[6] 그에게 있어서 세계 평화, 이스라엘의 회복, 그리고 모든 인류의 구원은 하나로 연결된 고리와 같다.

그래서 그는 온 인류의 구원에 대해 낙관적이다. 그래서 다음과 같이 말한다.

온 인류가 멸망하지 않고, 구원을 받을 것이다. 이것이 이단적인가? 아니면 하나님의 말씀이 실제로 이렇게 선포하고 있는가?[7]

하나님의 의도는 이스라엘이 온 세상을 하나님을 아는 지식으로 이끄는 것이다. 그때 열방의 베일이 제거될 것이다. 하나님 나라가 온전히 임할 것이다.[8]

마지막 구원의 모습은 '이스라엘 구원→모든 세상 구원→하나님 나라의 완성'의 순서로 나타나게 된다는 말이다. 그런데 그의 주장은 이사야 45:22-25의 말씀에 근거한다.

[22]땅의 모든 끝이여 내게로 돌이켜 구원을 받으라 나는 하나님이라 다른 이가 없느니라 [23]내가 나를 두고 맹세하기를 내 입에서 공의로운 말이 나갔은즉 돌아오지 아니하나니 내게 모든 무릎이 꿇겠고 모든 혀가 맹세하리라 하였노라 [24]내게 대한 어떤 자의 말에 공의와 힘은 여호와께만 있나니 사람들이 그에게로 나아갈 것이라 무릇 그에게 노하는 자는 부끄러움을 당하리라 그러나 [25]이스라엘 자손은 다 여호와로

말미암아 의롭다 함을 얻고 자랑하리라 하느니라_사 45:22-25.

그는 이 말씀을 해석하면서 "하나님의 입에서 나가서 헛되이 돌아오지 않는 말씀은 바로 세계의 구속에 대한 말씀이다"라고 한다. 그리고 그와 관련된 신약 본문으로서 빌립보서 2:10-11— "…모든 무릎을 예수의 이름에 꿇게 하시고 모든 입으로 예수 그리스도를 주라 시인하여 하나님 아버지께 영광을 돌리게 하셨느니라"—을 제시한다.[9]

그는 구약을 문자적으로 해석한 결과 이스라엘의 회복과 만인 구원설을 말하고 있다. 하지만 그가 근거로 삼고 있는 빌립보서 2:10-11은 만인의 구원을 이야기하는 것이 아니고, 성육신의 낮아지심 후에 필연적으로 초래된 예수님의 높아지심을 말하는 것이다. 빌립보서 2장의 문맥에서 모든 사람의 구원을 말하는 것은 생뚱맞기까지 하다. 저스터의 황당한 주장은 구약성경에 대한 문자적 해석과 이스라엘 중심적 성경 해석이 어떤 결과를 가져오는지를 보여주는 결정판이라고 하겠다.

하나님 나라의 복음과 마지막 때(2장)

저스터는 세대주의를 비판하면서도 자신이 세대주의의 관점에 동의하는 부분이 있음을 인정한다. 그래서 그는 "그래도 이 관점에서 옳은 것은 선지서에 묘사된 온전한 하나님 나라가 아직 이르지 않았다는 것이다"라고 말한다.[10] 결국 그는 자신이 세대주의자임을 인정한 것이다. 그는 선지서에서 말하는 하나님 나라의 예언적 소망을 다음과 같이 요약한다.[11]

① 이스라엘이 적들에게서 해방될 것이다.
② 이방인들 혹은 열방이 하나님의 빛에 나아올 것이다.
③ 성령이 모든 육체 위에 부어질 것이다. 이것은 이사야 11장에서 여호와를 아는 지식이 온 땅을 덮을 것이라는 약속과 유사하다. 예언의 은사가 전 세계에 회복될 것이고, 영광스러운 평화의 시대가 임할 것이다. 이리가 어린 양과 함께 살며, 열방이 칼로 쟁기를 만들고 창으로 낫을 만들 것이다.
④ 새 언약으로 율법이 하나님 백성의 심령에 새겨질 것이고, 그 새 언약이 온 세계에 보편적으로 적용될 것이다.

저스터는 바로 이런 형태의 하나님 나라가 아직 이르지 않았다고 이해한다. 그러나 저스터는 세례 요한과 예수님의 하나님 나라 선포를 소개하며 예수님의 말씀과 사역에 의한 하나님 나라의 현재적 실존에 대해 이야기한다. 문제는 그가 예수님에 의해 선포된 하나님 나라가 선지자들이 약속했던 하나님 나라와 비교해 온전하지 않다고 판단한다는 사실이다. 그가 보기에 구약의 예언적 약속은 문자적으로 성취되어야 하는 것이지만, 예수님의 사역은 그런 문자적 성취와는 거리가 있었다. 그런데 이런 관점이야말로 다름 아닌 세대주의적 가르침의 핵심이다. 세대주의적 관점에서 예

    백투예루살렘 운동, 무엇이 문제인가

수님의 말씀과 사역을 살펴보면 하나님 나라의 실존적 정황을 확인할 수 있는 반면, 구약에 기록된 약속들의 문자적 표현과는 거리가 있다. 그래서 저스터는 "선지서에 묘사된 온전한 하나님 나라가 아직 이르지 않았다"라고 말할 수밖에 없다.[12] 이러한 점에서 저스터의 입장은 세대주의적 입장과 다를 바 없는 것이다.

대신 그는 "하나님 나라는 연기되지 않았다"라고 하면서 동시에 "하나님 나라가 충만히 임하지 않았지만 부분적으로 임했다"라고 한다.

> 다만 장래의 다가올 시대까지 하나님 나라의 나타남이 자라고 발전할 필요가 있을 뿐이다. 우리는 현재 하나님 나라가 부분적으로 나타난다고 이해하고 있다.[13]

여기에서 저스터는 왜 하나님 나라가 충만히 임하지 않고 부분적으로 임했다고 말하는가? 하나님 나라가 무엇에 의해 자라고 발전한다는 말인가? 이에 대한 답변의 힌트가 되는 그의 진술이 있다. "실제적인 면에서, 만일 우리가 하나님의 부름을 완수하며 살면, 재림의 날을 앞당길 수 있다"는 것이다. 즉 세계 선교를 통해 이스라엘의 남은 자를 구원해야 하는데, 그 이유는 이스라엘의 남은 자들이 이스라엘 나라 전체의 미래에 대한 열쇠이기 때문이라고 한다.[14]

그래서 그는 "세계 선교의 이유 중 하나가 이스라엘이 구원받은 것을 보려는 것임을 교회가 깨닫고 있지 못하고 있다면, 바울의 관점을 갖지 못한 것이다"라고 한다. 결국 세계 선교를 통한 이스라엘의 남은 자 구원과, 그 남은 자를 통한 이스라엘 전체의 구원이야말로 하나님 나라의 발전이고 예수님으로 말미암아 도래한 하나님 나라의 불충분한 부분을 채우는 열쇠가 된다는 말이다. 이처럼 저스터의 관점에서 하나님 나라의 완성은 혈통적 이스라엘이 회복되어야 가능하다. 여기에서 저스터의 하나님 나라에 대한 이해가 이스라엘 중심적 해석의 틀 속에서 이루어지고 있음을 알 수 있다. 이러한 이해는 구약을 문자적으로 이해한 결과이고 교회와 이스라엘을 구별하는 세대주의 성경 해석의 전형이라고 할 수 있다. 거기에서 하나님 나라는 하나님의 나라가 아니라 이스라엘의 나라가 된다.

한편 저스터는 유대인 리더십과 일반 백성을 구분한다. 그리고 예수님을 거절한 것은 일반 백성이 아니라 리더십이라고 주장한다. 이 구분에 따라 마태복음 23:37-39에 나오는 예수님의 예루살렘에 대한 책망과 경고의 메시지는 이스라엘 백성에게 주신 것이 아니라 지도자들에게 주신 것이 된다.[15] 이를 통해 그는 이스라엘 전체가 예수님을 대적한 것은 아니며 따라서 하나님은 이스라엘을 버리지 않으신다는 결론을 내리고 이스라엘의 회복에 대한 장애물을 없애고자 한다.

그러나 예수님을 십자가에 못 박으라고 외친 것은 다른 누구도 아닌 대중들, 이스라엘 백성이었다. "호산나 찬송하리로다"라고 외쳤던 바로 그 장본인들이었다는 말이다. 그리고 마태복음 23:37-39의 시작 부분에서 예수님이 "예루살렘아, 예루살렘아"라

 백투예루살렘 운동, 무엇이 문제인가

고 부르실 때, 그것이 어떻게 지도자들에게만 해당한다고 말할 수 있을까? 이런 점들을 살펴보면 저스터의 구분이 인위적 구분에 불과하다는 사실을 알 수 있다.

교회의 회복과 유대의 남은 자들(3장)

3장에서는 2장에서 불충분하게 이루어진 하나님 나라가 어떻게 충만하게 이루어지는가를 다룬다. 저스터는 "예수님의 재림은 하나님의 백성이 역할을 완수하는 것을 조건으로 한다"고 말하며 재림의 시기가 사람의 역할에 의해 좌우된다는 매우 위험한 주장을 앞세운다.[16] 그의 의도는 다음과 같은 글을 보면 더욱 분명하게 드러난다.

> 예수님의 재림은 옛 찬송가 가사처럼 '며칠 후 며칠 후' 저절로 이뤄지는 것이 아니다. 예수께서 오실 것이다. 우리는 영광 중에 계신 그를 볼 것이다. 그러나 그것은 그냥 가만있어도 저절로 일어나지 않을 것이다![17]

그렇다면 예수님의 재림이 이루어지도록 하기 위해 하나님의 백성이 감당해야 할 역할은 무엇이란 말인가? 앞에서도 다루어진 이 문제의 해답에는 나름대로의 공식이 있다. 그 공식에서는 먼저 이스라엘의 남은 자의 존재가 매우 중요하다. 왜냐하면 그것은 이스라엘 전체가 구원받는 것으로 이어지기 때문이다. 그래서 저스터는 "그 구원받은 남은 자들은 이스라엘이 온전히 예수님을 영접하는 것으로 이어지게 하는 데 목적이 있다"고 한다.[18] 다음으로 남은 자의 구원에 이어지는 모든 이스라엘의 구원은 필연적으로 일어난다. 그 다음에는 죽은 자들의 부활이 뒤따르고 마지막으로 하나님 나라의 복음이 온 세상에 전파되면 그제야 끝이 올 것이다.[19]

이러한 일련의 과정에서 이방 교회는 중요한 역할을 감당하는 것으로 여겨진다. 곧 이방 교회는 온 세상에 들어가서 만민에게 복음을 전파할 뿐만 아니라—이 복음 전파는 이스라엘로 시기 나게 하여 그 남은 자가 돌아오게 하는 효과를 가져올 수 있다[20]—이스라엘의 남은 자가 돌아오도록 하기 위해 그들에게 직접적인 자비와 사랑을 나타낸다. 이것이 바로 예수님의 재림이 이루어지도록 하기 위해 하나님의 백성이 맡은 역할이며 하나님의 명령에 대한 순종이다.[21]

이어서 그는 로마서 11:11-13을 근거로 "바울은 이스라엘 나라의 구원이 마지막 때의 사건 중 하나라는 생각을 발전시켜가고 있다"고 한다. 그리고 "그 구원이 이루어지려면 이스라엘 나라 전체에게 이방인 신자들이 증거해야 한다"고 하면서 "이방인 중의 구원받은 자들이 이스라엘 구원의 열쇠가 된다"고 주장한다.[22] 즉 전체 이스라엘 백성의 구원을 위해서는 남은 자의 존재와 이방인 교회의 역할이 결정적이라는 의미다. 결국 이스라엘의 구원 없이 예수님의 재림은 없다.

저스터의 관점에서 '이방인' 신자들은 이스라엘의 남은 자들에게 복음을 전하고 그 남은 자들이 전체 이스라엘의 복음화를 위한 열쇠 역할을 한다. 유대인의 구원은 하나님의 구원 계획의 목표이자 핵심적 내용이며, 이방 교회의 존재는 유대인들에게 구원을 선포하기 위한 것으로 취급된다. 이것은 앞에서 하이들러가 "종교개혁은 이방 교회의 부흥일 뿐이다"라고 한 것과 같은 맥락이다. 곧 신약 교회 자체를 하나님의 구속 계획의 성취에 있어서 불완전한 상태로 보는 것이다.

정리

저스터는 자신의 입장을 세대주의와 구별하려고 하지만 결국 세대주의적 성경 해석과 동일한 방법을 사용한다. 특별히 구약에서 예언하는 하나님 나라는 아무리 보아도 신약 시대에는 이루어지지 않았으며, 예수님으로도 이루어지지 않은 하나님의 나라가 유대인들이 모두 돌아오는 순간에 온전히 이루어질 것이라고 본다. 그리고 예수님의 재림은 하나님의 백성이 제 역할을 감당함에 달린 것으로 이해한다. 그는 이방 교회→남은 자→모든 이스라엘의 구원에 이르는 일련의 연결고리를 예수님의 재림에 이르는 과정으로 제시한다. 물론, 모든 이스라엘의 구원 없이 예수님의 재림도 없다는 공식은 여기에서도 적용된다.

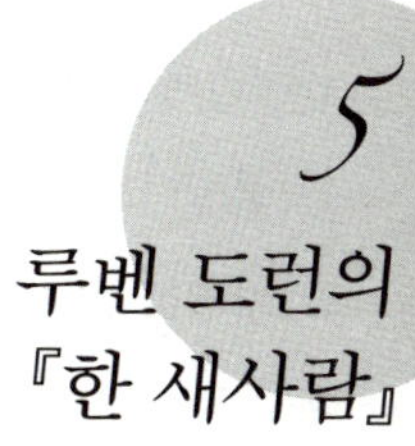

5

루벤 도런의
『한 새사람』

루벤 도런은 이스라엘에서 태어난 유대인으로서 미국 리버오브라이프River of Life 교회에서 목사로 몇 년간 사역했고, 미국과 세계 전역에서 '이스라엘의 신비와 교회'The Mystery of Israel and the Church라는 주제로 많은 컨퍼런스를 이끌었다. 또 다른 여러 사역들과 함께 이스라엘 전역을 중보하며 유대인과 아랍인들의 교회를 방문하고, 그들을 돕는 일을 정기적으로 이끌고 있다. 그의 주장은 인트레이터나 하이들러와 매우 유사하므로 일일이 다루지는 않겠다. 단 도런의 핵심 주장이라고 할 수 있는 '한 새사람'에 관련된 부분을 살펴보도록 하자.

도런은 책의 제목으로 사용한 '한 새사람'의 의미에 대해 다음과 같이 말한다.

유대인과 이방인 모두가 함께 한 새사람을 이루는 것은 장차 올 시대의 징조다. 이것은 믿음의 조상 아브라함에게 육의 자손과 영적 자손을 약속하셨던(창 13:16; 15:5) 하나님의 목적이 성취되고 있음을 말해주고 있다. 하나님께서 선택하신 영적인 자손(이방)과 육적인 자손(이스라엘)이 그리스도 안에서 연합될 때, 영적인 영역과 육적 영역이 연합되어 하나님의 생명이 방해받지 않고 흘러나오게 될 것이다. 그리고 영적인 세계와 육적 세계의 문들이 활짝 열릴 때 하늘의 실체가 하늘과 땅의 영역 사이에 자유롭게 교류될 것이다.[1]

도런은 창세기 13:16—"내가 네 자손이 땅의 티끌 같게 하리니 사람이 땅의 티끌을 능히 셀 수 있을진대 네 자손도 세리라"—과 창세기 15:5—"그를 이끌고 밖으로 나가 이르시되 하늘을 우러러 뭇별을 셀 수 있나 보라 또 그에게 이르시되 네 자손이 이와 같으리라"—이 아브라함의 육적 자손과 영적 자손을 약속했다고 주장한다. 그러나 각 절에서 자손을 두 가지로 구분한 흔적을 찾아보기 힘들다. 창세기 13:6과 15:5의 말씀은 육적/영적 자손의 구분 없이 단순히 아브라함의 자손을 말할 뿐이다. 이런 구분은 육적 이스라엘의 의미를 여전히 유지하려는 의도 때문에 발생한다. 이처럼 특정 전제를 가지고 성경의 내용을 인위적으로 해석하는 것은 올바르지 않다.

도런은 '한 새사람'이라는 개념의 근거로 에베소서 2:15의 말씀—"법조문으로 된 계명의 율법을 폐하셨으니 이는 이 둘로 자기 안에서 한 새 사람을 지어 화평하게 하시고"—을 제시한다. 그러나 이 또한 원 저자인 바울의 의도와는 거리가 멀다. 도런은 유대인(육적

    백투예루살렘 운동, 무엇이 문제인가

자손)과 이방인(영적 자손)의 신분이 그대로 유지된 채, 하나의 사람을 이루게 되었다고 주장한다. 그러나 어떻게 그런 신분을 유지한 채 하나가 될 수 있을까? 그런 신분이 유지되는 한, 하나가 된다는 것은 불가능하다. 앞의 인트레이터의 경우에서도 확인할 수 있었던 것처럼, 도런도 유대적 신분에 대한 우월감을 감추지 않는다. 도런은 직접적으로 "기독교는 이러한 맥락에서 이스라엘 민족을 통하여 태어나고 세상에 출현한 것이다"라고 하여 여전히 교회에 대한 이스라엘(유대인)의 우월성을 강조한다.[2]

에베소서 2:15의 '한 새 사람'의 의미를 가장 잘 이해하기 위해서는 바울의 다른 성경 본문의 도움을 받아야 하는데 그것은 갈라디아서 3:28이다. 우리 말 개역개정번역—"너희는 유대인이나 헬라인이나 종이나 자유인이나 남자나 여자나 다 그리스도 예수 안에서 하나이니라"—은 원문의 의미를 온전히 드러내지 못하는 것 같다. 이 본문을 원문에 충실하게 번역하면 다음과 같다.

유대인이나 헬라인도 없고, 종이나 자유자도 없고, 남자나 여자도 없다. 왜냐하면 너희 모두가 그리스도 예수 안에서 하나이기 때문이다.

이 번역은 거의 모든 영어 성경(ESV, NRSV, NKJV, NIV, NASV 등)이 지지한다. NRSV는 "더 이상 유대인이나 헬라인도 없고, 더 이상 종이나 자유자도 없고, 더 이상 남자나 여자도 없다…"라고 '더 이상'이라는 문구를 첨가하여 원문의 의미를 좀 더 적극적으로 나타내준다.

이 말씀의 전반부는 그리스도 안에서 유대인이나 이방인이라는 신분이 더 이상 존재하지 않는다는 것을 οὐκ ἔνι … οὐδέthere is neither … nor라는 부정 문형을 3회 반복하여 강조한다. 즉 유대인과 이방인, 자유자와 종, 그리고 남자와 여자의 구별과 차별은 존재하지 않으며 오직 하나의 하나님 나라의 백성만이 존재한다. 이것이 진정한 '한 새 사람'의 의미다. 유대적 신분이 유지되는 한, 그리스도 안에서 하나됨은 성립할 수 없고 십자가의 능력도 무효가 되고 만다. 특별히 에베소서 2:15에서 유대적 신분의 표지라고 할 수 있는 '율법'을 '폐하셨다'는 선언은 그리스도 안에서, 서로 원수 되었던 유대인과 이방인으로 구성된 '한 새 사람'을 세우기 위한 유대적 신분의 소멸을 시사해준다. 이런 점에서 원수 된 것, 곧 유대인과 이방인 사이에 막힌 담을 자기 육체로 허시고 화평하게 하신 예수님의 십자가의 탁월한 능력이 더욱 돋보이게 되는 것이다.

앞에서 인용한 도런의 글에서 "영적인 영역과 육적 영역이 연합되어 하나님의 생명이 방해받지 않고 흘러나오게 될 것이다. 그리고 영적인 세계와 육적 세계의 문들이 활짝 열릴 때 하늘의 실체가 하늘과 땅의 영역 사이에 자유롭게 교류될 것이다"라고 한 것은 도대체 무엇을 의미하는지 애매할 뿐만 아니라 성경 어디에도 근거하지 않은 비성경적인 언사라고 할 수밖에 없다.

정리

루벤 도런의 주장의 요지는 유대인과 이방인의 구별이 없어지지 않은 채 그리스도 안에서 '한 새사람'으로 하나가 되어 존재한다는 것이다. 그러나 그의 주장은 매우 비현실적이고 비성경적이다. 성경은 유대인과 이방인의 신분이 그리스도 안에서 완전히 소멸된다고 말씀한다.

우리나라의 백투예루살렘 운동

　우리나라에서는 두 개의 그룹을 중심으로 백투예루살렘 운동이 진행되고 있다. 하나는 송만석 장로가 대표로 있는 KIBI이고, 또 다른 하나는 최바울 대표의 인터콥이다. 두 그룹은 약간의 차이가 있다. 송만석 장로는 제2부에서 살펴본 메시아닉 쥬와 매우 유사한 경향을 보인다. 반면 최바울 대표의 경우에는 선교적 지향에서 백투예루살렘 운동이 작용하고 있는 것으로 보인다. 그러나 두 그룹은 성경 해석과 적용에서 유사점을 가지고 있으며, 무엇보다 한국 교회를 기반으로 하기에 제3부에서 하나의 범주로 묶었다.

6

송만석 장로의
『지금은 예루살렘 시대』

송만석 장로는 온누리교회의 장로로서 KIBI, 즉 한-이 성경 연구소의 대표이자 한국 EEF(유대인 귀환 사역)의 대표로 활동하고 있다. 그는 수학자답게 매우 정교한 설명을 선호한다. 그러나 그도 앞에서 언급한 메시아닉 쥬의 경우와 동일하게 이스라엘-예루살렘 중심적 사고의 틀에서 성경을 이해하고 해석하므로 성경 본문의 왜곡을 벗어나지 못한다. 이 책에서는 『지금은 예루살렘 시대』의 전체를 다루지는 않고 주제와 밀접하게 관련된 3장, 4장, 7장과 11장을 중점적으로 살펴보고자 한다.[1]

이스라엘 회복은 예언의 성취(3장)

송만석 장로는 회복에 관한 성경 구절을 열거한다(사 11:11-12;
43:5-6; 49:12; 렘 3:18; 23:7-8; 30:3; 31:8; 33:24-26; 겔 36:24-25; 39:28;
호 3:4-5; 슥 8:1-8).[2] 그리고 이런 예언의 말씀들이 어떻게 성취되
었는가를 설명한다. 그가 내세우는 증거는 19세기 중반에 유대인
들이 고토 가나안 땅으로 돌아오기 시작하여 1948년에 독립국가
가 되고, 1991년부터는 구소련에서 다수가 귀환하게 된 것, 그리
고 독립 이후에 50년 동안 전 세계의 비난 속에서도 한 국가로서
든든히 성장해가고 있다는 점 등이다.[3]

송만석 장로는 이런 예언들이 바벨론 포로 귀환을 통해 이루어
진 것이며 1948년 이스라엘 독립과는 관계없는 것이라는 비판을
의식하여 반론을 제시하고 있다. 그는 예레미야 16:14-15의 말씀
을 인용하며 북방 땅과 쫓겨나서 살았던 모든 나라에서 귀환하는
것은 역사적으로 일어났던 출애굽 사건보다 더 큰 사건을 말씀하
시는 것이라고 주장한다. 그러면서 앞에서 열거한 이스라엘 회복
에 관한 성경의 예언이 바벨론으로부터의 귀환이 아니라 금세기
에 일어난 이스라엘의 회복에 관한 말씀이라는 증거들을 나열한
다. 그가 3장에서 제기하는 7가지 주장은 다음과 같다.

① 이스라엘 역사상 온 민족이 송두리째 뽑혀서 세계 각처로
흩어져버린 것은 바벨론 포로시대가 아니라 예수님의 예언
이 이루어진 주후 70년 이후의 일입니다.

백투예루살렘 운동, 무엇이 문제인가

먼저 흥미로운 점은 송만석 장로가 주후 70년의 성전 멸망을 예수님이 말씀하셨던 예언의 성취로 간주하고 있다는 것이다. 그런데 예수님은 예루살렘 성전 멸망을 말씀하셨지 이스라엘 온 민족이 송두리째 뽑혀 세계 각처로 흩어지게 될 것이라고 말씀하시지는 않았다. 구약성경에도 이스라엘이 송두리째 뽑혀서 세계 각처로 흩어져버리게 된다고 기록된 것은 아니다. 두 경우 모두 백성의 일부가 흩어지거나 잡혀가게 된다는 의미를 포함한다고는 할 수 있다. 그리고 이스라엘 백성들이 흩어진 것은 바벨론 포로 사건이 계기가 된 것이 분명하다. 또한 귀환에 관한 선포도 바벨론 포로 사건을 배경으로 하는 것이 분명하다. 그러므로 주후 70년 이후 이스라엘 온 민족이 송두리째 뽑혀 흩어지게 된 것은 성경 구절과는 전혀 관계가 없다.

② 위에서 보았듯이 유대인들이 팔레스타인으로 이주해온 경로를 보면 문자 그대로 동서남북 전 지구상에서 돌아왔습니다. 단지 바벨론이나 그의 인접 국가들 정도에서 돌아온 것이 아닙니다.

세 가지를 지적하고 싶다. 첫째, 구약성경은 강조를 위해 과장된 표현을 쓰는 경우가 있다. 둘째, 구약에서의 '북쪽'과 '땅 끝'은 세계화된 지금의 우리가 생각하는 그런 범위가 아니다. 셋째, 실제로 바벨론 포로에서 해방되었을 때, 이스라엘 백성이 바벨론뿐 아니라 세계 각처로부터 몰려왔을 가능성도 배제할 수 없다. 왜냐하면 에스겔 36:19—"그들을 그 행위대로 심판하여 각국에 흩으며 여러 나라에 헤쳤더니"—에서 이스라엘 백성이 여러 나라로 흩어졌음을 말씀하기 때문이다.

③ 이사야 11:11을 보면 첫 번째 귀환이 아니라 두 번째 귀환을 말씀하고 있습니다.

우선 본문을 이끄는 '다시'라는 말은 '두 번째'라는 의미가 아니라 출애굽과 히스기야를 통한 구원이라는 문맥에서 '반복되는' 구원 사역을 말씀하는 것으로 해석해야 한다. 그리고 본문은 "앗수르와 애굽과 바드로스와 구스와 엘람과 시날과 하맛과 바다 섬들에서" 돌아올 것을 말씀한다. 만일 이 부분을 문자 그대로 믿으려면 구체적인 내용도 문자적으로 해석해야 하지 않을까? 그렇다면 오늘날의 정황이 본문의 정황과 많은 차이가 나는 문제는 어떻게 해결할 것인가? 그러므로 이 본문을 오늘날의 이스라엘의 회복에 적용하는 것은 본문과 본문의 구약적 문맥을 무시하는 결과일 뿐이다.

④ 스가랴서는 바벨론 포로시대 이후에 쓰여진 선지서입니다. 8:1-8까지의 내용을 보면 각처에서 돌아온 하나님의 백성이 예루살렘 거리에서 노니는 모습을 볼 수 있습니다.

스가랴 8:1-8이 귀환 후에 주어진 말씀이라 하더라도 당대의 정황에 해당된다고 말하지 못할 이유가 없다. 포로시대가 끝났더

　백투예루살렘 운동, 무엇이 문제인가

라도 이스라엘의 상황은 매우 열악했다. 즉 이 말씀은 그런 상황 가운데 있는 이스라엘을 격려하고 위로하는 말씀으로 이해하는 것이 합당하다. 뿐만 아니라 바로 이어지는 9절은 역대하 15:1-7을 배경으로 성전 재건에 대한 열의를 불러일으키고 있다.

⑤ 예레미야 30:24 내용은 이러한 사건이 '말일'에 이루어질 것이라고 말씀하는데, 이것은 바벨론 포로 귀환을 의미하는 것이 아니라 말할 수 있습니다.

송만석 장로는 종말에 대한 성경적 의미를 오해하고 있는 것이 분명하다. 구약성경에서 바벨론 포로 귀환 사건은 종말적 사건이다. 성경에서 '종말'이란 '시간적으로 마지막'이라는 의미만이 아니고, 하나님의 뜻과 계획이 성취되는 순간을 일컫기 때문이다. 종말을 내다본 선지자들의 선포는 포로 귀환을 통해 일차적으로 성취되었다. 그래서 스룹바벨은 성전을 건축하고, 느헤미야는 예루살렘을 재건하였으며, 에스라는 하나님의 말씀으로 영적 재건을 위해 힘썼다. 이것만 보아도 바벨론 포로 귀환은 이스라엘 회복 운동이었음이 자명하다. 그러나 뚜껑을 열어보니, 선지자들의 선포는 온전하게 성취되지 않았을 뿐만 아니라, 이후 이스라엘의 역사는 페르시아와 그리스, 그리고 로마제국에 이르는 대제국의 식민 지배로 얼룩지게 되었다. 신약성경의 저자들은 성령의 영감을 받아 이런 역사의 흐름을 재해석하며 진정한 해방, 포로 귀환이 그리스도 안에 있다는 말씀을 기록했다. 즉 예수님의 사역이야말로 종말적 사건이라고 할 수 있는 것이다.

⑥ 에스겔 36:24-26에서 말씀하고 있는 내용은 바벨론 포로
귀환 시대가 아니라 오늘날 이루어지고 있는 현상입니다.

이에 대한 분석과 평가는 에스겔 37장과 함께 다루기로 하자.

⑦ 누가복음 21:24에 예수님께서 말씀하시기를 '예루살렘은
이방인의 때가 차기까지 이방인들에게 짓밟히리라'고 하셨
습니다. 주후 70년 이후 예루살렘은 비잔틴제국, 페르시아,
십자군, 터키, 영국, 요르단 등 적어도 10개국 이상에 의해
지배를 받다가 1967년 6월, '6일 전쟁'으로 이 지역이 이방
인의 손에서 유대인들의 손으로 넘어왔습니다.

누가복음 21:24의 말씀은 구약의 유다-이스라엘-예루살렘에
대한 심판의 패턴을 활용한다. 즉 본문은 구약에 나오는 예루살렘
심판의 표현에 대한 인유allusion로서 예루살렘 성전의 심판을 이야
기한다. 그런데 구약은 항상 이스라엘에 대한 심판 선언 후, 심판
의 도구인 이방 나라들의 심판을 선포한다(참고. 사 10장; 13-14장;
33장; 47장; 렘 50-51장; 단 9:26-27; 겔 38장; 합 1:1-2:3). 따라서 예수
님도 예루살렘 심판 선언 후, 이방인에 대한 심판을 말씀하신 것
이다. 즉 본문의 강조점은 예루살렘의 회복이 아니라 예루살렘의
심판과 그것에 부속된 이방인의 심판에 있다. 예루살렘 성전은 예

 백투예루살렘 운동, 무엇이 문제인가

수님의 말씀대로 주후 70년에 로마에 의해 파괴되었다. 이것을 2천 년이 지난 이스라엘의 회복에 적용하는 것은 적절하지 않다.

이런 내용을 살펴보면 송만석 장로를 비롯해 혈통적 이스라엘의 회복을 주장하는 사람들은 구약의 선지적 선포가 신약에서 어떻게 받아들여지고 재해석되는지에 대한 고려가 전혀 없다는 것을 다시 한 번 확인할 수 있다. 신약성경의 저자들은 메시아이신 예수님의 사역을 기록하면서 구약의 선지자들이 선포했던 종말적 회복의 약속들과의 상관관계에 대해 고민하지 않을 수 없었다. 따라서 이에 대한 숙고 없이 이스라엘의 회복에 대한 구약의 약속들을 오늘날의 정황에 그대로 적용하면 안 된다.

무화과나무 비유를 배워라(4장)

송만석 장로는 마태복음 24:32의 무화과나무 비유를 이스라엘의 회복에 적용한다. 이러한 적용이 정당하지 않다는 것은 앞의 인트레이터의 경우에서 자세하게 논의한 바 있으므로 여기에서는 생략한다. 대신 그가 소개하는 이스라엘 자손을 불러 모으는 회복의 3단계 과정에 대해 자세하게 살펴보자. 송만석 장로의 3단계 회복론은 인트레이터가 『그날이 속히 오리라』 52-53쪽에서 말하는 이스라엘 회복의 3단계와 매우 흡사하다.

첫 번째 회복의 단계는 에스겔 37:2에 근거하여 마른 뼈들이 돌아오는 과정이라고 한다. 이것이 첫 번째 단계인 것은 지금 고토로 돌아오고 있는 유대인들은 99퍼센트가 아직도 영적으로 장님이고 죽은 자들이기 때문이다. 두 번째 단계는 이스라엘 백성이 조상들의 땅에 돌아온 다음―물론 현재도 이 일은 진행 중이지만―하나님이 그의 백성을 국가로 형성하고 성장시키시는 단계다(겔 37:7). 송만석 장로는 여기에 에스겔 37:1-8의 말씀을 적용한다. 뼈와 뼈가 들어맞아서 서로 연결되고 그 뼈에 힘줄이 생기고 그 위에 가죽이 덮이는 과정은 바로 돌아온 유대인들이 시설을 구축하고 기관들을 세우며 국가적인 형태를 이루어 생존해가는 과정이라는 것이다. 세 번째 단계는 뼈들이 모여 사람의 형태를 이루긴 하지만 그 몸 안에는 아직도 생기가 없는데 몸 안에 생기가 들어가는 단계라고 한다(겔 37:8-10). 이것은 곧 이스라엘의 영적 소생, 온 이스라엘의 구원의 단계라고 한다. 이 단계는 고토에 돌아온 후에 맑은 물로 씻기시고 하나님의 영을 부어주셔서 새롭게 태어나게 하신다는 약속의 말씀(겔 36:24-27)이 적용되는 단계다.[4]

에스겔 36-37장에 대한 접근에 있어서 송만석 장로의 문제점은 예언의 성경적 의미를 무시할 뿐만 아니라 성경 해석의 기본이 되는 본문의 문맥과 배경에 대한 고려가 전무하다는 것이다. 그의 성경 해석은 1948년에 독립한 이스라엘이 국가로서의 면모를 갖추었지만 진정한 하나님의 백성으로서의 모습은 갖추고 있지 않은 모순된 상황을 해결하고자 하는 의도가 다분하다. 그런 의도와 목적하에 에스겔 36-37장의 말씀을 그 목적에 맞게 짜 맞추듯 쪼개고, 잘라서 붙이는 왜곡의 과정이 적나라하게 드러나고 있다. 그에게는 이스라엘이 회복되는 문제가 성경 본문의 의도보다 더

 백투예루살렘 운동, 무엇이 문제인가

중요한 것처럼 보인다.

본문을 제대로 이해하기 위해서는 먼저 예언의 성격을 정확하게 이해할 필요가 있다. 거듭 강조하지만 성경적 의미의 예언이란 미래에 대한 내용만을 가리키는 것이 아니다. 대표적인 예언인 선지서의 말씀을 살펴보면 과거와 현재, 그리고 미래가 유기적으로 통합되어 구성된 하나님의 뜻과 계획을 담고 있다. 따라서 단순히 미래의 시점만을 고려하면 자칫 예언의 의미를 왜곡하게 된다. 송만석 장로의 경우도 선지서에 기록된 예언의 말씀의 미래적 의미만을 강조하기 때문에 그 메시지가 발생한 역사적 배경을 소홀하게 취급하는 것이다. 그러나 예언은 당대의 사람들을 위해 하나님의 뜻과 계획을 밝힌 말씀이다. 따라서 예언을 이해하기 위해서는 그 예언의 말씀이 주어진 정황에 대한 이해가 매우 중요하다. 바로 이 점에서 현대 이스라엘의 독립을 구약이 말하는 이스라엘 회복의 성취라고 전제하고, 에스겔 36-37장의 메시지를 현대 이스라엘의 회복을 이루는 3단계로 읽은 송만석 장로의 해석은 정당성을 얻기 힘들다.

그렇다면 에스겔 36-37장의 배경적 정황은 무엇인가? 에스겔 37:12에서 그 힌트를 얻을 수 있다.

그러므로 너는 대언하여 그들에게 이르기를 주 여호와께서 이같이 말씀하시기를 내 백성들아 내가 너희 무덤을 열고 너희로 거기에서 나오게 하고 이스라엘 땅으로 들어가게 하리라_겔 37:12.

여기에서 이스라엘은 '무덤'에 죽어 있는 상태로 묘사된다. 시대적 정황에서 해석한다면, 그것은 곧 이스라엘이 하나님의 심판을 받아 바벨론으로 쫓겨간 상태를 의미한다. 이스라엘에게 바벨론은 하나님의 심판을 받은 죽음의 장소다. 따라서 '거기에서 나오게 하고 이스라엘 땅으로 들어가게 하리라'고 한 것은 바벨론으로부터 건져내 주시겠다는 약속의 말씀이다.

송만석 장로는 이스라엘이 고토로 돌아오는 첫 번째 단계에서 유대인들이 영적으로 장님이고 죽은 자들이라고 하였는데 참 모순된 설명이 아닐 수 없다. 왜냐하면 본문의 맥락에서 그런 자들은 회복된 자들이라고 할 수 없기 때문이다. 본문은 고토로 돌아오기 전, 하나님의 심판으로 말미암은 바벨론 포로 상태를 '무덤'으로 표현한다. 즉 이스라엘이 죽은 상태라는 것이다. 송만석 장로의 말대로 그들이 영적으로 장님이고 죽은 자들이라면 회복의 전 단계에 머물 수밖에 없다. 그러므로 영적으로 장님이고 죽은 자들이 1948년 팔레스타인으로 돌아왔다고 하면서 그것을 에스겔 37장에서 말하는 회복의 첫 단계로 간주하는 것은 현재의 상황에 본문을 맞추는, 옳지 않은 해석이다.

무덤으로부터 나온 뼈들이 서로 연결되고 힘줄이 생기고 가죽이 덮이는 상태와(겔 37:7-8) 그것에 생기를 불어넣어 살아나게 하는 과정은(겔 37:9-10) 모두 분리될 수 없는 하나의 과정으로서 바벨론으로부터 돌아와 회복된 이스라엘의 상태를 보여준다. 이렇게 회복된 상태에 대한 설명은 에스겔 36:24-27에 자세하게 소개된다.

[24]내가 너희를 여러 나라 가운데에서 인도하여내고 여러 민족 가운데

   백투예루살렘 운동, 무엇이 문제인가

에서 모아 데리고 고국 땅에 들어가서 ²⁵맑은 물을 너희에게 뿌려서
너희로 정결하게 하되 곧 너희 모든 더러운 것에서와 모든 우상 숭배
에서 너희를 정결하게 할 것이며 ²⁶또 새 영을 너희 속에 두고 새 마음
을 너희에게 주되 너희 육신에서 굳은 마음을 제거하고 부드러운 마
음을 줄 것이며 ²⁷또 내 영을 너희 속에 두어 너희로 내 율례를 행하게
하리니 너희가 내 규례를 지켜 행할지라_겔 36:24-27.

이 말씀은 송만석 장로의 주장처럼 '회복의 세 번째 단계'에 해
당하는 것이 아니다. 이 본문은 37장에서 강렬한 이미지로 제시
되는 이스라엘의 회복을 좀 더 구체적으로 설명하고 있다. 회복의
핵심적 요소는 새 영을 마음속에 두어 육신으로부터 굳은 마음을
제거하고 하나님의 말씀을 순종하도록 하는 데 있다. 물론 이런
회복은 바벨론으로부터 돌아온 이스라엘에게 부분적으로 나타났
다. 에스라의 말씀 사역이 있었던 것이다. 그런데 신약성경의 저
자들은 그리스도의 종말론적 사역을 설명하면서 에스겔의 종말적
회복의 메시지를 재해석한다. 특별히 요한복음 3:3과 3:5은 이 본
문의 종말론적 성취의 정황을 잘 보여주고 있다.

예수께서 대답하여 이르시되 진실로 진실로 네게 이르노니 사람이 거
듭나지 아니하면 하나님의 나라를 볼 수 없느니라_요 3:3.

예수께서 대답하시되 진실로 진실로 네게 이르노니 사람이 물과 성령
으로 나지 아니하면 하나님의 나라에 들어갈 수 없느니라_요 3:5.

이 두 개의 말씀은 모두 니고데모와 예수님의 대화에 등장한다. 그리고 두 말씀 모두 하나님 나라에 들어가는 방법을 소개하는데, 3절에서는 거듭나야 한다고 하고 5절에서는 물과 성령으로 나야 한다고 가르친다. 3절에서 '거듭나다'라는 문구는 '위로부터 나다'라는 말로도 번역할 수 있다. 이 문구는 5절에서 '물과 성령으로 나다'라는 말로 대체된다. 이처럼 이 두 개의 문구는 서로 동일한 의미를 갖는다. 그런데 '물과 성령'이란 문구는 원어의 의미상 '물 곧 성령'이라고 하여 물과 성령을 동격으로 간주할 수 있다. 바로 에스겔 36:25-27에서 물과 성령이 새롭게 하는 수단으로 사용된 것을 배경으로 하는 것이다. 에스겔서에서 물이 형식적 논리로 인하여—율법에서 정결하게 하는 역할을 하기 때문에—동원된 것을 감안한다면 그 본질은 '성령'임을 알 수 있다. 그것이 회복될 이스라엘의 변화된 환경이다. 물로 정결하게 했던 율법 시대에 상응하는, 성령으로 새롭게 하는 새로운 시대가 도래할 것이다.

이처럼 요한복음의 말씀은 에스겔서의 말씀과 연결되어 있다. 새 시대에 예수님으로 말미암아 도래한 하나님 나라를 보고 들어갈 수 있는 방법은 무엇일까? 율법 선생인 니고데모는 그 방법을 전혀 이해하지 못한다. 거듭나야 한다면 어머니 배에서 다시 태어나야 한다는 말인지 되묻는다. 예수님은 에스겔 36:25-27의 말씀을 반영하여 물과 성령을 통해서만 하나님 나라를 보고 들어갈 수 있다고 말씀하신다. 오직 성령을 통해 에스겔이 말하는 참다운 회복의 은혜를 경험할 수 있게 된다는 것이다.

구약, 특별히 예언에 대한 해석은 이처럼 본문의 역사적 배경,

 백투예루살렘 운동, 무엇이 문제인가

문맥적 정황, 그리고 신약성경의 해석에 대한 충분한 고려를 기초로 삼아야 한다. 신약에서 에스겔 36-37장을 어떻게 다루는지 검토하지 않은 채 오늘날 현대 이스라엘 국가의 독립에 에스겔 36-37장을 회복의 3단계로 나누어 해석·적용하는 것은 성경을 왜곡하여 성도들을 혼란에 빠트리는 죄와 다르지 않다.

이스라엘의 회복과 교회의 역할(7장)

송만석 장로는 7장에서 이스라엘의 회복이 육체적 회복과 영적 회복의 두 가지 면에서 이루어진다고 주장한다. 먼저 육체적으로 회복이 있고, 그 다음에 영적인 회복이 온다는 것이다. 그는 이스라엘의 육체적 회복이 이미 이루어졌고 계속해서 이루어지고 있다고 생각한다. 그러면서 말하기를 "이제 이스라엘 백성이 예수님을 메시아로 인정하고 영접함으로써 하나님께 나아와 회복이 되는, 영적 회복의 단계가 오고 있습니다"라고 말한다.[5] 이러한 두 단계 회복론은 앞에서 주장한 삼 단계 회복론과 다를 바 없고, 키이스 인트레이터의 주장과도 맥을 같이한다.[6]

송만석 장로의 두 단계 회복론은 앞에서 말한 삼 단계 회복론과 마찬가지로 성경적 근거 없이 상황에 맞게 만들어낸 인위적 논리에 불과하다. 이스라엘이 육적 회복과 영적 회복으로 나누어 회복되리라는 말씀이 성경 어디에 있는가? 오히려 이렇게 회복의 단계를 구분하는 것은 이스라엘의 회복은 말하고 싶지만 현재의 이스라엘이 여느 세속국가와 다르지 않기에—하나님의 제사장 나라로서는 부족하기에—예언의 성취라고 보기가 적절하지 않다는 비판을 면할 수 없으니, 영적 회복은 진행 중에 있다고 궁색하게 변명하는 것에 지나지 않는다.

작금에 유대인들이 예수님을 영접하게 되는 일들이 다른 시기보다 빈번하게 일어나는 것을 보며 이러한 영적 회복의 논리에 확신을 가질 수도 있다. 그러나 유대인들이 예수님을 믿게 되는 것에 전력을 기울이다 보면 다른 때보다 더 많이 믿게 되는 것은 당연하다. 그렇다고 송만석 장로가 기대하는 것처럼 모든 유대인들이 예수님을 믿을 수 있을까? 송만석 장로에 의한 육적 회복과 영적 회복의 두 단계 회복론은 이처럼 '모든' 유대인이 예수님을 믿고 영적으로 회복되어야 하는 불가능한 미션을 스스로 떠안겠다는 소리나 다름이 없다. 왜냐하면 1948년 이스라엘이 국가로서 독립한 육적인 회복만으로는 진정한 회복이 아니라고 스스로 인정하기 때문이다.

한편 송만석 장로의 두 단계 회복론은 이스라엘의 영적 회복과 관련해 교회의 역할이 매우 중요하다는 의미를 함축하고 있다. 송만석 장로는 교회의 역할에 대해 로마서의 참감람나무와 돌감람나무 비유를 근거로 설명하려고 시도한다. 그의 논리는 영적 회복이 가시적인 성과를 내야 설득력이 생기므로 교회가 유대인의 영적 회복을 이루는 데 기여하기를 기대하는 것이다. 이런 교회론은 앞에서 살펴본 메시아닉 쥬의 그것과 크게 다르지 않음을 기억하면서 자세히 살펴보도록 하자.

　백투예루살렘 운동, 무엇이 문제인가

송만석 장로는 처음에 교회 공동체의 구성원들이 대부분 유대인이었기 때문에 유대인이 그리스도인이 될 수 있느냐가 아니라 이방인이 그리스도인이 될 수 있느냐가 중요한 이슈였다고 한다. 그러나 시간이 흘러가면서 교회 내 유대인들이 소멸되어갔고 대신 이방인들이 가득 차게 되었다. 그래서 오늘날 교회는 마치 믿는 이방인들의 공동체처럼 생각되기도 하지만 앞으로 이방인의 충만한 숫자가 차게 되면 온 이스라엘이 구원을 얻게 되어 교회는 유대인과 이방인들이 예수님을 머리로 하여 한 몸을 이루며 통일을 이루게 된다고 한다.[7]

여기에는 중요한 오류가 있다. 바로 유대인과 이방인의 구별이다. 이런 구별은 유대인과 이방인 사이에 강고한 벽을 쌓게 되는 결과를 가져온다. 유대인과 이방인이 한 몸을 이룬다고 말하지만 그것은 유대인과 이방인의 신분을 그대로 유지한 채 한 몸을 이룬다는 것이다. 그런 입장은 바울의 설명과 정면으로 배치된다. 다시 한 번 갈라디아서 3:28을 살펴보자.

너희는 유대인이나 헬라인이나 종이나 자유인이나 남자나 여자나 다 그리스도 예수 안에서 하나이니라_갈 3:28.

There is neither Jew nor Greek, there is neither slave nor free, there is no male and female, for you are all one in Christ Jesus _ESV, Gal 3:28

원어—οὐκ ἔνι Ἰουδαῖος οὐδὲ Ἕλλην οὐκ ἔνι δοῦλος οὐδὲ ἐλεύθερος οὐκ ἔνι ἄρσεν καὶ θῆλυ. πάνρες γὰρ ὑμεῖς εἷς ἐστε ἐν Χριστῷ Ἰησοῦ—를 직역하면 다음과 같다.

유대인도 없고 헬라인도 없으며, 종도 없고 자유자도 없으며, 남자도 없고 여자도 없다. 왜냐하면 그리스도 예수 안에서 너희는 모두 하나 이기 때문이다.

이 말씀처럼 그리스도 안에는 유대인이라는 신분도, 이방인이 라는 신분도, 종의 신분도 자유자라는 신분도 존재하지 않는다. 오직 하나님의 백성이라는 신분만이 존재한다. 유대인과 이방인 의 신분을 유지한 채 진정한 하나됨은 불가능하다. 종과 자유자가 그 신분을 유지한 채 우리는 하나라고 외친들 그 하나됨이 가능할 까? 신분 자체를 내려놓아야 진정한 하나됨을 이룰 수 있다. 이를 위해 우리는 갈라디아서 3:28이 보여주는 대로 그리스도 안에서 유대인과 이방인의 신분상의 구별은 더 이상 존재하지 않는다는 사실을 붙잡아야 한다. 바울은 이 진리를 지켜내기 위해 매우 치 열한 논증을 펼친다. 특별히 갈라디아서 3:14은 논리적으로 분명 한 근거를 제시한다.

이는 그리스도 예수 안에서 아브라함의 복이 이방인에게 미치게 하고 또 우리로 하여금 믿음으로 말미암아 성령의 약속을 받게 하려 함이 라_갈 3:14.

 백투예루살렘 운동, 무엇이 문제인가

유대인의 정체성을 이루는 핵심인 아브라함의 복과 하나님의 영, 곧 성령을 이방인들이 그리스도 예수 안에서 믿음으로 말미암아 받게 되었다. 바로 여기에서 유대인과 이방인의 구별은 더 이상 존재하지 않고 소멸한다. 갈라디아서 5:6도 이와 동일한 사상을 제공한다(참고. 갈 6:15).

그리스도 예수 안에서는 할례나 무할례나 효력이 없으되 사랑으로써 역사하는 믿음뿐이니라_갈 5:6.

할례는 유대인의 정체성을 확증하는 수단으로 사용되어왔다. 그러나 갈라디아서 5:6에 의하면 할례에는 더 이상 아무런 효력도 존재하지 않는다. 유대인이란 신분이 아무런 의미가 없는 시대가 되어버린 것이다. 성경의 증언이 이러하니 유대인과 이방인을 구별하며 그 신분을 유지한 채 한 몸을 이룬다는 것은 가능하지도 않을뿐더러 성경적 진리와 배치되는 주장이 아닐 수 없다.

그러나 송만석 장로는 유대인과 이방인의 신분상 구별을 전제하고 초대교회의 구성이 유대인으로 채워져 있다가 유대인이 소멸하고 이방인으로 가득 차게 되었다고 주장한다. 물론 초대교회 구성의 대부분을 유대인이 차지했던 것은 사실이다. 예수님은 유대인들과 대부분의 시간을 보내셨고, 열두 사도들도 유대인이었으며, 오순절에 성령을 받은 자들도 유대인들이고, 베드로의 설교를 듣고 회심한 삼천 명도 대부분 유대인이었다. 이처럼 유대인은 교회의 기초를 놓는 데 매우 중요한 역할을 감당했다. 성경신학적으로, 초대교회의 구성원이 유대인으로 채워지게 된 것은 예수님의 사역이 구약의 성취임을 증명하는 형식 논리에 충실하여 그것을 물리적으로 보여준 것이라고 할 수 있다.

그러나 사도행전은 교회 공동체 안에 이방인이 편입되는 과정을 자세하게 추적함으로써 이방인이 교회 공동체 안에 가입되어 하나님의 온전한 백성이 되는 것이 하나님의 구속 계획에서 중요한 축을 이루고 있음을 보여주고자 한다. 이방인들이 하나님의 백성의 반열에 편입되는 것은 매우 중요한 일이다. 만일 교회가 유대인들로만 구성된다면 신약의 역사는 다시 구약으로 돌아가는 격이 되고 예수님의 사역의 의미는 사라지고 말 것이 아닌가?

예수님의 사역은 이스라엘의 역사를 통해 보여주신 구속과 창조의 회복에 대한 하나님의 계획을 총체적으로 성취하였다는 데에 그 의미가 있다. 하나님이 이스라엘을 택하신 것은 구원의 경륜을 이루어가는 과정에서 종말적 실체에 대한 그림자로서의 역할이 필요했기 때문이었다. 이제 예수님의 오심으로 종말적 약속의 성취가 이루어졌고 유대인의 혈통적 공동체로서의 역할은 무의미해졌다. 대신 이방인들이 편입된 교회, 예수 그리스도를 머리로 하는 성도들의 연합체가 명실상부한 우주적 구원 공동체로서의 면모를 갖추게 된다.

사도행전에서 이방인이 편입되는 과정 중 가장 중요한 사건들은 고넬료와 같은 이방인에게 일어난 '미니 오순절'과 선교를 위한 안디옥 교회의 바울·바나바 파송, 바울이 복음을 전하기 위해 로마를 향하여 간 사건이라고 할 수 있다. 이런 일련의 과정에 나

백투예루살렘 운동, 무엇이 문제인가

타나는 이방인을 향한 선교의 열정은 교회 공동체로의 이방인 편입이 바로 구약에서 약속한 이스라엘 회복의 성취임을 드러낸다. 즉 오순절 성령 강림으로 세워진 교회 공동체 안으로 이방인이 들어오게 된 것은 처음부터 하나님의 백성의 회복에 대한 구약의 약속을 이루기 위한 하나님의 계획 속에 있었던 것이다.

그런데 송만석 장로는 원래 유대인으로 구성되었던 교회에 이방인이 가득 차게 되었고 후에 이방인의 수가 다 찬 후에는 다시 모든 이스라엘이 구원을 받게 될 것이라고 말한다. 이는 그가 앞에서 언급한 사도행전의 중요한 사건들을 하나님의 치밀한 계획 속에서 이루어진 신적 사건으로 보기보다는 우발적인 사건으로 간주하고 있다는 사실을 알게 해준다. 송만석 장로의 그런 입장은 신약성경의 사상과 일치하지 않는다. 교회 공동체에서 유대인이 사라져간 현상을 '이방인의 때'라고 간주하고 이방인의 때가 지나면 유대인들이 다시 돌아오게 될 것이라고 함으로써 유대인의 회복에 대한 동기를 부여하려고 하면 안 된다. 도리어 시간이 지나면서 교회 공동체 안에서 유대인과 이방인의 구별이 완전히 해소되었음을 거듭 강조해야 할 것이다. 그의 또 다른 주장을 살펴보자.

교회는 이스라엘로부터 분리되었거나 완전히 결별한 것이 아닙니다. 교회가 이스라엘을 대치하거나 분리되기 위하여 부름을 받은 것도 아닙니다. 오히려 교회는 하나님께서 이스라엘에게 약속하셨던 언약들에 참여하게 된 것입니다. 이방인 신자들은 이스라엘에게 주어진 하나님의 약속을 영위할 권리와 함께 기존의 언약의 혜택 안으로 들어올 자격을 갖게 되었습니다. 로마서 11장 17절 이하에서 설명하고 있는 감람나무의 비유는 이 사실을 잘 가르쳐주고 있습니다.[8]

우리는 여기에서 다시 한 번 이스라엘 중심적 사고의 단면을 보게 된다. 물론, 교회 공동체는 이스라엘을 대치하거나 분리되기 위하여 부름 받은 것이 아니다. 도리어 교회 공동체는 이스라엘의 의미를 성취하기 위해 세움을 받았다. '대치' 혹은 '대체'는 이전 것과의 대조 관계를 전제하는 말이다. 그러나 약속과 성취의 관계는 이전 것과의 유기적 관계를 전제한다. 교회와 이스라엘의 관계는 대치 혹은 대체의 관계가 아니라 약속과 성취의 관계다. 서로 대조적인 관계가 아니라 유기적으로 연결된 관계에 있는 것이다.

따라서 교회가 하나님이 이스라엘에게 약속하셨던 언약들에 참여할 뿐이라고 말하는 것은 성경의 맥락과 의도를 잘 반영하지 못한다. 왜냐하면 이 경우에 교회는 구약적 경륜의 대상이었던 이스라엘의 부수적 존재에 불과한 것으로 여겨지기 때문이다. 그런 사고는 하나님의 구약적 경륜을 문자 그대로 이해하고 그 구조가 영속적으로 지속되는 것으로 간주하는 데서 형성된다. 결국 구약에 대한 해석의 차이가 신약과 교회에 대한 근본적인 견해의 차이로—기독론적·교회론적 관점의 차이로—이어진다는 말이다. 송만석 장로는 이스라엘에게 약속하셨던 언약들이 예수 그리스도를 통해 성취되었을 뿐만 아니라, 예수님이 세우신 교회 공동체에게 선물로 주어졌다는 사실을 간과한다. 그래서 그리스도의 사역의 의미에 대한 언급이 전혀 없고 예수님이 열두 제자를 세우신 의미

　　　　　　　　　　　　백투예루살렘 운동, 무엇이 문제인가

에 대해서도 도외시한다. 이런 태도는 바울이 에베소서 2:20에서 에베소 성도들이 사도와 선지자들의 터 위에 세움을 입었다고 한 것과도 차이를 보인다.

송만석 장로는 로마서 11:17—"또한 가지 얼마가 꺾이었는데 돌감람나무인 네가 그들 중에 접붙임이 되어 참감람나무 뿌리의 진액을 함께 받는 자가 되었은즉"—에 근거하여 돌감람나무가 참감람나무에 접붙임을 받은 것처럼 이방인 교회가 이스라엘에 접붙임을 받아 뿌리의 진액을 함께 받는 자가 되었다고 주장한다. 그러나 모든 말에는 맥락이 있다. 맥락을 염두에 두지 않은 채 거두절미하고 유리한 부분만을 뽑아서 자신의 주장에 활용한다면 사실 관계에 대한 왜곡이 발생할 수밖에 없다. 로마서 11:17이 속해 있는 9-11장의 본문은 로마서 2장—특별히 로마서 2:28-29—에서 바울이 시도했던 혈통적 이스라엘의 해체 선언에 따른 하나님의 신실성에 대한 문제를 보완하는 부분이다. 이런 맥락을 염두에 두지 않은 채 로마서 9-11장을 해석하려 한다면 메시아닉 쥬와 같은 이스라엘 중심적 해석의 오류를 피할 수 없다.

로마서 9-11장의 주제 중 하나는 이스라엘이 하나님의 의를 모르고 자기 의를 세우려고 했으므로 하나님의 의를 얻는 데 실패했다는 것이다(롬 10:3). 이것은 그들이 열심이 있었으나 지식을 좇지 않았기 때문이다(롬 10:2). 이스라엘에 대한 논의는 여기에서 출발한다. 그렇다면 하나님은 이스라엘을 버리셨는가? 하나님이 이스라엘을 버리셨다면 하나님의 신실성에 대한 의문이 제기될 수 있다. 그러나 이스라엘의 실패는 하나님의 실패를 의미하지 않는다. 하나님이 이스라엘을 버리신 것이 아니라 그들이 하나님을 버렸기 때문이다. 더욱이 하나님은 당신의 백성을 이루시는 데 매우 집요하시어 예수님을 통해 교회를 세우심으로써 뜻하셨던 바를 온전히 이루셨기 때문이다. 로마서 9-11장의 전문맥인 1-8장에서 바울은 그리스도를 믿음으로 말미암는 하나님의 의의 방편을 통해 이스라엘이 지향했던 새로운 공동체가 이루어지므로 구약에서 이스라엘을 통해 경영해오셨던 하나님의 구속 경륜이 꽃을 피우고 열매를 맺게 되었음을 논증했다. 그뿐 아니라 바울은 9-11장에서 하나님이 이스라엘 백성을 버리신 것이 아니라 남은 자의 구원을 하나님의 백성을 이루시는 거대한 구속 계획에 이스라엘 백성을 포함시키고 계심을 보여주려고 하였다.

이런 논증을 전개해나가는 데 있어서 바울은 로마서 11:17의 경우처럼 이스라엘의 구약적 배경을 인정하여 이스라엘에 상대적으로 높은 비중을 두고 이야기를 전개해간다. 이런 맥락에서 이방인은 이스라엘의 위치와 비교하여 상대적으로 비중이 낮은 존재로 취급되고 있는 것이다. 이것을 가지고 침소봉대하여 교회 공동체가 이스라엘의 언약적 축복에 부수적 존재로 참여하는 것을 모든 성경이 지지하는 신학적 원리로 간주하는 것은 본말이 전도된 격이다. 그것은 로마서 9-11장의 독특한 목적 때문이지 신약성경 전체의 맥락에서는 극히 작은 부분에 불과하다.

송만석 장로는 로마서 11:17-24을 인용하면서 교회인 우리가 어떤 자세를 가져야 할지에 대해 권면한다.

   백투예루살렘 운동, 무엇이 문제인가

우리는 하나님 앞에서 자신을 겸허하게 낮추고 참감람나무가 다시 접
붙이게 되어 유대인과 이방인이 하나님의 놀라운 감람나무 안에 거하
게 될 것을 소망 중에 바라보아야 할 것입니다.[9]

그에 의하면 돌감람나무인 이방인 교회는 겸손한 자세로 참감
람나무인 유대인들이 다시 접붙임을 받아 감람나무 안에서 하나
가 될 것을 소망해야 한다. 교회는 단순히 손님으로서 유대인이
주인으로 있는 집에 들어왔으니 집나간 주인 아들들이 돌아올 때
까지 오만하게 굴지 말고 얌전하게 기다리고 있으라는 뜻으로 여
겨진다. 그러나 과연 그럴까? 단순히 접붙임을 받았다는 비유 그
대로를 문자적으로 해석하여 교회의 유일한 의미로서 이해해야
하는 것일까? 예수님이 열두 지파 대신 열두 사도를 세우셔서 이
스라엘의 성취로서 교회 공동체를 이루셨다는 구속사적 의미를
도외시한 채, 로마서 본문의 비유에 대한 경도된 해석에만 근거하
여 교회의 탁월하고 유일한 구속사적 의미를 훼손하는 것은 자신
이 취약한 신학에 근거하고 있다는 것을 자인하는 꼴이 아닌가?

지금은 예루살렘 시대(11장)

송만석 장로는 지금이 예루살렘 시대라고 한다. 그리고 그 근거
를 누가복음 21:24—"저희가 칼날에 죽임을 당하며 모든 이방에 사로
잡혀가겠고 예루살렘은 이방인의 때가 차기까지 이방인들에게 밟히리

라"—에서 찾는다. 그는 다음과 같이 주장한다.

예루살렘이 이방인의 때가 찰 때가지는 이방인의 발아래에 놓여 있다는 말입니다. 다시 말하면 예루살렘이 이방인의 발아래에서 벗어나 유대인의 통치하에 있게 되었다면 이방인의 시대가 차서 끝이 났다는 말인 동시에 이제는 예루살렘 시대가 전개되었다는 말씀 아니고 무엇이겠습니까? 예루살렘은 지금 이스라엘의 수도입니다.[10]

예루살렘은 예수님께서 이 예언의 말씀을 하신 지 40여 년이 지난 AD 70년에 로마군에게 점령당하였습니다. 거기 살던 유대인들은 칼날에 죽고 포로나 노예로 사로잡혀갔으며 열방에 흩어져버렸습니다. 그 후 1900여 년 동안 예루살렘은 비잔틴제국, 페르시아, 십자군, 터키, 영국, 그리고 요르단에 이르기까지 적어도 10개 이상의 이방 나라들의 발에 밟혀왔습니다. 그러다가 1967년 6월에 일어났던 '6일 전쟁'에서 이스라엘의 통치하에 다시 돌아왔습니다. 이것은 1967년을 기점으로 이방인의 때가 끝났다는 것을 의미하며 '예루살렘 시대'가 전개되고 있다는 사실을 얘기해주고 있습니다.[11]

이런 주장은 신약성경, 특별히 복음서 해석의 기본적인 원리를 무시하는 오류를 범하고 있다. 그는 누가복음 본문의 문맥을 무시하고 무조건 미래에 성취될 예언으로 간주한다. 복음서의 예수님의 말씀을 오늘날이나 더 먼 미래에 성취될 것으로 해석하면 왜곡이 따라올 수밖에 없다. 먼저 누가복음 21:24의 이전 문맥인

  백투예루살렘 운동, 무엇이 문제인가

21-23절을 보면 24절이 예루살렘 성전 파괴에 대한 언급이라는 것을 알 수 있다. 그러므로 그 주제의 범위를 벗어나려고 할 때는 신중해야 할 것이다. 그리고 이어지는 25-26절은 이방인에 대한 심판의 내용을 다룬다.

누가복음 21:24은 예루살렘 성전의 심판을 기술하면서 구약성경의 심판과 구원의 패턴을 사용하고 있다는 사실을 기억해야 한다. 구약에서 이스라엘의 심판은 일반적으로 이방인들을 통해 이루어진다. 그러나 구약에서 이스라엘에 대한 심판은 심판을 위한 심판이 아니라 그들을 죄로부터 새롭게 하기 위한 심판이다. 그러므로 이스라엘에 대한 심판의 목적이 완성되면 그 다음에는 그 이스라엘을 괴롭혔던 이방 나라들을 심판하는 시점이 도래하게 된다. 여기에서 심판의 도구로서 이방인들이 이스라엘에게 고난을 주는 기간을 이방인의 때라고 할 수 있다. 그 이방인의 때가 차기까지 성전이 있는 이스라엘의 예루살렘은 이방인들에 의해 짓밟히게 되는 것이다. 그리고 그 이방인의 때가 지나고 나면 이방 나라는 하나님의 백성에게 가한 고통으로 인해 하나님의 심판을 면할 수 없게 된다. 이런 패턴은 구약성경에서 어렵지 않게 발견할 수 있다(참고. 사 10장; 13-14장; 33장; 47장; 렘 50-51장; 단 9:26-27; 겔 38-39장; 합 1:1-2:3).

구약에 등장하는 심판 선언의 패턴대로 누가복음 21:21-23의 '이방인에 의한 예루살렘 심판' 후에 25-28절은 '이방인에 대한 우주적 심판'을 기술한다. 이처럼 예루살렘에 대한 심판에 이어지는 이방인에 대한 심판은 24절이 말하는 심판의 패턴과 정확하게 일치한다.

　　그러나 송만석 장로는 이어서 예루살렘이 특별한 도시라는 것을 구약의 말씀들을 열거하면서 입증하려고 시도한다.

　　예루살렘은 지금으로부터 약 3천 년 전 다윗 왕이 점령하여 세운 도시입니다. 다윗 왕이 40년간 다스리는 동안 33년을 이곳에서 이스라엘을 다스렸던 도시입니다. 이때를 이스라엘의 황금시대라고 합니다.…예루살렘은 이스라엘의 수도요, 유다 왕국의 수도였습니다. 도시의 명칭이 변하지 않은 가장 오랜 도시 중 하나입니다. 예루살렘은 그 의미가 '평화의 도시'이지만 전쟁이 가장 많았던 도시입니다. 이 도시는 다윗이 세웠지만 성경에 따르면 실제 이 도시를 세우신 분은 여호와 하나님이십니다. 그러므로 예루살렘은 세상의 도시면서 하나님의 도시라고 할 수 있습니다. 예루살렘은 이스라엘의 수도이지만 하나님 나라의 수도입니다.[12]

　　여기에서 볼 수 있듯이 송만석 장로의 예루살렘 이해는 철저하게 구약에 근거하고 있다. 그의 주장들은 그리스도의 사역을 통한 성취가 빛을 발하는 신약 시대에 구약적 사상을 강요하는 모양새를 드러낸다. 그러나 구약은 신약 시대에 문자 그대로 받아들일 것이 아니라 그리스도의 성취의 사역을 통해 다시 재해석되어야 하는 대상이다. 신약성경의 저자들이 바로 그런 입장에서 성경을 기록했다. 그런 과정 없이 구약만을 가지고 예루살렘을 논한다면 그것은 구약 시대로 회귀하는 것일 뿐, 다른 어떤 것도 아니다.

　　신약에서 예루살렘과 성전은 예수 그리스도의 존재 속에서 온

　　　　　　　　　　　　　　　　백투예루살렘 운동, 무엇이 문제인가

전한 성취를 이루었다. 구약에서는 예루살렘과 성전을 통해 하나님의 임재를 보여주셨다면 신약에서는 하나님의 임재가 임마누엘 예수님, 특별히 부활하신 예수님을 통해 온전히 이루어지게 된다. 사도행전 1:4에서 "예루살렘을 떠나지 말고 내게 들은 바 아버지께서 약속하신 것을 기다리라"고 하신 것은 형식적 논리에서 구약의 약속이 이루어지는 형식을 취해야 했기 때문이다. 예루살렘의 중요성이 실질적 의미가 아니라 형식적 논리에 의해 성립되고 있기 때문에 그 중요성은 일관성 있게 유지되지 않는다. 스데반의 순교 이후 사도들을 제외한 온 교회는 유대와 사마리아와 모든 땅으로 흩어지게 되고, 마침내는 바울이 로마에 다다르면서 예루살렘 중심적 세계관은 완전히 사라지게 된다.

만일 구약을 문자 그대로 받아들인다면 성전 재건을 주장해야 하는데 송만석 장로의 책에서는 이상하게도 이에 대한 언급은 존재하지 않는다. 후폭풍이 두렵기 때문이었을까? 그런 해석의 복안이 있으면서 겉으로는 숨기고 있는 것은 아닌지 모르겠다. 이에 대해 어느 정도 심증이 가는 것은 송만석 장로가 대표로 있는 KIBI 홈페이지에 구약의 성전에서나 있을 법한 유월절 행사를 거행한다는 광고가 나왔었기 때문이다. 실제로 2013년 4월 3일 서울 영락 기도원에서 유월절 행사가 실행된 것을 신천지의 기관지 격인 「뉴스천지」가 2013년 4월 5일자 기사에 양을 죽여 피를 내는 사진과 함께 보도한 바 있다. 우리가 이단으로 배척하는 신천지에서 기성 교회의 비성경적 작태를 비웃고 있으니 얼마나 부끄러운 일인지 모르겠다.

송만석 장로는 '예루살렘 시대'라는 것에 대해 다섯 가지로 정의한다.[13]

① 예루살렘 시대를 보며 주님께 감사와 찬양을 드리는 일입니다(시 135:21; 렘 33:10-11).
② 예루살렘을 깨끗하고 거룩하게 정화하는 시대입니다(겔 36:24-28).
③ 흩어졌던 백성들이 그곳에 돌아오는 시대입니다(사 49:22).
④ 예루살렘을 축복하고 위로해야 하는 때입니다(시 122:6; 128:5).
⑤ 밤낮으로 간구해야 하는 시대입니다(사 62:1; 사 62:6-7).

대부분은 앞에서 이미 다룬 내용들과 비슷한데, 눈에 띄는 특징이 있다. 그것은 바로 근거 구절이 전부 구약 본문들이라는 사실이다. 이것은 송만석 장로가 말하는 예루살렘 시대에 대한 정의가 구약의 범주를 넘어서지 않는다는 것을 의미한다. 구약적 개념의 예루살렘 이해를 오늘날 그리스도의 사역을 통한 종말적 성취의 시대에 그대로 적용하는 것은 시대착오적이며 성경적 오류를 본래적으로 내포한다. 만약 그가 예수 그리스도의 사역을 중심으로 재해석한 결과를 제시한다면, 우리는 얼마든지 동의할 수 있을 것이다.

끝으로 송만석 장로는 "예루살렘으로 돌아가자"라고 하면서 백투예루살렘의 구호를 외친다. 다른 메시아닉 쥬와는 달리 송만석 장로는 이런 구호를 구체적으로 사용한다. 물론 그의 구호는 이 구호를 처음 사용했던 중국 교회의 경우와는 개념부터 틀리다. 중국

　　　　　백투예루살렘 운동, 무엇이 문제인가

교회는 이슬람권 선교를 목표로 이 구호를 사용했다. 반면 송만석 장로는 예루살렘의 회복에 초점을 맞추어 이것을 사용한다. 그는 백투예루살렘 운동을 크게 두 가지로 나누는데, 먼저는 흩어져 살아오던 유대인들이 고국으로 돌아가는 운동이라고 한다. 그는 이 일이 전 세계적으로 일어나고 있는 것으로 본다. 다음은 이방 교회가 이 운동에 참여하는 것으로서 유대인 귀환 사역을 돕는 일이라고 한다. 아직도 돌아오지 못하고 있는 유대인들을, 그들이 어디에 살고 있든지 예루살렘으로 돌아가도록 도와야 한다는 것이다.[14]

유대인들이 예루살렘으로 돌아오는 것을 소위 이방 교회가 도와야 한다는 원리는 성경 어디에 기록되어 있는가? 만일 그것이 송만석 장로의 주장대로 예언의 성취라고 한다면 그것은 하나님의 사역이므로 우리의 도움 없이도 스스로 일어나게 될 것이다. 그런데 굳이 소위 이방 교회의 도움을 필요로 하는 이유는 무엇일까? 구약에서 바벨론 포로 귀환은 하나님의 뜻 가운데 어떤 인위적인 노력도 없이 바벨론 제국의 멸망에 의해 자동적으로 이루어진 바 있다. 그러나 작금에 이 운동을 위해 협력하는 단체들의 활동을 보면 하나님의 약속임을 믿는 자들의 모습을 찾아보기 힘들다.

실제로 '에벤에셀 긴급 재단'Ebenezer Emergency Fund이나 '이스라엘을 위한 목소리 연합'The Voices United for Israel, '예루살렘 기도팀'Jerusalem Prayer Team, '미국을 위한 크리스천 연맹'Christian Coalition for USA, '이스라엘을 위한 크리스천 연합'Christians United for Israel 등이 이 운동에 동참하고 있고 한국에서는 송만석 장로가 대표로 있는 KIBI를 중심으로 이 사역이 전개되고 있다. 또한 2002년 6월 11

일부터 12일까지 개최된 미국 최대의 복음주의 교단인 남침례회
총회에서는 시편 122:6—"예루살렘을 위하여 평안을 구하라 예루살
렘을 사랑하는 자는 형통하리로다"—을 인용해 "이스라엘의 평화를
기도하는 것은 믿는 자의 사명"이라고 밝히면서 궁극적으로 이스
라엘에 대한 하나님의 계획이 있다는 것을 강조한 바 있다.[15] 이처
럼 송만석 장로의 주장은 미국 교회의 이스라엘 회복 운동과 맥을
같이하고 있으며, 남침례교회 총회의 주장과 유사하다.

송만석 장로는 성도들의 백투예루살렘뿐만 아니라 예수님의
백투예루살렘을 주장하여 예루살렘 중심적 사고의 극치를 보여
준다. 예수님이 예루살렘으로 오신다는 주장은 대부분 사도행전
1:11—"너희 가운데서 하늘로 올려지신 이 예수는 하늘로 가심을 본 그
대로 오시리라"—말씀에 근거한다. 그러나 이 본문은 예루살렘에
서 올라가셨으니 예루살렘으로 오신다는 의미가 아니다. 본문은
'하늘로 가심을 본 그대로'라고 하는데 그들이 본 예수님의 승천
시 모습은 어떠했는가? 그것은 부활의 신령한 몸을 가지고 계신
모습이다. 그 모습을 그대로 가지고 오신다는 뜻이다. 이것은 우
리에게 부활에 대한 소망을 주기에 충분하다. 왜냐하면 예수님은
부활의 첫열매가 되시기 때문이다. 사도행전 1:11은 바로 그런 사
상을 내포하고 있고 그것을 강조하기 위한 것이라고 볼 수 있다.

지금이 예루살렘 시대인가? 차라리 말하려면 새 예루살렘 시대
라고 해야 한다. 구약으로 돌아가자는 구 예루살렘이 아니라 새로
운 시대에 걸맞은 새 예루살렘 시대를 논해야 할 때다. 새 예루살
렘 시대는 지정학적 의미의 예루살렘이 아니라 요한계시록 21:9-

10에서 말하는 그리스도의 신부, 어린 양의 아내로서 그리스도가 세우신 교회 공동체가 중심이 되는 시대다.

정리

송만석 장로의 주장은 지금이 예루살렘 시대라는 것에 초점이 맞추어져 있다. 그는 먼저 현대 이스라엘의 회복이 구약 예언의 성취라고 강조한다. 이를 위해 그는 구약의 성취는 바벨론 포로 귀환으로 이루어진 것이 아님을 조목조목 설명한다. 그는 대신 이스라엘 회복의 그림을 육적 회복과 영적 회복의 2단계론, 혹은 에스겔 36-37장을 배경으로 하는 3단계론으로 나누어 제시한다. 더나아가서 이스라엘이 육적으로는 회복되었으나 영적으로는 회복되지 않았으므로 영적으로 회복되기 위해서는 교회의 역할이 중요하다고 주장한다.

그러나 바벨론 포로 귀환은 엄연히 구약성경이 말하는 이스라엘, 혹은 예루살렘 회복의 단계를 적시하고 있다. 느헤미야의 사역이 바로 예루살렘 회복 운동이었다. 그러나 이스라엘-예루살렘의 회복은 그 시점에서 온전히 이루어지지 않았기에 새로운 성취의 시대를 기다렸는데 그것이 바로 메시아로 오신 예수님의 시대다. 예수님이 오셔서 교회 공동체를 세우셨다. 이 공동체가 바로 새 성전이고 새 예루살렘이다. 지금은 예루살렘 시대가 아니라 새 예루살렘 시대인 것이다.

최바울 대표의
백투예루살렘 운동

앞에서 중국 교회와 메시아닉 쥬, 그리고 송만석 장로의 백투예루살렘 운동을 살펴보았다. 이제 동일하게 백투예루살렘이란 용어를 사용하면서 그 운동들을 종합하고 계승하는 인터콥의 최바울 대표의 입장을 다루려고 한다. 최바울 대표는 최근에 여러 권의 책을 저술했다. 그중에 대표적으로 두 권을 꼽아보면 2004년에 발간된 『백투예루살렘』(2009년 8쇄)과 2011년에 발간된 『하나님의 나라』다. 이 두 권의 책은 매우 많은 문제를 안고 있지만 그것을 모두 지적하는 것은 이 책의 목표가 아니다. 다만 '혈통적 이스라엘의 회복'에 대해서는 살펴보지 않을 수 없다.

최바울 대표는 중국 교회의 백투예루살렘 운동과 메시아닉 쥬의 백투예루살렘 운동을 절묘하게 결합시킨 것으로 보인다. 기본적으로 최바울 대표 역시 이스라엘-예루살렘 중심적 성경 해석의 원리를 따른다. 이 사실은 『백투예루살렘』에 잘 나타난다. 이 책의 이름은 앞서 살펴보았던 헤터웨이의 『백투예루살렘』과 동일하다. 중국 교회에서 시작했던 백투예루살렘 운동이 메시아닉 쥬를 거쳐 최바울 대표에게 어떻게 받아들여졌는가를 살펴보는 것은 흥미로운 일이다. 여기에서는 세 가지 주제로 나누어 살펴보고자 한다. 첫째로는 '2004 예루살렘 평화 대행진'을 통해 본 예루살렘 평화 운동으로서의 백투예루살렘 운동이고, 둘째로는 예수님의 재림의 조건으로서 세계 선교와 백투예루살렘이며, 마지막 셋째로는 예루살렘의 평화를 위한 예수님의 눈물이라는 주제다.

백투예루살렘은 예루살렘 평화 운동이다:
2004 예루살렘 평화 대행진

최바울 대표는 『백투예루살렘』의 머리말에서, 예루살렘이 지난 2천 년 동안 오랜 전쟁과 분쟁으로 점철되어온 이유에 대해 질문한다. 그리고 그 질문에 대해 "예루살렘이 세계 영적 전쟁의 핵심을 이루고 있기 때문"이라고 답변한다.[1] 중동 분쟁을 정치적 차원이 아닌 영적 차원으로 보려고 하는 것은 예루살렘이 다윗과 솔로몬 시대의 영광으로 회복되어야 한다는 예루살렘 중심적 개념을 가지고 있기 때문이다. 이는 중국 교회의 백투예루살렘 운동과의 차이점이다. 제1부에서 살펴보았던 중국 교회의 백투예루살렘 운동은 이슬람권의 복음화에 초점이 맞추어져 있었다. 그러나 그것이

   백투예루살렘 운동, 무엇이 문제인가

인터콥의 최바울 대표에 와서 예루살렘의 회복을 주장하는 메시아닉 쥬의 입장과 혼합되어 나타나는 것이다.

최바울 대표는 인트레이터처럼 9.11사태를 매우 중요한 변화의 지점으로 간주한다. 그래서 예루살렘을 중심으로 한 이삭과 이스마엘의 형제 갈등이 9.11사태 이후에 급속하게 증폭되어 지구적 갈등으로 팽창되었다고 판단한다.[2] 그러나 이것은 정확한 판단이 아니다. 9.11사태 이후 증폭된 것은 그 실체가 불분명한 이삭과 이스마엘의 형제 갈등이 아니라 미국과 오사마 빈라덴이 이끄는 이슬람 과격 집단인 알카에다와의 갈등이라고 말하는 것이 정확하다. 왜냐하면 이스마엘에 의해 대표되는 이슬람권 전체와 이삭에 의해 대표되는 이스라엘은 이 사건의 당사자들이 아니기 때문이다. 실제로 빈라덴이 2011년 5월 2일에 피살된 이후, 알카에다의 활동은 현격하게 위축되었고 그 '갈등'도 자연스럽게 정체 국면을 보이고 있다. 여기에서 9.11사태조차 예루살렘 중심적 사고의 틀에 이용하려는 최바울 대표의 시도는 성경적으로는 물론이고 정치적으로 보아도 전혀 근거 없는 것이라는 사실이 드러나고 말았다.

최바울 대표는 예루살렘의 평화가 없는 한 세계 평화가 없다고 단언하면서 사탄은 예루살렘의 평화를 억누르는 방법으로 세계 영적 전쟁의 기선을 잡고 있다고 주장한다.[3] 이 주장에 따르면 예루살렘에 평화가 아닌 분쟁이 있는 이유는 사탄의 역사 때문이다. 흥미롭게도 최바울 대표는, 사탄이 예루살렘을 중심으로 3,000킬로미터 전체를 강한 어둠의 진을 형성하며 장악하고 있어서 예루살렘의 거룩한 곳에 앉아 있는 가증한 적그리스도를 멸하기 위해 예루살렘으로 진격하시게 될 예수님의 재림을 대비하고 있다고 주장한다.[4] 여기에서도 역시 최바울 대표의 예루살렘 중심적 사고의 틀을 보게 된다. 예루살렘을 중심으로 하여 3,000킬로미터 전체를 사탄이 장악하고 있다고 말하는 것은 소아시아와 중앙아시아의 투르크 민족들, 페르시아 민족들, 중동 아랍 민족들과 같은 이슬람권 사람들이 거주하는 지역을 포함하여 설정된 것이라고 볼 수 있다.[5] 여기에서 최바울 대표는 예루살렘을 둘러싸고 있는 이슬람권을 사탄이 지배하는 것으로 간주하고 있다고 오해(?)받을 수 있는 충분한 근거를 제공하고 있다.[6]

최바울 대표는 이런 긴장 속에서 예루살렘에 평화가 임하게 될 것에 대해 다음과 같이 말한다.

이삭과 이스마엘의 화해가 이루어지는 순간 예루살렘 성전은 재건될 것입니다. 이스라엘 국가가 이날을 손꼽아 기다리는 것 아닙니까? 지금은 비록 무너진 예루살렘 안에 이슬람 사원이 두 개나 자리 잡고 있지만 어떠한 방법으로든 이 문제는 해결될 것입니다.[7]

이처럼 최바울 대표는 예루살렘과 성전의 회복이 있을 것이라고 말한다. 그의 책 『하나님의 나라』는 동일한 내용을 조금 다르게 설명한다.

이삭과 이스마엘의 갈등이 힘의 논리에 의해 강제적으로 봉합되면서

  백투예루살렘 운동, 무엇이 문제인가

마침내 예루살렘은 세계의 수도로 선언되고 공인될 것입니다. 이렇게 예루살렘의 평화가 마침내 이루어질 것입니다. 그러나 이것은 하나님의 평화가 아니라 힘의 논리에 의해 사실상 강제적으로 이루어진 정치적 평화가 될 것입니다.[8]

예루살렘에 평화가 임하지만 그 평화는 힘의 논리에 의해서 이루어진 일시적이고 정치적 평화라고 한다. 그는 이 평화를 경계한다. 왜냐하면 이 평화는 적그리스도가 활동할 수 있는 환경을 마련해주기 때문이다. 이에 대해 그는 다음과 같이 서술한다.

마지막 어둠의 세력, 미운 물건, 즉 가증한 적그리스도가 재건된 예루살렘 성전에 앉아 세계를 호령하며 위엄을 떨치게 될 것입니다(단 12:11; 마 24:15).[9]

앞으로 최후의 영적 전쟁은 거룩한 곳, 즉 예루살렘에 좌정한 가증한 적그리스도의 등장과 더불어 역사상 유례가 없는 거대한 영적 전쟁이 될 것입니다(마 24:15; 단 12:11-12).…바로 그때 거룩한 곳에 가증한 것이 등장할 것입니다. 그리고 성도의 권세가 꺾이는 고난의 시대도 다가올 것입니다. 서로를 유혹하고 타락시키는 음녀의 유혹을 넘어, 머지않아 성도의 권세를 꺾는 적그리스도, 짐승의 횡포도 시작될 것입니다.[10]

위의 글에 의하면 힘의 논리에 의한 정치적 평화가 예루살렘에 조성된 후에 적그리스도의 활동이 시작되는데, 특별히 적그리스도는 예루살렘 성전에 앉아서 세계를 호령할 것이다. 또한 이 시기는 성도들에게는 고난의 시기이며 그때 바로 예수님의 재림이 있을 것이라고 한다.

그러나 바로 그때 주님께서는 천군 천사들과 함께 강림하시어 적그리스도를 멸하고 고통받는 인류 역사를 마감시킬 것입니다. 사탄은 이것을 알고 있습니다. 그렇기 때문에 예루살렘을 중심으로 어둠의 진을 치며 완전히 봉쇄하고 지금까지 있는 것입니다. 하지만 주께서 홀연히 천사장의 나팔 소리와 함께 강림하실 때 사탄의 진은 무너지고 적그리스도와 용 사탄은 패망하게 될 것입니다.[11]

이처럼 최바울 대표는 예루살렘의 정치적 평화와 그에 이어지는 적그리스도의 출현과 활동이 예수님의 재림에 의해 마무리된다고 생각한다. 그리고 "이 모든 일이 있기 직전에 유대인의 남은 자가 주께 돌아오고 이스라엘과 주변에 거하는 마지막 변방의 이방 민족들—소아시아와 중앙아시아 투르크 민족들, 카프카스 민족들, 페르시아 및 인도 북부의 민족들, 중동 아랍 민족 등—가운데 남은 자들이 곧 주께 돌아올 것"이라고 주장한다. 이것을 위해 한국 교회에 10만의 선교사가 일어나는 것이 필요하고 중국 교회의 100만 시님의 군대가 일어나 주님의 오시는 대로를 준비하게 될 것이라고 예측한다(참고. 사 49:12).[12]

최바울 대표는 "그래서 우리는 예루살렘으로 갔습니다. 이삭과

   백투예루살렘 운동, 무엇이 문제인가

이스마엘의 갈등의 진원지 예루살렘을 향해서 2,500명의 성도들이 함께 갔습니다. 2004년 8월7일부터 10일까지 예루살렘의 평화를 위해 예루살렘에서 기도하며 이삭과 이스마엘의 화해를 위해 예루살렘에서 팔레스타인까지 10킬로미터 평화 행진을 거행했습니다. 이것은 백투예루살렘을 위한 거대한 출정식이었습니다"라고 한다.[13] 그는 해외에서 그와 같은 대규모 행사를 시행할 정도로 예루살렘의 평화에 대한 분명한 그림을 가지고 있다. 그 행사의 목적은 다음 글에서 확인할 수 있다.

예루살렘의 평화가 어떻게 이루어지겠습니까? 이삭과 이스마엘이 갈등하고 있는데, 갈등하는 당사자들이 화해하지 않으면 어떻게 평화가 가능하겠습니까? 팔레스타인 사람들은 빼앗긴 땅 때문에 억울해하고 있습니다. 이들 무슬림들이 유대인들을 용서하지 않으면 화해는 불가능합니다. 또한 유대인들과 팔레스타인 사람들에게 주의 평화, 곧 샬롬이 이루어지지 않아도 불가능합니다. 이들 두 민족에게는 하나님의 평화가 절실히 필요합니다.[14]

그는 2004년 평화 대행진의 목적이 주님이 오시는 대로를 준비하는 것이요, 이스마엘과 이삭의 갈등을 화해시키기 위한 것임을 분명히 하고 있다.

이상에서 최바울 대표의 백투예루살렘에 대한 입장을 정리하면 먼저 예루살렘의 정치적 평화가 임할 것이요, 그 다음에는 적그리스도의 출현이 있을 것이고 다음에는 예수님이 재림하실 것이다. 이 모든 일이 있기 전에 유대인과 이스라엘 주변 민족들의 남은 자가 돌아오게 될 것이다. 이것을 위해 중국의 100만 시님 군대가 일어날 것이요, 한국 교회의 10만 선교사가 일어날 것이다. 여기에서 최바울 대표의 백투예루살렘 운동은 철저하게 예루살렘 중심적 사고의 발현이고 예루살렘 회복 운동이며 세대주의적 성경 해석의 범주를 벗어나지 못하고 있음을 알 수 있다.

지금까지 다룬 최바울 대표의 입장에 대해 다음 몇 가지를 정리하여 지적하고자 한다. 첫째로, 가장 중요한 것은 최바울 대표가 성경적 근거에 기초하지 않고 말한다는 사실이다. 앞에서 인용하여 정리한 글들을 면밀히 살펴보면 성경을 언급한 내용이 거의 없고 대부분 그의 추측과 상상에 의한 내용으로 구성되어 있다. 그가 마지막에 적그리스도에 의해 벌어질 영적 전쟁에 대한 근거로 언급한 마태복음 24:15과 다니엘 12:11-12마저도 적그리스도에 의한 종말적 영적 전쟁과는 상관이 없고, 다만 예루살렘 성전 멸망과 관련된 내용일 뿐이다. 사실, 최바울 대표의 성경 사용 패턴은 늘 이런 오류의 굴레를 벗어나지 못한다. 그는 성경을 강조하지만 결국은 자신의 의견을 관철시키기 위한 수단으로 성경 본문을 사용할 뿐이다. 성경 해석의 오류가 있다면 그에 따르는 상황 이해에도 오류가 발생하는 것은 당연하다. 그러므로 최바울 대표의 입장을 맹목적으로 추종하는 것은 매우 위험한 결과를 초래할 수 있다.

둘째로, 최바울 대표는 예루살렘을 중심으로 3,000킬로미터를 장악하면서 거룩한 곳에 앉아 있는 가증한 적그리스도를 멸하기

     백투예루살렘 운동, 무엇이 문제인가

위해 예수님이 예루살렘으로 진격하실 것이라는 예루살렘 재림설을 주장한다. 그러나 성경 어디에도 예수님이 예루살렘으로 진격, 혹은 재림하실 것이라고 말씀하지 않는다. 사도행전 1:11의 "하늘로 가심을 본 그대로 오시리라"는 말씀은 재림의 장소를 말하는 것이 아니라 부활의 신령한 몸을 가지고 승천하시는 것을 제자들이 보았는데 그들이 본 신령한 몸 그대로 오신다는 의미다. 예수님이 예루살렘에 좌정한 적그리스도를 심판하기 위해 예루살렘으로 진격하신다는 것은 성경적 근거를 갖고 있지 않은, 그의 상상에서 나온 주장일 뿐이다.

셋째로, 최바울 대표는 이삭과 이스마엘의 화해가 이루어지고 예루살렘 성전이 재건되며 예루살렘이 세계의 수도로 지정되고 예루살렘의 평화가 마침내 이루어질 것이라고 말한다. 그러면서 이 평화는 하나님의 평화가 아니라 강제적인 힘의 논리에 의해 이루어질 정치적 평화라고 거부한다. 그런데 문제는 이처럼 최바울 대표가 가정한 정치적 평화는 그 실체가 존재하지 않는다는 것이다. 그 이유는 성경 본문을 잘못 해석하여 얻은 결론이기 때문이며, 그렇다고 중동 정세에 대한 확실하고 객관적인 분석과 근거를 가지고 말하는 것도 아니기 때문이다. 정치적 평화라고 하면서 지금처럼 미래가 불투명한 상황에서 중동의 정치적 미래를 단정한다면 그의 말을 믿고 따르는 사람들이 후에 겪게 될 혼란에 대해 매우 우려하지 않을 수 없다. 최바울 대표가 말하는 이삭과 이스마엘의 평화는 단순히 추정에 불과한 것이다.

넷째로, 최바울 대표가 언급하는 예루살렘에서 이루어지는 정치적 평화의 실체가 있다고 가정해보자. 그런데 그는 예루살렘의 평화 없이 세계 평화는 없다고 말하면서 사탄은 예루살렘의 평화를 억누르는 방법으로 영적 세계 전쟁의 기선을 잡고 있다고 주장한 바 있다.[15] 이런 발언은 곧 사탄이 예루살렘의 평화를 해치고 있다는 주장으로 이해된다. 그렇다면 사탄이 평화를 제어하는 예루살렘에 어떻게 평화가 이루어지기를 기대할 수 있을까? 사탄과의 정치적 협상을 통해 사탄이 정치적 평화를 허용한다는 것인가? 예루살렘의 평화를 억제하고 있는 사탄의 능력을 어떻게 정치적 협상이 제어할 수 있을까? 아니면 그 정치적 협상을 사탄이 주도하는 것일까? 이런 난점들에 대해 최바울 대표는 어떠한 답변도 제시하고 있지 않다. 사실, 그가 이런 문제점을 인식이라도 하고 있는지 궁금하다.

다섯째로, 최바울 대표는 이 모든 일이 있기 전에 유대인 중 남은 자들과 예루살렘 주변 국가들의 남은 자들이 돌아오게 될 것이라고 말하는데 '이 모든 일이 있기 전'이란 언제인지에 대해서는 구체적인 언급이 없다. 그 남은 자의 귀환이 예루살렘의 평화가 이루어지기 전인지, 혹은 적그리스도가 예루살렘에 좌정하기 전인지 혹은 예수님의 재림 직전인지에 대한 궁금증을 자아낸다.

여섯째로, 최바울 대표의 인터콥이 2004년 8월에 예루살렘에서 평화 대행진을 실행한 목적은 이삭과 이스마엘의 갈등을 화해로 바꾸기 위함이었다고 한다. 최바울 대표는 목적 달성 가능성에 대해 매우 낙관적이다. 그는 "예루살렘예수행진 2004는 역사상 처음으로 이루어진, 이삭과 이스마엘 화해를 위한 기독교인들의 현장 행진이었습니다. 하나님께서는 우리의 기도를 들으시고 수년 내에 이들의 화해를 이루시며 예루살렘의 평화를 주실 것입니다"라고 했다. 그의 말대로 예루살렘의 평화가 수년 내에 이루어졌을까? 아직도 중동의 평화 정착은 요원하기만 하다. 그리고 그가 목적으로 삼은 평화와, 이삭과 이스마엘 사이에 조성될 정치적 화해에 의한 예루살렘의 평화는 어떤 차이가 있는지 궁금하다. 후자는 적그리스도의 출현을 위한 환경이 될 것이라고 최바울 대표 스스로 규정하지 않았는가? 그럼에도 그가 추구하는 예루살렘의 평화가 정치적 평화와 어떤 차이를 가지고 있는지 이해할 만한 설명이 제시되지 않았다. 그것이 동일한 것인지 다른 것인지, 그리고 각각의 경우에 그 이유는 무엇인지에 대한 충분한 설명이 필요할 것이다.

좀 다른 측면에서 2004 평화 대행진 행사에 대해 말하면 이것은 사실 평화 대행진이 아니었다. 최바울 대표가 인정한 것처럼 그것은 종교의 영을 대적하며 예루살렘의 평화를 억누르는 사탄의 진을 파하는 영적 전쟁을 하기 위한 것이며 '마지막 시대 세계 영적 전쟁의 시작'을 알리기 위한 것이었다.[16] 이런 성격의 대행진은 도리어 예루살렘의 평화를 해치며 더욱 긴장을 야기하는 결과를 가져올 수 있다. 왜냐하면 사탄이 3,000킬로미터 전체를 장악하여 예수님의 재림을 대비하고 있는 것이라면 예루살렘 주변의 이슬람권이 사탄의 지배하에 있다고 간주되기 때문이다. 이것은 이슬람권에 대한 도전으로 인식되어 또 다른 갈등을 초래할 가능성이 있다. 상황이 이런데도 2,500명의 많은 인원을 동원하여 3박

4일 동안 행진을 한다는 것은 무의미할 뿐 아니라 위험한 일이 아닐 수 없다.

그 당시 문제가 될 소지를 간파한 이스라엘과 이슬람권 선교사들이 그 평화 대행진을 반대한 것을 두고 최바울 대표는 다음과 같이 반문한다.

2004년 8월 한국의 성도들이 예루살렘의 평화를 위해 기도하러 간다는데 현지에서 선교하는 일부 한국인 선교사들이 얼마나 심하게 반대했습니까? 현지에서 선교하는 선교사라는 분들이 그 정도이면 일반 그리스도인들은 오죽하겠습니까? 이스라엘 선교가 어렵다고 하면서, 진보가 없다고 하면서도 반대하는 것입니다. 그렇게 어려운 상황이라면 '혹시 하나님께서 저들의 기도를 통해서 이스라엘을 변화시키기를 원하지는 않을까? 혹시 하나님의 역사가 아닐까?' 하며 겸손히 기도해도 부족할 판에, 나서서 결사반대하는 것입니다. 이것이 정상적입니까?[17]

최바울 대표의 이런 주장은 자신과 의견이 다른 쪽을 무시하면서 백투예루살렘 운동에 대한 강한 집착을 드러내는 것이다. 그에게 있어서 "백투예루살렘의 비전은 곧 성취될 마지막 시대 하나님의 영적 프로젝트"다.

예루살렘의 평화 문제에 지나치게 영적으로나 혹은 종교적으로 접근하려는 것은 무모하다. 최바울 대표의 인터콥은 2004년 예루살렘 대행진을 통해 3,000킬로미터 내의 사탄의 권세 아래 있는 세상 세력을 모두 제압하여 정치적 평화가 아닌 진정한 평화를 예루살렘에 가져오려고 하였다. 그 대행진의 첫 번째 목적은 "분열과 분노, 종교의 중심이 되고 있는 예루살렘에서 견고한 영적인 진들이 무너져 하나님의 평화와 복음의 능력이 전 인류 공동체 가운데 나타나도록 하나님께 진정한 예배와 기도를 드린다"는 것이었다.[18] 그렇다면 그 대행진 후에 예루살렘에 이전과는 다른 평화가 임했을까? 그렇지 않다고 판단된다. 그와 같은 일회적인 행사로 실효성 있는 결과를 기대하는 것은 너무 유아적인 사고이며 무모한 시도라고 할 것이다.

도리어 그 행사는 이름 없이 조용하고 신실하게 선교 사역을 감당하던 그 지역의 많은 선교사들의 수고를 물거품으로 만들 수 있는 위험을 안고 있었다. 그런 위험 때문에 반대 입장에 선 선교사들을 정상적이지 않다고 폄하한 인터콥의 최바울 대표의 태도는 비판받아 마땅하다. 우리는 참 증인으로 오신 예수님이 하나님 나라를 계시하실 때, 겨자씨처럼 보이지 않고 외면당하지만 그 존재 자체로 영향력을 나타내는 비밀스러운 방법으로 하신 것을 본으로 삼을 필요가 있다. 기독교는 세력을 과시하고 전시하는 방법으로 흑암의 세력을 물리치지 않는다. 오직 십자가의 정신으로만 최바울 대표가 말하는 '영적 전쟁'에서 승리할 수 있을 것이다.

백투예루살렘에 대한 집착은 『하나님의 나라』에서도 동일하게 나타난다. 그는 다음과 같이 밝히고 있다.

한편 예루살렘에서 시작한 복음운동은 역사 속에서 서진에 서진을 계속해왔습니다. 복음은 유럽, 아프리카, 남미, 북미, 그리고 태평양을 지나 한국 및 중국으로 왔으며 지금은 예루살렘을 향해 마지막 서진의 행진을 하고 있습니다. 하나님의 역사는 시작점이요 마지막 땅 끝 예루살렘을 향해 복음이 전파되고 있는 것입니다. 이렇게 하여 유대인을 포함하는 모든 민족에 천국 복음이 증거될 때 역사의 종말이 올 것입니다.[19]

이처럼 최바울 대표는 중국 교회의 백투예루살렘 운동의 특징을 그대로 답습하고 있다. 한 가지 특징이 더 부여된 것은 바로 유대인을 포함하는 모든 민족에게 천국 복음이 증거될 때 역사의 종말이 온다고 보는 것이다. 중국 교회의 백투예루살렘 운동에는 유대인 선교에 대한 언급이 없었다. 그런데 최바울 대표는 중국 교회의 백투예루살렘 운동을 모방하지만 유대인 선교를 강조하면서 메시아닉 쥬의 이스라엘 회복 운동과 상당히 닮은꼴 형태를 갖추고 있음을 볼 수 있다. 최바울 대표는 중국 교회의 백투예루살렘 운동과 메시아닉 쥬에 의한 혈통적 이스라엘의 회복 운동을 동시에 받아들이고 있는 것이다.

두 운동의 접촉은 계속되는 예루살렘의 중요성에 대한 언급에서도 확인할 수 있다.

하나님의 역사는 예루살렘에서 시작합니다. 예루살렘은 세계 영적 전쟁의 중심입니다. 세계를 구속하시는 하나님의 세계경영의 역사가 예루살렘에서 시작했기 때문입니다.[20]

 백투예루살렘 운동, 무엇이 문제인가

또 우리가 주목해야 할 것이 있습니다. 세계 역사는 예루살렘으로 복귀한다는 사실입니다.[21]

이처럼 최바울 대표는 예루살렘 중심성이 성경 시대뿐만 아니라 현재까지도 유효하다는 입장에 선다. 구약의 약속들을 미래에 문자적으로 일어날 것으로 이해하여 해석·적용하기 때문이다. 그런 접근은 세대주의적 해석과 다르지 않다. 다음 글에서 예루살렘 중심성은 또 다른 각도에서 강조된다.

그런데 민족은 두 부류로 나뉩니다. 하나는 이스라엘 유대 민족이고 다른 하나는 '이방인'입니다. 이방인은 유대인이 아닌 다른 모든 민족을 말합니다. 하나님은 세계 민족을 두 부류로 나누어 접근하십니다.…유대인의 역사는 2천 년 전 예루살렘에서 세계로 흩어졌다가 1948년에 이스라엘 국가 재건으로 다시 예루살렘으로 돌아왔습니다. 이방인, 즉 이방 세계 교회의 역사도 예루살렘에서 시작하여 서진을 거듭하며 다시 예루살렘으로 돌아가고 있습니다. 패턴은 다릅니다. 하나는 세계로 흩어졌다가 다시 예루살렘으로, 다른 하나는 서진 운동을 거듭하며 다시 예루살렘으로 복귀합니다.[22]

이 내용을 보면 최바울 대표가 세속 역사를 인위적으로 지나치게 단순화시킴을 알 수 있다. 하나님은 세계 민족을 유대인과 이방인과 같이 두 부류로 나누어 접근하신다고 한다. 유대인의 역사는 2천 년 전에 예루살렘에서 세계로 흩어졌다가 1948년에 이스라엘 국가 재건으로 다시 예루살렘으로 돌아왔다는 것이다. 반면 이방 세계 교회의 역사도 예루살렘으로 시작하여 서진을 거듭하며 예루살렘으로 돌아가고 있다고 한다. 이 두 개의 패턴은 다르지만 공통점은 예루살렘으로 모인다는 것이다.

여기에서 두 가지 사실 관계의 문제를 지적하고 넘어가겠다. 먼저 유대인이 흩어지기 시작한 것은 2천 년 전이 아니라 2천 년 하고도 더하기 5백 년 전에 바벨론 포로로 잡혀가기 시작하면서 부터다. 선지자들은 이스라엘 백성이 포로로 잡혀가기 전후로 바벨론 포로 사건에 대한 선포와 함께 하나님의 구속 역사의 흐름 속에서 어떻게 포로로 잡혀간 이스라엘이 회복될 것인가에 대한 전망을 제시한다. 따라서 이스라엘의 회복을 논할 때 국가 재건만을 놓고 성경의 예언대로 성취되었다고 말하는 것은 성경의 입장과 전적으로 다르다.

그렇다면 성경은 이스라엘의 회복에 대해 무엇이라고 말하고 있는가? 이미 앞에서 자세하게 설명한 바 있지만 여기에서 다시 한 번 간단하게 생각해보자. 구약에서 이스라엘의 회복에 대한 약속은 바벨론 포로 사건을 배경으로 한다. 그렇다면 이 약속은 일차적으로 바벨론으로부터의 귀환 사건을 통해 성취되었다고 말하는 것이 당연하고 자연스럽다. 즉 구약의 역사에서 이스라엘의 회복은 이미 이루어졌다. 회복의 약속을 바탕으로 이스라엘의 지도자인 스룹바벨은 성전을 지었고, 느헤미야는 예루살렘 재건에 힘 썼으며, 에스라는 말씀 운동을 일으켰던 것이다. 바벨론으로부터 돌아오면서 그들은 포로기 전에 주어졌던 하나님의 약속을 기억

　　　　　　　　　　　　　　　　백투예루살렘 운동, 무엇이 문제인가

하며 감격에 겨워 울음을 참을 수 없었을 것이다. 선지자들은 선조들이 해방을 경험했던 출애굽을 기억하며 바벨론으로터의 해방에 '제2의 출애굽'으로서의 역사적 의미를 부여했다.

그러나 무엇인가 부족했다. 막상 성전을 짓고 보니 너무 초라했고, 예루살렘 성벽을 쌓으며 재건에 힘썼지만 역시 초라한 모습을 면치 못했다. 이스라엘이 세계의 중심 국가가 되기는커녕 페르시아, 그리스, 그리고 로마로 이어지는 대제국의 지배를 받게 되었다. 그래서 그들은 자신들이 여전히 바벨론 포로와 같다고 인식하게 되었고 진정한 해방, 곧 이스라엘의 회복을 가져올 메시아를 기대하기 시작했다.

신약성경 저자들은 이런 역사 인식을 분명하게 가지고 있었다. 그들은 구속 역사의 흐름을 이어받아 예수 그리스도의 관점에서 풀어나가기 시작했다. 그래서 그들은 구약의 이스라엘의 회복에 대한 약속들을 문자 그대로 받아들이지 않고 그리스도의 관점에서 재해석하기 시작한다. 예수님은 구약의 이스라엘을 대표하는 12지파에 상응하고, 교회의 기초가 되는 12사도를 택하심으로써 교회 공동체를 통한 이스라엘의 회복에 대한 의지를 보여주셨다. 구약의 약속들이 문자적으로 성취될 것이라고 믿는 한에 있어서는 이런 해석을 이해할 수도, 수용할 수도 없을 것이다. 왜냐하면 12사도는 12지파와 문자적으로 일치하지 않기 때문이다. 그래서 구약의 문자적 성취를 옹호하는 사람들은 대체신학 운운하면서 교회 공동체를 통한 이스라엘의 회복이라는 성경적 의미를 거부한다. 그러나 그렇다고 이스라엘의 회복에 대한 신약적 이해를 피해

갈 수 있는 것은 아니다. 신약의 해석을 거치지 않고 1948년의 이스라엘 독립 사건을 가지고 구약에서 약속한 이스라엘의 회복에 대한 성취로 이해하는 것은 어떤 이유로도 정당화될 수 없다.

다음으로 복음의 서진을 통한 예루살렘 귀결론의 한계는 백투예루살렘 운동이 시작된 지 60여 년이 지났지만 아직 중국과 예루살렘 사이에 존재하는 이슬람권이 요지부동이라는 점에서 분명하게 나타나고 있다. 복음의 서진은 현재 고착화된 상태다. 그리고 인터콥은 복음의 서진을 인위적으로 무리하게 추진하려다가 생긴 많은 부작용 때문에 기성 교회의 비판을 받고 있다는 것은 주지의 사실이다. 최바울 대표의 주장대로 복음 전파가 예루살렘으로 귀결되는 것이 하나님의 뜻이고 계획이었다면 그에 맞는 열매를 볼 수 있지 않았을까?

반면 중국에 복음을 주도적으로 전한 사람은 허드슨 테일러다. 그는 영국 사람으로서 영국에서 중국으로 복음이 전해진 것은 서진이 아니라 동진이라 할 수 있다. 또한 영국의 리빙스턴 선교사는 복음을 아프리카에 전한 선교사다. 이것은 남진이라고 할 수 있다. 호주와 뉴질랜드의 선교사들이 중국에 복음을 전했다면 그것은 북진이라고 할 수 있고, 우리나라의 선교사들이 구소련에 복음을 전했다면 이것도 역시 북진이라고 할 수 있다. 그리고 예루살렘에서 인도까지 복음이 전파되었다고 한다면 그것은 당연히 동진이다. 여기에서 복음의 서진이라는 패턴을 무리하게 설정하면, 자칫 하나님의 자유로운 역사하심을 인간의 좁은 소견으로 제한하는 위험을 안게 된다는 사실을 확인할 수 있다. 복음은 서진

 백투예루살렘 운동, 무엇이 문제인가

뿐만 아니라 북진과 남진, 그리고 동진 등으로 자유롭게 흘러가고 있음을 인정할 필요가 있다. '복음의 서진'이라는 공식은 예루살렘 중심적 사고의 결과일 뿐이다.

성경의 핵심 사건:

재림의 조건으로서의 세계 선교와 이스라엘의 고토로의 회복

최바울 대표는 "우리는 성경을 읽고 해석할 때 이 핵심 사건에 초점을 맞추고 가장 큰 권위를 부여해야 합니다. 이 사건들 이외에 다른 어떤 것에 더 큰 권위를 부여하면 이단이 됩니다"라고 하였다. 그러면서 예를 들어 말하기를 "노아나 모세에게 지나친 권위를 부여하면 이단이 되는 것입니다. 유대인들은 모세를 지나치게 높였기 때문에 빗나갔고 이단이 된 것입니다"라고 한다.[23] 그러면 최바울 대표가 말하는 성경의 핵심 사건은 무엇일까? 그것은 다음 글에 잘 나타나 있다.

> 하나님의 사역은 하나님의 예언을 성취하는 방향으로 이루어져야 합니다. 예언 가운데 가장 최고 권위의 예언은 물론 '모든 민족에 복음이 증거되면 재림하신다'는 것입니다. 그 다음 흩어진 유대인의 고토 회복입니다. 아브라함의 후예들인 이삭과 이스마엘이 화해한 후 유대인의 남은 자와 이방 모든 민족의 남은 자들이 동시에 주께 돌아오면 주님은 재림하실 것입니다.[24]

최바울 대표는 예언 가운데 가장 최고 권위의 예언은 '모든 민족에 복음이 증거되면 재림하신다'는 것이고 그 다음은 '흩어진 유대인의 고토 회복'이라고 한다. 이 두 가지 사항은 모두 재림의 조건으로 제시된다. 즉 성경의 핵심 사건은 예수님의 재림이고, 이것을 가능하게 하는 두 가지 조건이 있다는 말이다. 따라서 최바울 대표와 인터콥은 이 두 가지에 그 단체의 전력을 기울이고 있다고 보아야 할 것이다. 이 두 가지를 중심으로 좀 더 면밀하게 분석하고 평가해보자.

재림의 조건: 세계 선교

최바울 대표는 "예언 가운데 가장 최고 권위의 예언은 물론 '모든 민족에 복음이 증거되면 재림하신다'는 것"이라고 했다. 그러나 분명히 말하지만, 성경에 이런 내용의 예언은 존재하지 않는다. 그는 성경 본문의 왜곡을 통해 자신이 말하고자 하는 내용을 억지로 내세우려고 한다. 그리고 그는 "주님의 재림 조건은 모든 민족에게 복음이 증거되는 것입니다"라고 말한다.[25] 이것이 인터콥이 선교지향적 특징을 갖는 이유다. 최바울 대표는 바로 그런 명제하에서 선교의 필요성을 강변한다.[26] 특히 그는 삼위일체 하나님이 중요하고 결정적인 순간마다 '모든 민족으로'라고 강력히 권고한 이유는 모든 민족에게 복음이 증거되어야 주님이 다시 오실 수 있기 때문이라고 한다. 여기에서 그가 제시한 중요하고 결정적인 순간이란 창세기 12:1-3과 마태복음 28:18-20이다. 여기

에는 중대한 문제가 있다. 창세기 12:1-3이나 마태복음 28:18-20
은 그가 의도하는 선교나 예수님의 재림과는 전혀 관계없는 본문
이기 때문이다.

창세기 12:1-3에서 하나님이 아브라함을 부르셔서 큰 민족을
이루시겠다고 하신 것은 타락하기 전에 에덴에서 아담과 하와에
게 이루고자 하셨던 창조 목적을 아브라함을 통해 회복하고자 함
이었다. 이것을 선교와 재림에 관련시키려는 것은 본문을 왜곡하
는 것이다. 마태복음 28:18-20 역시 승귀하신 예수님이 하나님
나라의 복음을 모든 족속을 향하여 가르쳐 지키게 하실 것을 말씀
하신다. 특별히 "하늘과 땅의 모든 권세를 내게 주셨다"라는 말씀
은 다니엘 7:13에서 하나님이 자신에게 나아오는 "인자 같은 이"
에게 "권세와 영광과 나라"를 주는 장면을 연상하게 한다.[27] 여기
에서 강조되는 것은 부활·승귀하신 예수님의 신적 권위다. 그러
나 재림에 대한 언급은 전혀 없다.

최바울 대표는 앞의 언급에서 모든 민족에게 복음이 전파되는
것을 재림의 조건으로 지나치게 강조하는데, 이를 거꾸로 생각하
면 재림이 연기되는 이유가 선교에 게으른 교회 때문이라는 말이
다. 사실, 이런 모토는 선교 동원의 에너지로 이용되기도 한다. 그
는 2000년을 10년 앞둔 1990년에 10년 동안 1만 1천 개의 미전
도 종족 가운데 교회 하나씩 개척하자는 'AD2000운동'과 관련하
여 "대다수의 교회들은 여전히 주님의 다시 오심에 대해 전혀 관
심이 없었으며 또 10년의 세월을 훌쩍 보내버렸습니다"라고 한
다.[28] 그의 발언에는 교회들이 10년 동안 충실하게 이 운동에 참여

했다면 2000년에 예수님의 재림이 가능할 수 있었다는 아쉬움이 묻어나는 듯하다. 실제로 1999년 한 해 동안 세계는 Y2K 문제로 종말론 신드롬에 몸살을 앓았고 인터콥의 운동도 이러한 분위기에 편승한 측면이 없지 않아 보인다. 이런 면을 자세히 살펴보면 인터콥의 선교 운동은 유사 시한부 종말론을 배태하고 있다고 보는 것도 불가능하지 않다.

최바울 대표가 주장하는 세계 선교와 재림 사이에 성립된 공식이 성경적으로 정당성을 얻을 수 없다는 것은 분명하다. 예수님의 재림 시기는 아무도 모른다. 성경 어디에도 세계 선교와 재림의 인과 관계를 설정하는 본문은 없다. 그런데 그는 예수님의 재림을 위해서 세계 선교에 초점을 맞추고, 그 어떤 것보다도 강조하고 권위를 부여해야 한다고 주장한다. 이것은 최바울 대표가 지나치게 예루살렘-재림-선교 중심적 성경 읽기를 추구한다는 것을 단적으로 보여준다. 그의 주장은 균형 잡힌 성경 이해를 파괴하는 접근이라고 볼 수 있다. 그의 말대로 이것을 지나치게 강조하고 권위를 부여하다가 이단의 위험에 빠지는 것은 아닐지 크게 우려되는 상황이다. 성경의 중심 사상은 창조와 타락 이후에 창조의 회복을 통한 새 창조의 성취와 완성에 있다. 성경의 관심은 바로 하나님이 이런 구속 역사를 어떻게 성취하셨고 완성을 이루어 가시는가에 쏠려 있다. 그리고 그 중심에는 예수 그리스도의 메시아적 사역이 존재한다.

앞에서 '하나님의 사역은 하나님의 예언을 성취하는 방향으로 이루어져야 한다'는 말은 우리가 하나님의 사역을 감당할 때 하나님의 예언을 성취해드리는 역할을 감당할 수 있다는 뜻으로 이해할 수 있다.[29] 곧 우리가 선교를 열심히 해야 예수님의 재림이 이루어진다는 공식이 여기에 적용되고 있다. 그러나 우리가 하나님의 예언을 이루어드린다는 것은 어불성설이다. 하나님의 구속 역사의 성취와 완성은 이미 예수 그리스도를 통해 모두 계시되었다. 하나님은 스스로 이러한 사역을 이루어가신다. 우리가 하나님의 예언을 이루어드리는 것은 아무것도 없다. 다만 하나님이 일을 이루실 때 우리는 도구로 사용될 뿐이다. 반면 이 예언에 대한 해석이 왜곡된다면 최바울 대표의 논리대로 말해 그에 따른 우리의 역할은 전혀 다른 표적을 향한 것이 돼버리고 말 것이다.

재림의 조건: 유대인의 고토로의 회복

최바울 대표는 두 번째 권위 있는 예언이 '유대인의 고토 회복'이라고 한다. 이것은 구약에 나타난 약속의 말씀이다. 그는 이스라엘이 심판을 받아 흩어질 것을 예견한 예레미야 16:13의 말씀과 함께 예레미야 16:14-15에서 그들이 다시 고토로 돌아오게 될 것이라는 약속의 말씀을 제시한다. 이것을 두고 그는 "이스라엘 공동체를 향한 주님의 예언은 놀라울 정도로 정확합니다"라고 말한다.[30]

그런데 그가 놓치고 있는 것이 있다. 첫째로는 이러한 약속이 그들의 역사에서 이미 일어난 사건이라는 사실이고, 둘째로는 이 말씀이 그리스도의 사역의 관점에서 재해석되어야 하는 대상이라는 사실이다. 그 약속을 오늘날에 일어날 사건과 관련지으려는 시도는 그리스도의 사역을 무시하고 왜곡하는 행태라고 할 수 있다. 그리스도의 사역과 관계없이 미래에 일어나는 구약의 약속은 존재할 수 없다. 구약은 필연적으로, 반드시 신약의 그리스도의 사역의 창을 지나야 온전한 이해가 가능하다.

신약성경 저자들의 작업은 그리스도의 관점에서 구약을 해석하는 것에 집중되어 있다. 그들의 해석에 따르면 구약의 이스라엘이 고토로 돌아올 것이라는 선지자들의 약속은 역사적으로 발생했던 출애굽을 밑그림으로 하여 새 출애굽의 역사를 대망하게 하는데, 바로 그 일이 일차적으로는 바벨론 포로 귀환을 통해 이루어졌으나 그것이 불완전하여 좀 더 온전한 성취를 내다보게 되었고, 그것은 결국 예수님을 통해서 성취되었다. 그러므로 가나안 땅인 고토는 신약에서 '예수님 안'으로 재해석될 수 있다. 이런 맥락에서 고린도후서 5:17—"그런즉 누구든지 그리스도 안에 있으면 새로운 피조물이라 이전 것은 지나갔으니 보라 새 것이 되었도다"—말씀처럼 '그리스도 안'은 새 창조, 곧 새 에덴이요, 가나안 땅의 안식이 온전히 이루어지는 곳이다. 에덴과 가나안을 통해 이루어진 회복의 역사가 온전하게 성취되어 나타나게 된 것이 바로 '예수님 안'인 것이다. 그러므로 우리는 새 창조인 그리스도 안에 있으면 새로운 피조물이 된다.[31]

더 나아가서 최바울 대표는 "아브라함의 후예들인 이삭과 이스마엘이 화해한 후 유대인의 남은 자와 이방 모든 민족의 남은 자들이 동시에 주께 돌아오면 주님은 재림하실 것입니다"라고 한다.

   백투예루살렘 운동, 무엇이 문제인가

앞에서 언급한 것들과 함께 소위 이런 예언이 정말 성경에서 의미하거나 의도하지 않는 것이라면 이를 믿고 따르는 수많은 사람들의 인생이 얼마나 허망하겠는가? 그런데 불행하게도 그렇게 될 가능성은 거의 100퍼센트에 가깝다. 왜냐하면 성경이 그런 해석을 허용하지 않기 때문이다. 이처럼 성경 해석의 결과는 우리에게 막중한 의미를 갖는다. 성실한 주해의 과정을 생략한 채 무책임하게 내뱉는 말을 많은 추종자들이 수용하게 되는 현실에 대해, 최바울 대표는 지도자로서 신중히 재고해봐야 할 것이다.

최바울 대표는 남은 자의 귀환 이전에 이삭과 이스마엘의 화목을 전제한다. 이것은 인터콥이 2004년에 예루살렘 평화 대행진을 한 이유이기도 하다. 앞에서도 논의했지만, 이삭의 후손들과 이스마엘 후손들, 곧 이스라엘과 아랍 국가들의 화해가 과연 가능할까? 데이비드 캠프를 비롯한 몇 차례에 걸친 정치적 화해의 시도들은 지금껏 실패로 끝나버리고 말았다. 최바울 대표는 정치적 평화는 거짓된 것이라고 거부하면서 어떤 방식으로 화해가 성사될 수 있으리라고 생각하는 것일까?

한편, 최바울 대표가 모든 혈통적 유대인의 회복이 아닌 유대인 중 남은 자의 회복을 주장하는 것은 앞의 메시아닉 쥬의 입장과는 다른 점이다. 그러나 1948년 이스라엘의 회복을 구약 말씀의 문자적 성취로 보는 것은 그들과 동일하다. 그는 "이스라엘 민족 공동체를 향한 주님의 예언은 놀라울 정도로 정확합니다"라고 하면서 그 예시 중 하나가 "흩어진 유대인들이 고토에 모인 사건"이라고 한다.[32] 이 사건은 1948년 이스라엘의 독립을 두고 하는 말

일 것이다. 메시아닉 쥬는 이 사건을 마태복음 24:29-32의 성취이
자 이스라엘의 회복에 대한 구약 예언의 성취로 간주한다. 최바울
대표의 주장과 동일한 주장이다. 그러나 흩어진 유대인들이 고토
로 모인 사건과 로마서 11:26의 남은 자의 회복에 대한 언급 사이
에는 몇 가지 모순점이 발견된다. 첫째로, 남은 자는 많은 수의 유
대인을 상정하지 않는다. 왜냐하면 역사적으로 남은 자는 항상 소
수였기 때문이다. 둘째로, 더욱 큰 문제는 그렇게 고토로 돌아온
소위 남은 자들이 예수님과 전혀 관계없는 자들이라는 사실이다.
만일 구약 말씀의 성취인 남은 자로서 고토로 돌아오는 자들이 예
수님과 전혀 관계없는 사람들이라면 로마서 11:26이나 구약의 약
속들과 모순된다. 따라서 예언과 성취의 관계는 성립하지 않는다.

그는 예레미야 16:14-15에 근거한 "우리를 북방 땅과 그 모든
쫓겨났던 나라에서 인도하여 내신 여호와께 감사합니다"라는 문
구가 다음과 같은 이유로 예배의 시작 말씀이 되었다고 한다.

1920-1930년대에 유럽의 유대인들이 팔레스타인으로 복귀하여 이스
라엘 국가를 세우게 되고, 1950-1960년대에는 북부 아프리카에서 유
대인들이 돌아왔습니다. 이때 먼저 와서 국가를 재건했던 유럽 출신
유대인들은 국가의 요직을 장악하고 후에 북부 아프리카 등에서 온
유대인들을 2등 국민 취급하였습니다. 그러다가 1991년 이후 소련이
붕괴되면서 러시아와 중앙아시아에서 수많은 유대인들이 돌아오게
되자 판도는 완전히 바뀌게 됩니다. 러시아와 중앙아시아 등 북방에
서 온 유대인의 수가 상대적으로 많아지자 이들을 의식해서 '북방 땅

   백투예루살렘 운동, 무엇이 문제인가

과 그 모든 쫓겨났던 나라에서 인도하여내신'이라고 북방 땅을 강조
하게 된 것입니다.[33]

이런 주장 역시 앞에서 지적한 비판을 면할 수 없다. 1920-
1930년대 유럽의 유대인이 팔레스타인으로 오고, 1950-1960년
대에는 아프리카의 유대인이 오고, 1991년에 구소련의 유대인들
이 팔레스타인으로 온 것은 아무런 성경적·구속사적 의미도 갖지
않는다. 그들이 예수님을 구주로 영접한 하나님의 백성인가? 그
들이 교회 공동체의 일원인가? 구약에서 말하는 남은 자들인가?
아무것도 아니다. 그러나 최바울 대표는 이에 대해 그 어떤 문제
의식도 갖지 않는다. 다시 한 번 말하지만 세속 국가 이스라엘을
세운 자들은 구약에서 약속한 남은 자도 아니고, 교회 공동체의
지체도 아니었다.

오늘날 유대인들의 고토로의 귀환은 전혀 다른 관점에서 보아
야 한다. 그들의 이주로 인해 그 땅에 평안하게 살고 있었던 팔레
스타인 사람들의 박탈감은 어떻게 생각할 것인가? 일제에 의해
강제 병합되어 30년 이상을 식민지로 지배받은 것에 대한 뼈아픈
기억이 살아 있다면 정든 땅을 빼앗긴 팔레스타인 사람들의 아픔
을 헤아려보아야 하지 않을까?

최바울 대표는 백투예루살렘 운동을 '마지막 글로벌 프로젝트'
라고 생각한다. 그는 2003년 7월 뉴질랜드에서 개최된 세계 선교
지도자 모임에서 중국 교회가 백투예루살렘 비전을 소개하면서
"이슬람은 중국 교회의 밥입니다. 우리가 감당할 것입니다"라고

말했다고 한다. 1년 후 2004년 7월에는 미국 샌프란시스코에서 세계 선교계의 지도자인 토머스 왕 목사와 루이스 부시가 주도하는 백투예루살렘 국제 컨퍼런스가 열렸다. 최바울 대표는 이 대회를 통해 백투예루살렘의 비전이 중국 교회를 넘어 세계 교회의 비전으로 확산되고 있다고 판단한다. 그래서 그는 "세계 교회의 마지막 글로벌 프로젝트는 복음의 서진을 따라 예루살렘까지 열방 모든 민족과 유대인에게 '영원한 복음'을 증거하는 것입니다"라고 한다.[34]

예루살렘의 평화를 위한 예수님의 눈물

최바울 대표는 예루살렘의 의미를 정확히 이해하는 것이 필요하다고 주장한다. 그러면서 그는 신약에서 '새 예루살렘'은 분명 주님이 오신 이후 이루어질 영원한 천국을 의미한다는 엉뚱한 해석을 내놓는다.[35] 이 해석이 엉뚱한 이유는 요한계시록 21:9-10에서 새 예루살렘을 어린 양의 아내요 그리스도의 신부라고 하여 앞으로 완성될 교회 공동체를 의미하는 것으로 기록하고 있기 때문이다. 새 예루살렘은 영원한 천국을 의미하는 것이 아니라 그리스도의 신부로서 교회 공동체의 온전한 모습을 의미한다.

최바울 대표는 이스라엘 민족 공동체의 수도인 팔레스타인의 예루살렘에 대해서는 또 다른 의미를 부여한다. 그는 예수님이 예루살렘을 향하여 눈물을 흘리시면서 "예루살렘아! 예루살렘아!

오늘날 평화에 관한 일을 알았더라면 좋을 뻔하였거니와 지금 네 눈에 숨겨졌도다"라고 하신 말씀에 근거해 예루살렘의 영적 의미를 추적하려고 한다(참고. 눅 13:34; 19:41-42). 최바울 대표는 예수님이 울며 이러한 말씀을 하신 것은 예루살렘에 중요한 의미가 있기 때문이라고 생각한다. 즉 예수님은 주후 70년 성전 멸망 이후에 유대인들이 열방으로 흩어지고 2천 년 동안 끝없는 전쟁으로 예루살렘이 피로 물들고 아브라함을 믿음의 조상으로 믿는 3대 종교—유대교, 기독교, 이슬람교—사이의 전쟁이 계속될 것을 미리 내다보셨기 때문에 우셨다는 것이다. 그리고 더 나아가서 이처럼 우신 이유는 예루살렘이 당할 고난 때문이기도 하지만 궁극적으로는 예루살렘의 평화 때문이라고 주장한다.[36] 최바울 대표는 이 두 번째 경우에 좀 더 강조점을 둔다. 그러면서 도전하기를 "그런데 지금까지 예루살렘의 평화를 위해서 기도한 사람이 얼마나 될까요? 성경 말씀을 읽다가 누가복음 19장 바로 그 대목에서 잠시 머물러 서서 그 의미를 묵상했어야 하는데 대부분 무심코 지나갔습니다. 주님이 눈물을 흘리는 장면을 보고도 말입니다"라고 한다. 그러면서 "'네 눈에 숨겨졌도다'라고 말씀하셨는데, 당시 그들의 눈에만 숨긴 것이 아니라 지난 2천 년 동안 모든 그리스도인과 하나님의 교회들에게 숨기었던 것입니다! 얼마나 놀라운 일입니까?"라고 힐난한다.

그러나 최바울 대표는 누가복음 19:41-42을 상당히 왜곡한다. 먼저 41절에서 "예루살렘아! 예루살렘아!"라고 부르는 말은 본래 존재하지 않는 내용이다. 최바울 대표는 이 호칭을 넣어 예루살렘과의 관련성을 의도적으로 부각시키려고 한다. 또한 예수님이 우신 것은 주후 70년의 성전 멸망 때문인 것이 분명하다. 이 본문의 문맥을 형성하는 19:45-46의 성전 청결 사건도 성전 멸망과 관련되기 때문이다. 예수님이 우신 이유는 바로 거기까지다. 예수님이 성전 멸망 이후에 예루살렘과 유대인들에게 일어날 불행한 일들 때문에 우셨다고 보는 것은 본문과 문맥의 의도와 범위를 벗어나 해석자의 의도를 본문에 투영한 잘못된 해석이라고 할 수 있다. 예수님은 성전 멸망으로 예루살렘이 고통을 당할 것에 대해 선지자의 심정으로 슬퍼하셨다! 이것은 이스라엘 백성의 바벨론 포로 사건에 대해 애통하는 예레미야 9:1; 13:17 그리고 14:17에 나타난 예레미야의 눈물을 연상하게 한다. 곧 하나님의 말씀에 불순종한 이스라엘에 대한 하나님의 분노와 슬픔과 연민과 같은 혼합된 감정을 반영한다.

그리고 42절에서 '평화에 관한 것들'이란 예루살렘의 평화를 말하는 것이 아니다. 이 평화에 관한 것이란 38절의 "이르되 찬송하리로다 주의 이름으로 오시는 왕이여 하늘에는 평화요 가장 높은 곳에는 영광이로다 하니"에서 메시아이신 예수님으로 말미암아 이 세상에 임하는 하나님의 평화, 곧 하나님의 영광과 관련된 것이다. 또한 42절에서 '오늘'이라고 한 것은 미래의 시점이 아니라 예수님이 말씀하시는 당시의 시점을 가리키고 있다. 즉 시점의 기준이 오늘날의 독자가 아니라 화자에게 있다. 그러므로 42절의 평화에 관한 것이 38절의 평화를 가리키고 있음은 더욱 분명해진다. 그리고 42절에서 '네 눈에 숨겨졌도다'라고 말씀하신 것은 최

　　　　　　　　　　백투예루살렘 운동, 무엇이 문제인가

바울 대표의 지적대로 오늘날 예루살렘의 평화에 무관심한 대중들을 가리키는 말씀이 아니라, 예수님이 이 말씀을 하신 현장에서 예수님의 메시아적 사역인 평화에 관한 일을 깨닫지 못한 바리새인들과 예루살렘에 거주하는 유대인들의 무지를 가리켜 말한 것이다.

그러므로 누가복음 19:41-42의 본문과 그 문맥은 예루살렘의 멸망 그 이상의 범위를 넘어가지 않는다. 주후 70년의 성전 파괴 이후에는 성전을 비롯, 예루살렘이나 이스라엘이 구속사적 의미를 다하게 된다. 우리는 구약의 예루살렘과 성전의 재건에 대한 종말적 약속들이 신약에서 예수님의 사역을 통해 성취되었는가의 여부를 통해 이에 대한 좀 더 충분한 근거를 얻을 수 있다. 먼저 가장 확실한 것은 구약의 성전에 대한 종말적 약속은 예수님의 부활의 몸을 통해 온전히 성취되었다는 사실이다(요 2:19-22). 또한 사도행전 2장에서는 오순절 성령 강림으로 예루살렘 회복에 대한 구약의 기대가 성취된다.

그러나 진정한 예루살렘의 회복은 물리적 장소의 회복이 아니라 성령 받은 공동체를 통해 이루어진다는 것을 계속 이어지는 내용을 통해 알 수 있다. 특별히 사도행전 2:43-44은 오순절 공동체의 삶이 새로운 예루살렘의 삶임을 보여주고, 8장에서는 사도들을 제외한 교회 지체들이 모두 유대와 사마리아로 흩어진다. 이어서 10장에서는 이방인 백부장 고넬료가 성령을 받고, 13장에서는 안디옥으로 간 바울과 바나바가 이방인 선교의 교두보를 놓게 되며, 마침내 바울은 로마에까지 다다르게 된다. 예루살렘에서 시작해 로마에서 끝을 맺게 되는 이 장엄한 이야기는 성령의 오심을 계기로 지정학적인 예루살렘의 의미가 사라졌음을 증거해주고 있다. 성령을 예루살렘에서 받는 것은 구약의 약속을 이루는 데 필요한 과정이었지만 그 성취 이후에 예루살렘에 계속 머무는 것은 구약의 약속이 의도한 바가 아니다. 도리어 고넬료와 안디옥, 로마와 같은 이방인의 세계로 확장하는 것이 구약의 본래 의도였던 것이다.

요한복음 4:21의 말씀—"예수께서 이르시되 여자여 내 말을 믿으라 이 산에서도 말고 예루살렘에서도 말고 너희가 아버지께 예배할 때가 이르리라"—은 예루살렘의 의미가 더 이상 유지되고 있지 않음을 보여주는 대표적 말씀이다. 예루살렘은 하나님도 인정하신 예배의 장소였다. 하나님은 그 성전에 임재하겠다고 약속하셨었다. 그러나 이제 메시아로 오신 예수님은 더 이상 예루살렘에서 예배하지 않아도 된다고 말씀하신다. 요한복음 4:23의 말씀을 보자.

> 아버지께 참되게 예배하는 자들은 영과 진리로 예배할 때가 오나니 곧 이 때라 아버지께서는 자기에게 이렇게 예배하는 자들을 찾으시느니라_요 4:23.

이 말씀에 따르면 성령과 진리 안에서라면 어디서든지 예배가 가능하다. 여기에서 지정학적 예루살렘의 어떤 중요성을 찾아볼 수 있을까?

이상에서 최바울 대표가 견지한 예루살렘의 회복에 대한 이해

   백투예루살렘 운동, 무엇이 문제인가

는 성경이 아니라 자신의 신념에 근거한 것임이 명백해졌다. 심지어 백투예루살렘에 대한 최바울 대표의 이해는 중국 교회에서 기원한 이슬람권 선교로서의 백투예루살렘 운동의 개념을 변질(?)시키고 있다. 폴 헤터웨이는 "백투예루살렘이란 하나님께서 중국 교회에게 주신 사명으로, 중국과 예루살렘 사이에 있는 모든 나라와 도시와 마을과 민족에게 복음을 전하고 성도의 교제를 이루고자 하는 열망을 의미한다"고 했다.[37] 즉 중국 교회의 백투예루살렘 운동에는 '예루살렘 회복'이라는 개념이 희박했다.

그러나 동일한 백투예루살렘 운동을 글로벌 프로젝트라고 주장하는 최바울 대표가 추구하는 것은 예루살렘 회복 운동임이 분명하다. 예루살렘을 중심으로 벌어지는 전쟁과 갈등을 해소하여 예루살렘에 진정한 평화를 가져오자는 것이다. 그리고 그것을 사탄이 막고 있으므로 영적 전쟁으로 간주해야 한다고 주장한다. 이는 "어둠의 영적 세력은 예루살렘과 주변을 장악하고 백투예루살렘을 강력히 저지하고 있는 것입니다"라는 그의 말에서 확인할 수 있다.[38] 그에게 있어서 예루살렘 평화 운동은 백투예루살렘 운동과 동일하다. 그래서 그는 누가복음 19:41-42에서 예수님의 흘리신 눈물이 백투예루살렘 운동을 하라는 촉구라고 해석한다. 그러나 그의 성경 해석은 건전한 관점도, 정직한 방법도 갖추지 못한 자의적 접근일 뿐이다.

정리

최바울 대표의 백투예루살렘 운동은 중국 교회, 그리고 메시아닉 쥬와 많은 공통점이 있지만 예루살렘 평화 운동과 맞물려 있다는 점에서 독특성을 갖는다. 그는 이삭에 의해 대표되는 이스라엘과 이스마엘에 의해 대표되는 이슬람권 국가의 화해를 백투예루살렘의 매우 중요한 과제로 상정한다. 그것은 그 둘 사이의 평화야말로 예루살렘 혹은 이스라엘의 회복을 위한 결정적 요건이라고 인식하기 때문이다. 2004년, 인터콥은 이를 위해 3박 4일간의 평화 대행진을 진행한 바 있다. 최바울 대표는 이 대행진을 통해 이스라엘과 팔레스타인 사이에 극적으로 평화가 이루어질 것이라고 굳게 믿었지만 아직까지 별다른 변화는 없다. 그는 사탄이 이 평화를 억제한다고 했다가, 또 어떤 때는 힘의 논리에 의해 평화가 임할 것이라고도 한다. 그가 정착시키려는 평화가 어떤 평화인지 모호해지는 이유다.

최바울 대표에게 이스라엘의 회복은 매우 중요하다. 그것은 세계 선교와 함께 예수님의 재림을 위한 전제조건이기 때문이다. 백투예루살렘의 원조라 할 수 있는 중국 교회의 경우에는 예수님의 재림과의 관련성을 가능하면 자제하려고 한다.[39] 그럼에도 불구하고 중국 교회는 종말론적 이론과의 접목을 피할 수 없었다. 그런데 최바울 대표는 백투예루살렘을 통한 이스라엘의 회복을 예수님의 재림의 전제조건으로 제시하여 이 둘 사이에 매우 밀접한 관계를 설정한다. 이런 점에서 백투예루살렘의 다른 두 경우와 동일

  백투예루살렘 운동, 무엇이 문제인가

한 관점을 갖는다.

최근에 최바울 대표의 백투예루살렘 운동이 한국 교계의 빗발치는 비난에 직면하자 인터콥은 한국세계선교협의회KWMA의 지도를 받으면서 백투예루살렘Back to Jerusalem이라는 명칭을 버리고 백투지저스Back to Jesus라는 명칭을 사용하겠다고 발표한 바 있다.[40] 그러나 정이철 목사는 인터콥이 운동의 명칭만 변경했을 뿐 여전히 백투예루살렘의 사상을 유지하고 있다고 한다. 이것은 2012년 4월 1일에 인터콥 측에서 핵심 멤버들에게 발송한 기도 소식지에 잘 나타나 있다.

> 열방 센터가 세계 교회 왕의 군대들을 소집하고, 훈련하여 열방을 향해 출정시키는 거룩한 왕의 군대 전초기지가 되게 하시고, 4월 26일에 진행되는 선교 컨퍼런스 가운데 왕의 명령을 위해 죽도록 충성하기로 결정한 모든 세계 교회를 다 불러 모아주셔서 다시 오실 왕의 대로가 이곳에서부터 시작하여 예루살렘까지 수축되게 하소서.[41]

이 기도문의 내용은 분명하게 백투예루살렘의 사상을 함축하고 있다. 한국 교회의 비판을 의식하여 변신을 시도하지만 조직에 뿌리 깊게 자리 잡은 문화로서 이와 같은 방향성을 극복하지 못하는 것을 보면, 인터콥이 해체되지 않는 한 그 핵심적인 내용은 바뀌지 않을 것이고 바뀔 수도 없다고 판단된다.

종합적 평가와 대안

우리는 지금까지 중국 교회로 말미암아 촉발된 백투예루살렘 운동과 메시아닉 쥬에 의해 주도되는 백투예루살렘 운동, 그리고 우리나라의 송만석 장로와 인터콥에 의해 공격적으로 발전하고 있는 백투예루살렘 운동을 살펴보았다. 세 그룹은 모두 예루살렘으로 돌아가야 한다는 백투예루살렘의 모토를 내세운다는 점에서 공통점을 갖는다. 그러나 백투예루살렘을 추진함에 있어서 강조하는 측면의 차이가 그룹 간에 다소 존재한다. 먼저 중국 교회의 백투예루살렘 운동은 이슬람권 선교를 목적으로 한다. 메시아닉 쥬의 경우에는 백투예루살렘의 목적으로 유대적 전통의 부활에 방점을 찍고 있다. 송만석 장로는 메시아닉 쥬와 많은 부분을 공유하며, 최바울 대표의 인터콥은 평화 운동과 공격적인 세계 선교에 강조점을 둔다.

종합적 평가를 위해 우선 백투예루살렘 운동의 공통적 문제점을 앞에서 논의한 내용을 중심으로 정리해보자.

예언에 대한 오해

백투예루살렘 운동의 공통된 문제점은 예언에 대한 오해에서 출발한다. 이 운동은 구약의 선지적 말씀을 미래에 성취되는 예언이라는 개념에 가둔다. 그래서 1948년의 이스라엘 독립과 1967년의 예루살렘 점령 등을―구약 및 신약성경이 의도하지 않았음에도 불구하고―이스라엘의 회복에 대한 예언이 성취된 것으로 해석한다. 그들의 성경 이해는 구약에서 출발하고 신약의 징검다리를 지나 현대에 비로소 성취의 실체를 드러내는 형식을 취한다.

그러나 예언은 그런 것이 아니다. 예언의 사역을 했던 선지자들의 발언 내용들을 보면 언제나 창조주 하나님, 애굽에서 그들을 건져내신 구속주 하나님에 대한 언급이 메시지의 중심을 차지한다. 그리고 이스라엘 백성의 죄에 대한 지적과 그에 대한 심판의 메시지가 포함된다. 마지막으로는 죄에 대한 심판 후에 이스라엘을 회복하시겠다는 메시지를 담게 되는데 그것이 예언의 절정을 이룬다. 그래서 예언은 과거와 현재, 그리고 미래의 시점, 즉 창조주이시며 구속주이신 하나님에 대한 언급과 이스라엘 백성의 죄에 대한 지적, 그리고 심판과 회복의 이야기가 서로 분리되지 않고 유기적으로 연결되어 하나의 메시지를 형성한다.

예언은 단순히 미래 시점만을 포함하지 않는다. 예언에는 과거와 현재와 미래가 공존한다. 즉 예언이란 시제와 관계없이 하나님의 뜻과 계획을 나타낸 하나님의 말씀이다. 그런데 하나님의 뜻과 계획의 핵심은 바로 예수 그리스도시다. 즉 예언의 말씀은 예수님과 분리해서 생각할 수 없다. 예언의 말씀은 오직 예수 그리스도의 사역을 통해 해석되고 예수 그리스도에 의해 이해되어야만 한다. 예수 그리스도야말로 예언의 성취이고 완성이다. 그런데 백투예루살렘 운동을 추종하는 자들은 이런 성경 해석의 기본적 원리를 무시하고 예언을 단순히 미래에 대해 미리 말하는 것으로 간주하여, 구약의 예언이 현대에 이르러 이스라엘의 회복에서 성취되는 것으로 해석한다. 이처럼 심각한 문제가 바로 예언에 대한 오해에서 출발하고 있다.

성경 해석의 오류

성경 해석에 오류가 발생했다면 그 오류에 근거한 모든 행위들은 중지되어야 할 것이다. 그런데 백투예루살렘을 추종하는 그룹들은 성경 본문을 해석하는 데 있어 정당하고 성실한 자세를 결여하고 있다. 이 책에서 그들의 저작들을 면밀히 살펴본 결과, 그들은 누군가의 신앙을 좌지우지할 수 있는 매우 중요한 주제를 다루고 있음에도 불구하고, 자신들의 주장을 뒷받침해줄 성경에 대해 매우 불성실하게 접근하고 있으며, 성경 해석에 있어서 필요한 훈련의 과정을 거치지 않은 모습들을 그대로 노출시키고 있다는 사실을 확인할 수 있었다. 그들이 보여주는 성경 해석의 오류는 다음과 같다.

 백투예루살렘 운동, 무엇이 문제인가

문자적 해석

성경을 문자적으로 해석한다. 특별히 구약의 이스라엘에 대한 약속들이 문자적으로 성취될 것이라고 기대한다. 그러나 신약성경은 구약을 해석할 때 문자 그대로의 성취 여부가 아니라 예수 그리스도를 통해 어떻게 이해되어야 하는가를 고민한다.

구약과 신약의 관계에 대한 무지

구약을 문자적으로 이해하고 그 문자적 성취를 염두에 두다 보니 구약의 말씀 중에 신약에서 성취되지 않은 것들이 있다고 상상한다. 그리스도의 사역을 통해 성취되지 않은 구약 말씀이 있다고 상상하는 것 자체가 문제다. 히브리서 1:1-2은 "옛적에 선지자들을 통하여 여러 부분과 여러 모양으로 우리 조상들에게 말씀하신 하나님이 이 모든 날 마지막에는 아들을 통하여 우리에게 말씀하셨으니"라고 했다. 하나님은 신약 시대에 예수님을 통해 구약에서 하신 모든 말씀을 알려주셨다. 여기에는 예외가 있을 수 없다. 그런데 백투예루살렘 운동을 주장하는 자들은 아직도 남은 것들—예수님을 통해 말씀하지 않은 것들—이 있다고 믿는다. 이런 신념은 구약과 신약의 관계에 대한 무지에서 오는 것이며 구약과 신약을 해석하는 데 상당한 오류를 초래한다.

성경 문맥의 무시

성경의 문맥을 무시하는 것은 백투예루살렘을 주장하는 사람들의 전유물과 같은 것이다. 지금까지의 논의를 통해 무엇보다 여실히 드러난 것은 그들이 자신들의 입맛에 맞는 내용이 눈에 띄면 문맥이 그것을 지지하지 않더라도 무책임하게 그 구절을 사용한다는 사실이다. 그러나 문맥의 관찰 없이 특정 부분만을 들여다보고 있으면 해석의 오류를 피할 수 없다.

지나친 전제에 의한 본문 해석

백투예루살렘을 주장하는 사람들의 성경 해석을 살펴보면 특정한 전제를 가지고 본문에 접근하면서 충분한 관찰과 해석의 절차 없이 성급하게 결론부터 내리게 되는 경우가 빈번하다. 그들이 가지고 있는 가장 강력한 전제는 지정학적 예루살렘과 혈통적 이스라엘이 당연히 회복되어야 한다는 것이다. 이것은 물론 구약에 대한 문자적 해석에 근거한다. 이 강력한 전제는 성경 해석의 모든 과정과 본문 주해에 적용된다. 그래서 그들의 성경 해석의 패턴을 보면 매우 독단적이고 주관적이라는 인상을 지울 수 없다. 본문의 문맥과 저자의 의도는 중요하지 않고 다만 중요한 것은 지정학적 예루살렘과 혈통적 이스라엘의 회복이다. 따라서 그 어떤 본문이든지 이에 일치하는 듯이 보이면 그 문맥과 의도에 대한 진지한 고려나 고민 없이 자의적으로 해석하는 경우를 여러 곳에서 확인할 수 있다. 콘스탄티누스에 대한 평가에서도 확인할 수 있듯이 역사를 보는 관점도 이런 전제의 영향 아래 있음을 보게 된다. 성경 해석에 있어서 어떤 전제를 지나치게 고집할 때, 저자의 본래 의도는 철저하게 유린당하는 결과가 나타날 수밖에 없다.

신사도 운동과의 결합

중국 교회의 백투예루살렘 운동과 메시아닉 쥬의 백투예루살렘 운동, 그리고 우리나라의 백투예루살렘 운동이 공유하는 또 다른 특성은 신사도 운동과 맥을 같이한다는 점이다. 중국 교회의 백투예루살렘 운동에서 소명을 발견하거나 확인하는 경우를 보면 한결같이 신비적 체험이 동반됨을 알 수 있다. 마치 '사도적 부르심'의 패턴을 보는 듯하다. 또한 메시아닉 쥬로서 백투예루살렘 운동을 이끌고 있는 인트레이터는 사도행전적 오순절 사건이 다시 발생하리라고 예고한다. 그는 실제로 한국을 방문하면서 그런 맥락에서 성령 집회를 인도하기도 한다. 인터콥 역시—신사도 운동이 여러 가지 면에서 그 난맥상을 보임에도 불구하고—신사도적인 속성을 유지하고 있음이 널리 알려져 있다.[1] 특별히 백투예루살렘 운동은 정이철 목사의 표현처럼 그 자체가 신사도 운동의 중심축 가운데 하나다.[2]

　이 두 가지 운동이 공통분모를 가지는 이유는 무엇일까? 어떻게 이런 결합이 생겨났을까? 그 답은 한마디로 말해 '세대주의 신학'에 있다. 세대주의 신학은 성경의 문자적 해석을 모토로 삼아 문자 그대로의 성취를 추구한다. 그래서 구약은 물론이고, 복음서에 기록된 예수님의 사역, 사도행전의 사도들에 의한 오순절적 현상도 문자 그대로 가감 없이 이 시대에 일어나야 한다고 본다. 오순절 사건이든, 사도적 신분이든, 이스라엘의 회복이든, 성경의 기록들은 문자 그대로 재현되어야 한다고 주장하는 것이 바로 세대주의 신학과 세대주의 종말론이다. 이런 점에서 신사도 운동을 추종하는 세력과 백투예루살렘 운동을 따르는 자들은 필연적으로 접촉할 수밖에 없는 것이다.

재림에 대한 잘못된 공식

중국 교회나 메시아닉 쥬, 송만석 장로와 최바울 대표 모두를 포함하는 백투예루살렘 운동의 추종자들은 예수님의 재림에 대해 잘못된 공식을 가지고 있다. 중국 교회의 공식은 복음이 '땅 끝'인 예루살렘에 다시 도달하게 되면 예수님이 재림하신다는 것이다. 송만석 장로가 추종하는 메시아닉 쥬는 혈통적 이스라엘과 지리적 예루살렘이 회복되면 예수님이 재림하신다고 주장한다. 그들은 재림의 장소가 필요한데 그 장소가 마련되지 않으면 재림이 불가능하다고 주장하며 극단적인 입장을 고수한다. 인터콥의 최바울 대표는 중국 교회와 메시아닉 쥬의 공식을 조합하여 복음이 땅끝까지 전파되어야 예수님의 재림이 가능하다며 '미전도 종족 선

    백투예루살렘 운동, 무엇이 문제인가

교'와 '10-40창 선교'를 강력하게 주장한다. 그들의 초점은 예수님의 재림에 있다. 그들의 선교 노력이 예수님의 재림을 가능하게 한다는 것이다.

그들이 주장하는 일련의 시나리오는 '재림의 공식'이라고 할 수 있다. 이 재림의 공식은 숫자를 대입하면 답이 나오는 수학 공식과 같은 것으로서 성경의 가르침에 배치되는 인위적 냄새가 물씬 풍긴다. 이런 공식을 따르면 인간의 노력 여하에 따라 결과가 달라지므로 어느 정도 답을 예측할 수 있다. 그런데 예수님의 재림은 공식으로 설명할 수 없으며 그 누구도 그 결과를 예측할 수 없다. 세상의 종말은 누구의 노력에 의해서도 좌우될 수 없는, 하나님의 고유한 주권에 속한 문제다. 물론 예수 그리스도의 영광스러운 재림에 대한 소망은 아무리 강조해도 지나치지 않는다. 그러나 어떤 동기에 의해 재림에 대한 소망을 가지게 되느냐가 중요하다. 보통 사람들은 재림에 대한 예측 가능성이 있을 때, 그 예측에 집착하게 된다.

더군다나 백투예루살렘 운동의 재림에 대한 공식은 잘못된 공식이다. 잘못된 공식으로는 문제를 해결할 수 없다. 백투예루살렘 운동의 재림에 대한 잘못된 공식은 세대주의적 종말론에 뿌리를 두고 있다. 세대주의 종말론은 구약의 종말적 약속들을 예언이라는 개념으로 묶어 오늘날 발생하는 사건에서—예수님의 사역을 통해서가 아니라—성취되는 것으로 바라본다. 그러다 보니 구약에서 누누이 예견되는 예루살렘의 회복, 다윗 왕권의 회복을 포함하는 이스라엘의 회복이 예수님 초림에서는 성취되지 않았다

고 판단한다. 대신 그 회복이 재림에 이어지는 천년왕국에서 성취
될 것이라고 확신한다. 따라서 그들에게는 예수님의 재림이야말
로 구약의 약속이 온전하게 성취되는 순간이다. 이런 시나리오가
세대주의적 종말론의 뼈대를 이룬다. 즉 세대주의 종말론의 중심
은 재림이며, 그들은 재림 때에 구약의 약속들이 가시적으로, 문
자 그대로, 속 시원하게 이루어질 것이라고 기대한다.

반면 초림에 의한 구속의 결과는 세대주의 종말론에 비추어보
면 그야말로 초라할 뿐이다. 세대주의적 관점에서 예수님의 십자
가 죽음과 부활은 이 세상을 거의 바꾸어놓지 못했다. 악은 그대
로 성행하고 세상의 세력은 너무 커서 인간의 능력으로 어떻게 할
수 없는 지경에 놓여 있다. 하나님의 능력으로 세상이 바뀔 것이
라는 소망도 절망으로 바뀐 지 오래되었다. 1, 2차 세계대전과 히
틀러의 유대인 대학살, 6.25전쟁, 스탈린의 착취, 지금도 세계 각
처에서 벌어지고 있는 전쟁, 갈등, 기근들은 예수님의 초림의 의
미를 매우 취약하고 무색하게 한다. 그래서 그들은 이런 모든 것
이 일거에 해결되는 한순간을 고대한다. 그리고 이런 기대감이 세
대주의 종말론을 매력적으로 만들기도 한다.

그러나 재림의 공식에 기반한 백투예루살렘 운동은 시한부 종
말론의 유혹을 뿌리치기가 쉽지 않다. 그 공식에 의하면 ① **예수
님의 재림은 백투예루살렘 운동의 성취로 가능하다.** 반대로 말하
면 ② **백투예루살렘 없이는 예수님의 재림도 없다.** ①의 경우는
재림의 시점을 인간적 차원에서 적시한다는 점에서 시한부 종말
론에 가깝다고 할 수 있다. 우리는 대부분의 시한부 종말론이 바

　　　　백투예루살렘 운동, 무엇이 문제인가

로 이런 관점에서 출발한다는 것을 잊어서는 안 될 것이다. ②의 경우는 예수님의 재림을 인간의 성취 여부로 제한하며 하나님의 전능하심을 훼손한다. 그럼에도 불구하고 이런 접근은 많은 성도들의 신앙적 로망—하나님에게 자신이 특별하게 필요하다는 환상—을 자극하면서 호응을 얻고 있는 것이 사실이다.

우리의 대안

그렇다면 백투예루살렘 운동에 대한 정통 교회의 대안은 무엇인가? 우리는 백투예루살렘 운동에 어떻게 대응해야 하는가? 여러 가지 대안이 필요할 수 있겠으나 두 가지로 요약하여 제시하겠다.

세대주의 신학에 대한 분명한 분별이 필요하다

한국 교회의 세대주의 신학은 보통 사람이 생각하는 것보다 더욱 뿌리 깊이 박혀 있다. 세대주의는 초기에 한국에 온 선교사들의 신학이었다. 놀랍게도 1907년 대부흥운동 역시 세대주의적 신학에 의해 주도된 사건이었다. 신학적으로는 선교사 블랙스톤의 『예수의 재림』(1913년 출간)이라는 제목의 요한계시록 해설집을 시작으로 1913년에만 3종, 1918년과 1922년에 각각 4종의 요한계시록 관련 서적이 출간되었다. 이후, 초기 한국 교회의 요한계시록 해설집은 1936년 길선주 목사의 『말세학』이 출간되기까지

4, 5년 간격으로 꾸준히 출간되었다. 물론 이런 서적들은 한결같이 세대주의적 관점에서 요한계시록을 해석한다.[3] 장로교 목회자로 한국 개혁주의 신학자의 원조라고 할 수 있는 길선주 목사님도 『말세학』에서 1939년과 2002년에 재림이 있을 것이라고 적시함으로써 시한부 종말론을 주장했다. 이렇듯 시한부 종말론으로의 귀결은 세대주의적 성경 해석의 전형적인 모습이다.

선교 초기에 도입된 세대주의적 종말론이 한국 기독교 백년의 역사 동안 기독교의 정신을 지배해왔다는 것은 부인할 수 없는 현실이다. 신학교에서는 소위 개혁주의 종말론을 주창했지만 성경 본문의 구체적 주해를 통한 것이 아니었기 때문에 단지 신학의 차원에만 머물렀을 뿐, 목회 현장에서는 신비적·감성적 호소력이 강한 세대주의가 득세한 것이다. 이것은 마치 공중전에서는 이겼지만 지상전에서는 처절하게 패배한 양상이었다.

불행하게도, 한국 교회에서 번성한 세대주의 종말론은 각종 이단들이 기생하기 좋은 환경을 조성했다. 예언이 실제 성취되는 신호를 찾아 헤매는 세대주의는 교회의 합리적 사고를 매우 취약한 상태로 만들었기 때문에 성도들은 여러 가지 거짓 가르침에 노출되었을 때 쉽게 넘어질 수밖에 없었다. 어쩌면 세대주의 종말론에 물든 한국 교회에서 백투예루살렘 운동이 횡행하는 것은 예고된 현상일 수 있다. 지금부터라도 한국 교회의 목회 현장과 성도들의 삶의 현장에서 세대주의의 신화를 걷어내는 작업을 하지 않으면 각종 거짓 가르침과 이단들은 계속해서 그리스도의 몸된 교회 공동체를 유린할 것이다. 그렇다면 우리는 어떻게 세대주의 종말론

　　백투예루살렘 운동, 무엇이 문제인가

의 뿌리를 제거할 수 있을까?

올바른 성경적 종말론의 정립을 위한 백투바이블 운동

백투예루살렘 운동의 대안으로 백투바이블 운동이 절실히 필요하다. 백투바이블 운동이란 성경을 올바로 이해하자는 운동이다. 무엇보다 성경적 종말론에 대한 철저하고 올바른 교육이 필요하다. 과거에 종말론은 예수님의 재림에 관한 분야였다. 그러나 오늘날 종말론은 구약의 종말적 약속들이 예수님의 지상 사역으로 말미암아 어떻게 성취되었는가를 살펴보는 분야가 되었다. 이제 종말론은 성경학의 근간이라고 해도 과언이 아니다. 따라서 종말론에 대한 올바른 이해로 성경에 대한 정확한 이해를 기대할 수 있다.

성경적 의미의 종말이란 무엇인가? 간단히 정리해보자. 종말은 창조부터 시작한다. 구약의 역사는 타락으로 인하여 죄와 사망이 왕노릇하는 이 세상에 대한 회복을 향하여 진행된다. 그래서 구약의 저자들은 창조의 회복이 이루어지는 순간을 종말로 바라본다. 즉 종말은 창조에 대한 이해 없이 생각할 수 없으며 창조는 종말에 대한 개념의 기반을 제공해준다. 따라서 하나님이 아브라함을 부르신 사건은 종말적 사건이고, 모세를 통해 이스라엘이 출애굽한 것도 종말적 사건이다. 마찬가지로 다윗 왕을 통해 장차 올 메시아와 그 왕국의 전형을 보여준 것도 종말적인 특징을 갖는다. 왜냐하면 그 모든 것들이 창조의 회복을 포함하고, 창조의 종말적 회복을 향하여 가고 있기 때문이다.

그런데 구약에서 '종말적 창조의 회복'이라는 메시지를 가장 집중적으로 다루었던 사람들은 선지자들이다. 그들은 하나님의 심판에 의한 이스라엘의 바벨론 포로 상황을 배경으로 종말적 회복의 메시지를 선포했다. 그 회복의 메시지들은 이스라엘 백성이 일부 바벨론 포로 후에 다시 고토로 돌아온 사건을 통해 이루어지긴 했지만 당시의 이스라엘 백성은 그것이 궁극적 성취가 아니었음을 깨닫기 시작했다. 그리고 마침내 더 온전한 성취의 순간이 메시아와 함께 도래할 것이라고 믿기 시작했다.

우리가 믿는 것은 결국 약속의 메시아, 예수님의 등장이 바로 그 성취의 실체였다는 사실이다. 다른 그 어떤 것도 아닌 바로 예수님의 성육신과 사역, 그리고 십자가와 부활의 사건을 통해 창조의 회복에 대한 종말적 약속과 기대가 성취되었다. 그리고 그 성취는 예수님의 재림으로 완성된다. 우리는 이런 일련의 역사적 과정을 '구속사'라고 하며 예수님의 초림과 재림을 구속 역사에서 동일하게 종말적 사건으로 취급한다. 백투바이블 운동은 바로 이런 구속사 속에 드러나는 하나님의 주권을 배우는 일이다. 인간적인 열심과 종교적 흥분으로 덧칠된 백투예루살렘 운동이 아니라, 성경을 통해 하나님의 구속사적 뜻과 계획을 배우는 백투바이블 운동이 큰 물결이 되어 일어날 때, 한국 교회는 든든한 반석 위에 서게 될 것이다.

   백투예루살렘 운동, 무엇이 문제인가

주

서 론

1. 이 내용은 웨스트민스터신학대학원대학교에서 2010년 2학기에 '세대주의 성경 해석 비판'이라는 수업에서 박사 과정 학생인 김대인 형제가 C. Ryrie 의 책인 *Dispensationalism Today*에서 요약한 것을 발췌하였다.

제1부 중국 교회의 백투예루살렘 운동

1장 폴 헤터웨이의 『백투예루살렘』

1. 폴 헤터웨이, 『백투예루살렘』(류응렬 역, 홍성사, 2005), 22; 우리나라에는 이 책의 저자가 윈 형제 등으로 소개되었다. 폴 헤터웨이는 윈 형제, 수 형제, 에녹 왕의 간증과 각종 자료를 모아 이 책을 엮었다.

2. 같은 책, 80.

3. 같은 책, 61.

4. 같은 책, 62.

5. 같은 책, 51-56.

6. 같은 책, 55-56.

7. 같은 책, 56.

8. 같은 책, 101.

9. 같은 책, 55.

10. 같은 책, 56.

11. 같은 책, 111.

12. *The Chinese Back-To-Jerusalem Evangelistic Band: A Prayer Call to Christian Friendship of the Chinese Church*라는 1947년에 출간된 거의 알려지지 않은 소책자에서; 헤터웨이, 『백투예루살렘』, 58에서 재인용.

13. 헤터웨이, 『백투예루살렘』, 59.

14. 아마도 1947년 출간된 것으로 여겨지는 *Back to Jerusalem*이라는 저자나 출판사, 출간 일자도 없는 기도 소책자, 3-4; 헤터웨이, 『백투예루살렘』, 60에서 재인용.

15. 헤터웨이, 『백투예루살렘』, 61.

16. 이런 입장은 다음 장에서 다루게 될 키이스 인트레이터의 경우와 동일한데 이에 대한 좀 더 자세한 분석은 인트레이터의 입장을 다룰 때 나누도록 한다.

17. 헤터웨이, 『백투예루살렘』, 62-63.

18. 같은 책, 64.

19. 같은 책, 68-70.

20. *The Chinese Back-To-Jerusalem Evangelistic Band*, 9; 헤터웨이, 『백투예루살렘』, 70에서 재인용.

21. 헤터웨이, 『백투예루살렘』, 82-84.

22. 같은 책, 85.

23. 같은 책, 86.

24. 같은 책, 86.

25. 같은 책, 90.

26. 같은 책, 91.

27. 같은 책, 91-92.

28. 같은 책, 95-106; 이 내용은 윈 형제의 『하늘에 속한 사람』 제24장을 각색하고 헤터웨이가 윈 형제와 최근 나눈 대화를 중심으로 요약한 것이다.

29. 같은 책, 107.

30. 같은 책, 111.

31. 같은 책, 112.

32. 같은 책, 114.

부록: '땅 끝'의 성경적 의미는 무엇인가?

1. R. T. France, *The Gospel of Matthew* (Grand Rapids, MI: Eerdmans, 2007), 909.

2. 같은 책, 909.

3. 이 말씀의 구약 배경은 시편 19:4이다. "그의 소리가 온 땅에 통하고 그 말씀이 세상 끝까지 이르도다 하나님이 해를 위하여 하늘에 장막을 베푸셨도다."

4. France, *The Gospel of Matthew*, 909.

5. 이 말씀의 구약 배경은 이사야 49:6이다. "그가 이르시되 네가 나의 종이 되

어 야곱의 지파들을 일으키며 이스라엘 중에 보전된 자를 돌아오게 할 것은
매우 쉬운 일이라 내가 또 너를 이방의 빛으로 삼아 나의 구원을 베풀어서
땅 끝까지 이르게 하리라."

제2부 메시아닉 쥬의 백투예루살렘 운동

2장 키이스 인트레이터의 『그날이 속히 오리라』

1. 키이스 인트레이터, 『그날이 속히 오리라』(KIBI 역, 두란노, 2004), 12-15.

2. 같은 책, 15.

3. 같은 책, 16-17.

4. 같은 책, 19.

5. France, *The Gospel of Matthew*, n 2712.

6. 〈http://www.kibi.or.kr/〉(2013.5.5).

7. 인트레이터, 『그날이 속히 오리라』, 21-22.

8. France, *The Gospel of Matthew*, 928.

9. 인트레이터, 『그날이 속히 오리라』, 25.

10. 같은 책, 26.

11. 같은 책, 28.

12. 같은 책, 29.

13. 같은 책, 31-32.

14. 같은 책, 34.

15. 같은 책, 34.

16. 같은 책, 46.

17. 같은 책, 47.

18. 같은 책, 48-49.

19. 같은 책, 50.

20. 같은 책, 34.

21. 같은 책, 52.

22. 같은 책, 53.

23. 이와 관련된 내용은 이 책과 동시에 출간된 『이스라엘과 교회, 어떻게 이해

할 것인가』(새물결플러스, 2014)에서 자세하게 다루고 있다.

24. 인트레이터,『그날이 속히 오리라』, 55.

25. 같은 책, 57.

26. 같은 책, 56.

27. 같은 책, 56.

28. '심령'이라는 번역 대신 하나님의 영을 의미하는 '영'이라고 번역하는 것이 적절하다. 왜냐하면 '심령을 부어준다'는 말은 부자연스러우며, 성경에서 부어주는 대상은 주로 '하나님의 영'으로 표현되기 때문이다.

29. 인트레이터,『그날이 속히 오리라』, 56; 사실 예수님이 인용하신 본문은 스가랴서인데 인트레이터는 이것도 간과하고 있다.

30. France, *The Gospel of Matthew*, 928.

31. 참고로 아몬드 나무나, 올리브, 참나무, 테레빈 나무, 상록수 등은 겨울이나 여름에 잎사귀가 떨어지거나 다시 나는 따위의 변화가 없다. 그러므로 그 식물들을 통해 계절의 변화를 아는 것은 불가능하다.

32. France, *The Gospel of Matthew*, 928-929; J. R. Edwards, *The Gospel According to Mark*, kindle edi. loc 7387.

33. 인트레이터,『그날이 속히 오리라』, 58.

34. 같은 책, 58.

35. 같은 책, 61.

36. 같은 책, 61.

37. 같은 책, 62.

38. 같은 책, 63.

39. 같은 책, 63.

40. 같은 책, 64.

41. 같은 책, 65.

42. 같은 책, 66-67; '메시아'라고 해도 될 것을 왜 굳이 히브리어 식으로 발음하는지 궁금하다.

43. 같은 책, 68.

44. 같은 책, 68.

45. 같은 책, 68.

46. 같은 책, 68-69.

47. 같은 책, 70.

48. 같은 책, 70.

49. 같은 책, 87.

50. 같은 책, 80.

51. 같은 책, 101.

52. 같은 책, 102.

53. 출애굽기 34:7의 "인자를 천대까지 베풀며"라는 문구에서 '천대'는 영원하
고 완전한 하나님의 축복을 의미한다.

54. 인트레이터, 『그날이 속히 오리라』, 106.

55. 〈http://blog.daum.net/cloudplanet/7759800〉(2013.9.9).

56. 인트레이터, 『그날이 속히 오리라』, 107-108.

57. 같은 책, 108.

58. 같은 책, 108.

59. 같은 책, 109.

60. 같은 책, 111.

61. 같은 책, 111.

62. 같은 책, 120.

63. 같은 책, 120.

64. 같은 책, 121.

65. 같은 책, 121.

66. 같은 책, 122.

67. 이 둘의 경우가 전적으로 동일하지는 않다. 아담 한 사람의 범죄가 모든 사
람에게 미치는 결과는 실제적으로 모든 사람들을 포함하지만, 로마서의 경
우에 남은 자가 모든 이스라엘이라고 불릴 수 있다고 한 것은 실제로 모든
이스라엘 사람을 포함한다는 뜻이 아니기 때문이다. 다만 대표성의 원리를
가지고 있다는 점에서 서로 유사점이 있고, 모든 이스라엘과 남은 자의 관계
를 이해하는 데에 아담의 범죄와 그것이 모든 사람에게 미친 결과 사이의 관
계가 도움이 됨을 말하는 것이다.

68. 인트레이터, 『그날이 속히 오리라』, 123.

69. 같은 책, 123.

70. 같은 책, 127.

71. 같은 책, 128.

72. 같은 책, 129.

73. 같은 책, 128.

74. 같은 책, 138.

75. 같은 책, 141.

76. 더반의 인종차별철폐회의(WCAR, duban, 2001)에 대한 좀 더 자세한 내용
은 「참여연대 지구촌 소식」 11호〈http://bahai.com.ne.kr/news/news7-4.
html〉(2013. 5. 1.)를 참고하라.

77. 인트레이터, 『그날이 속히 오리라』, 166-168.

78. 같은 책, 176-177.

79. 같은 책, 177.

80. 같은 책, 178.

81. 같은 책, 179.

82. 같은 책, 183.

83. 같은 책, 184.

84. 같은 책, 184.

85. France, *The Gospel of Matthew*, 884; 이 부분은 R. T. France의 입장을 정리
한 것이다.

86. 같은 책, 68.

87. 같은 책, 111.

88. 같은 책, 28.

3장. 로버트 D. 하이들러의 『메시아닉 교회: 언약의 뿌리를 찾아서』

1. 로버트 D. 하이들러, 『메시아닉 교회: 언약의 뿌리를 찾아서』(진현우 역,
WLI, 2008), 19.

2. 같은 책, 21.

3. 같은 책, 22-23.

4. 같은 책, 20.

     백투예루살렘 운동, 무엇이 문제인가

5. 같은 책, 40.

6. 같은 책, 40.

7. 같은 책, 42-43.

8. 같은 책, 46.

9. 같은 책, 47.

10. 같은 책, 61.

11. 같은 책, 67.

12. 같은 책, 240.

13. 같은 책, 69.

14. 같은 책, 236-249.

15. H. L. Ellison, "The Christian Church and the Jews," in *Eerdman's handbook to the history of Christianity*, edited by Tim Dowley (Grand Rapids: Eerdmans, 1977), 50; 하이들러, 『메시아닉 교회』, 236에서 재인용.

16. 하이들러, 『메시아닉 교회』, 83.

17. 같은 책, 84-85.

18. 당시의 교리의 발전 과정을 보면 니케아 회의(주후 325)에서는 그리스도의 신성이 확립되고, 콘스탄티노플 회의(주후 381)에서 성령도 하나님과 동등하다는 점을 통해 삼위일체 교리가 확립되고, 그리스도의 참다운 인성이 확정되었으며, 에베소 회의(주후 431)를 통해 그리스도의 인격이 하나임이 확립되었고, 칼케돈 회의(주후 451)를 통해 그리스도의 신성과 인성이 동시에 공존한다는 양성론(兩性論)이 정립되었다고 할 수 있다.

19. 하이들러, 『메시아닉 교회』, 97.

20. 같은 책, 99-101.

21. 같은 책, 102.

22. 같은 책, 103.

23. 같은 책, 103-104.

24. 같은 책, 105.

25. 같은 책, 249-317.

26. 같은 책, 106.

27. 같은 책, 111-112.

28. 같은 책, 113.

29. 같은 책, 119.

30. 같은 책, 126.

31. 같은 책, 136-138.

32. 같은 책, 132.

4장. 대니엘 저스터의 『마지막 때의 교회와 이스라엘』

1. 대니엘 저스터, 키이스 인트레이터 공저, 『마지막 때의 교회와 이스라엘』(김
   주성 역, 이스라엘사역출판, 2010), 12.

2. 같은 책, 13.

3. 같은 책, 73.

4. 같은 책, 17-18.

5. 같은 책, 19.

6. 같은 책, 20.

7. 같은 책, 24.

8. 같은 책, 23.

9. 같은 책, 23.

10. 같은 책, 53.

11. 같은 책, 37-38.

12. 같은 책, 53.

13. 같은 책, 55.

14. 같은 책, 69.

15. 같은 책, 63.

16. 같은 책, 81.

17. 같은 책, 82.

18. 같은 책, 96.

19. 같은 책, 83.

20. 같은 책, 104.

21. 같은 책, 83.

22. 같은 책, 95.

5장. 루벤 도런의 「한 새사람」

1. 루벤 도런, 『한 새사람』(김영우 역, 이스트윈드 코리아, 2009), 15.

2. 같은 책, 36.

제3부 우리나라의 백투예루살렘 운동

6장. 송만석 장로의 「지금은 예루살렘 시대」

1. 『지금은 예루살렘 시대』는 1999년 초판을 발행하여 2011년 17쇄를 출간했다. 그만큼 많은 사람들의 주목을 받았다는 이야기다.

2. 송만석, 『지금은 예루살렘 시대』(두란노, 2005), 31-34.

3. 같은 책, 34-35.

4. 같은 책, 41-43.

5. 같은 책, 17.

6. 인트레이터의 주장은 그의 책 『그날이 속히 오리라』 19쪽을 참고하라.

7. 송만석, 『지금은 예루살렘 시대』, 76-77.

8. 같은 책, 77.

9. 같은 책, 78.

10. 같은 책, 118.

11. 같은 책, 118-119.

12. 같은 책, 119.

13. 같은 책, 123-125.

14. 같은 책, 126-127.

15. 정형남, 『이슬람과 메시아 왕국 이슈』(CLC, 2009), 69-75 참고; 미국 교회가 모두 이런 운동을 지지하는 것은 아니다. 정형남에 따르면 미국의 풀러신학교 총장 리챠드 마우를 비롯한 60여 명의 미국 교회 지도자들이 이 운동의 문제점을 공개적으로 비판한 바 있다.

7장 최바울 대표의 백투예루살렘 운동

1. 최바울, 『백투예루살렘: 하나님의 마지막 글로벌 프로젝트』(펴내기, 2005), 4.

2. 같은 책, 4.

3. 같은 책, 4.

4. 같은 책, 4, 145.

5. 같은 책, 5, 146.

6. 최바울 대표가 예루살렘을 중심으로 3,000킬로미터라고 설정한 공간은 실제 굉장히 광범위하다. 그리고 그는 영적 전쟁의 차원에서 이스라엘과 예루살렘의 회복에 접근한다. 이는 인트레이터나 하이들러와 같은 메시아닉 쥬가 견지하는 혈통적 이스라엘의 회복에 대한 입장과 동일하거나 더 적극적·공격적으로 비추어진다.

7. 최바울, 『백투예루살렘』, 146.

8. 최바울, 『하나님의 나라: 적그리스도 세계체제』(펴내기, 2011), 187.

9. 최바울, 『백투예루살렘』, 146.

10. 최바울, 『하나님의 나라』, 187.

11. 최바울, 『백투예루살렘』, 146.

12. 같은 책, 5, 146.

13. 같은 책, 146.

14. 같은 책, 147.

15. 같은 책, 4.

16. 같은 책, 5.

17. 같은 책, 142.

18. 같은 책, 154.

19. 최바울, 『하나님의 나라』, 182.

20. 같은 책, 183.

21. 같은 책, 185.

22. 같은 책, 186.

23. 최바울, 『백투예루살렘』, 20; 그런데 과연 유대인들이 모세를 지나치게 높여서 이단이 되었을까? 그렇지 않다. 그들이 지나치더라도 참되게 모세를 강조하고 그의 가르침을 따랐다면 예수님을 십자가에 못 박지 않고 그를 좇는 제자가 되었을 것이다(요 5:46). 그들은 도리어 자기의 의를 크게 주장하다 보니 하나님으로부터 멀리 가버린 것이다.

24. 같은 책, 96.

   백투예루살렘 운동, 무엇이 문제인가

25. 같은 책, 21.

26. 같은 책, 19-84.

27. 또한 여기에서 부활 후에 사역의 대상이 이스라엘에서 모든 족속으로 전환되고 있는 것을 보는 것은 흥미롭다. 이는 예루살렘 중심적 사고의 한계를 보여주고 있다.

28. 최바울, 『백투예루살렘』, 30.

29. 같은 책, 96.

30. 같은 책, 96-99.

31. 가나안 땅은 에덴의 회복을 위해 이스라엘에게 주어진다. 그러므로 가나안 땅과 에덴은 같은 맥락에서 이해할 수 있다.

32. 최바울, 『백투예루살렘』, 99.

33. 같은 책, 98.

34. 같은 책, 140.

35. 같은 책, 141.

36. 같은 책, 141.

37. 헤터웨이, 『백투예루살렘』, 22.

38. 최바울, 『백투예루살렘』, 144.

39. 헤터웨이, 『백투예루살렘』, 22.

40. 정이철, 『신사도 운동에 빠진 교회』(새물결플러스, 2012), 382.

41. 같은 책, 383에서 재인용.

결론: 종합적 평가와 대안

1. 정이철, 『신사도 운동에 빠진 교회』, 359-401에서 이를 자세하게 다룬다.

2. 같은 책, 358.

3. 이에 대한 자세한 내용은 필자의 논문 「1907년 대부흥 운동과 세대주의 종말론적 성경 해석: 요한계시록을 중심으로」를 참고하기 바란다. 이 논문은 2007년에 있었던 '1907년 평양 대부흥운동 100주년 기념 심포지엄'에서 발표했으며 『최갑종 교수 65세 생신 기념 논문집』(출간 예정)에 게재된다.

백투예루살렘 운동, 무엇이 문제인가

한국 교회 속의 왜곡된 종말 사상과 선교 운동

Copyright ⓒ 이필찬 2014

1쇄 발행 2014년 1월 16일
3쇄 발행 2022년 12월 5일

지은이　이필찬
펴낸이　김요한
펴낸곳　새물결플러스

편　집　왕희광 정인철 노재현 정혜인 이형일 나유영 노동래
디자인　박인미 황진주
마케팅　박성민 이원혁
총　무　김명화 이성순
영　상　최정호 곽상원
아카데미　차상희

홈페이지　www.holywaveplus.com
이메일　hwpbooks@hwpbooks.com
출판등록　2008년 8월 21일 제2008-24호
주　소　(우) 04118 서울특별시 마포구 마포대로19길 33
전　화　02) 2652-3161
팩　스　02) 2652-3191

ISBN 978-89-94752-60-0　03230

책값은 뒤표지에 있습니다.